LE COACHING

Éditions d'Organisation
1, rue Thénard
75240 Paris Cedex 05
Consultez notre site :
www.editions-organisation.com

Le code de la propriété intellectuelle du 1er juillet 1992 interdit en effet expressément la photocopie à usage collectif sans autorisation des ayants droit. Or, cette pratique s'est généralisée notamment dans l'enseignement, provoquant une baisse brutale des achats de livres, au point que la possibilité même pour les auteurs de créer des œuvres nouvelles et de les faire éditer correctement est aujourd'hui menacée.
En application de la loi du 11 mars 1957, il est interdit de reproduire intégralement ou partiellement le présent ouvrage, sur quelque support que ce soit, sans autorisation de l'Éditeur ou du Centre Français d'Exploitation du Droit de copie, 20, rue des Grands-Augustins, 75006 Paris.

© Éditions d'Organisation, 2000
ISBN : 2-7081-2492-7

Chantal HIGY-LANG
Charles GELLMAN

LE COACHING

Préface de Jean Gil BOITOUZET
*Fondateur et Président Directeur Général
Bourse Direct (Paris 8ᵉ)*

Troisième tirage 2001

Remerciements

À travers cet ouvrage, nous souhaitons remercier **Serge et Anne Ginger**, fondateurs de l'École Parisienne de Gestalt, pour les connaissances et l'ouverture au monde et à l'existence qu'ils nous ont transmises.

Nous tenons à remercier également **Jean Gil Boitouzet**, Président Directeur Général de Bourse Direct, qui, en plus de ses obligations professionnelles intenses, a trouvé le temps de préfacer notre ouvrage avec intelligence et sincérité.

À **Xavier Jansolin** pour ses ateliers d'écriture au CICLOP.

À **Larissa** qui a eu la patience de lire le manuscrit et de nous donner ses commentaires pertinents.

À **Marie-Ève** pour son assistance compétente et amicale.

Pour les auteurs, ce travail d'écriture a été un moment très riche dans l'interaction et la créativité.

Sommaire

Préface XI
Introduction 1

Première Partie
Qu'est-ce que le coaching ?

Chapitre 1 **Définition du coaching** 7
1. Un accompagnement individuel pour optimiser l'itinéraire professionnel 8
2. Un encouragement au changement 10
3. Un peu d'étymologie : du coche, au coach et au coaching 10
4. Quelques métaphores culturelles sur le thème du « cocher » 12

Chapitre 2 **Le coaching a-t-il une histoire ?** 15
1. Les origines sportives du coaching 15
2. Des temps bibliques aux temps modernes : quelques coachs célèbres et leur histoire 19
3. Présent et futur du coaching : le Coaching dans la mondialisation et la nouvelle économie 26

Chapitre 3 **Les objectifs du coaching** 31
1. La promotion « coaching » : une plus-value pour l'individu 32

	2. Trouver sa place et savoir évoluer au sein d'une organisation	36
CHAPITRE 4	**Qu'est-ce qu'un coach ?**	41
	1. Son profil	43
	2. Ses qualités relationnelles et ses compétences professionnelles	45
	3. Les postures du coach	53
	4. Les femmes coachs	58
	5. Le manager peut-il devenir coach ? Le coach en interne	62
	6. Test : Seriez-vous un bon coach ?	64

Deuxième partie
Le coaching, un atout pour l'entreprise

CHAPITRE 1	**L'entreprise, dragon des temps modernes**	73
	1. Un environnement complexe : le coach éclaireur de certitudes	73
	2. Un environnement imprévisible	78
	3. Le déficit de contact : un problème général	83
	4. Le culte du pouvoir et du succès	84
	5. Malaises relationnels dans la communication et jeux perdants dans l'entreprise	86
	6. Perversité et soumission : harcèlement moral et harcèlement sexuel en entreprise	91
	7. Les psychopathologies professionnelles : comment les identifier	98
CHAPITRE 2	**Assistance à la résolution des problèmes et des conflits**	113

Sommaire

1. Apprendre à mieux se connaître 114
2. Redessiner son avenir professionnel grâce au coaching................................ 124
3. Coacher ses collaborateurs : Contact, interaction et relation 128
4. Gestion des conflits ou meilleure gestion du contact ?.. 131
5. Les vrais et les faux ennemis 139
6. Tout se négocie, encore faut-il le demander.... 148
7. Comment gérer les personnalités difficiles ?.... 149
8. La polémologie et l'entreprise : la science du conflit 152
9. Le conflit et le coaching dans l'ambiance psychanalytique... 156

Troisième partie
Le coaching comment ?
Développement, modalités
et exemples pratiques

CHAPITRE 1 **Les « incoachables » ou les bonnes et mauvaises excuses pour ne pas bouger**................................ 161

CHAPITRE 2 **Durée du coaching et objectifs : les trois types de coaching**.. 169
1. Une question d'objectif et de confiance.......... 171
2. Le coaching ponctuel (trois à cinq séances) 175
3. Le coaching stratégique ou bref (dix à quinze séances) 177
3. Le coaching continu ou de durée non définie (le long terme)... 180

	5. Déterminer la durée de votre coaching	182
CHAPITRE 3	**Dérouler le processus du coaching**.....................	187
	1. Le contrat initial pour un cycle complet de coaching	188
	2. La mise en place de l'action..........................	189
	3. Le désengagement et le post-contact dans le cycle du coaching	191
	4. Pour un fonctionnement optimal du processus de coaching	191
CHAPITRE 4	**Exemple de déroulement d'une séance de coaching**...	197
	1. Définir concrètement la situation et mettre en scène le problème.....................................	197
	2. Identifier les évitements, blocages et résistances	199
	3. Expérimenter et chercher des solutions suite au plein-contact	201
	4. Une séance de coaching..............................	205
CHAPITRE 5	**Modalités du coaching**	207
	1. Tarifs...	207
	2. Associations, formations	208
	3. Éthique d'intervention et code de déontologie...	210

Quatrième Partie
Les outils et concepts du coaching

CHAPITRE 1	Douze styles de coaching : à chacun son coach !	217

Sommaire

CHAPITRE 2 **Pour en savoir plus** 221
  1. La Gestalt, une approche psychologique originale 221
  2. Méthodes et concepts principaux 223

CHAPITRE 3 **Le coaching, entre stratégie humaniste et art martial** 233
  1. Adopter une stratégie humaniste 233
  2. Les racines de la confiance en soi 235
  3. S'affirmer pour s'épanouir 246
  4. S'adapter pour réussir, une obligation dans l'entreprise : comment être bien dans sa tête, son corps, son cœur 249

CHAPITRE 4 **La boîte à outils du coaching** 253
  1. L'*awareness* 254
  2. Le cycle du contact 258
  3. Les évitements du contact 261
  4. Les polarités complémentaires 268
  5. L'approche holistique de l'homme 271
  6. L'approche holistique de l'entreprise 274
  7. Les cinq axes de la relation managériale optimale dans le coaching 275

CHAPITRE 5 Ce qu'il faut encore savoir… 295

Cinquième partie
Cas concrets

CHAPITRE 1 Un coaching ponctuel 303

| CHAPITRE 2 | Un coaching stratégique : douze séances | 309 |
| CHAPITRE 3 | Un coaching continu : vingt séances et plus | 315 |

CONCLUSION 323
ANNEXES 327
    Foire aux questions 329
    Systèmes en proximité du coaching 335

BIBLIOGRAPHIE 345
INDEX 349

Préface

Joseph coachait Pharaon.

Bien qu'il fût d'essence quasi divine, celui-ci n'avait pas décodé le rêve prémonitoire des sept vaches grasses et des sept vaches maigres. Il n'y a pas de honte à consulter un spécialiste quand l'on est confronté à des questions aussi ardues, à condition de bien clarifier les rôles : c'est bien Pharaon qui est face à la question et qui devra la gérer. Joseph apporte son éclairage, d'un point de vue certes très « pro », mais venant d'un homme hors du système et des jeux de pouvoir, et dont les intérêts sont uniquement ceux de son client.

Dirigeants, cadres, face à des choix stratégiques ou des problèmes relationnels, nous sommes confrontés à la solitude au milieu de la foule. Nous aurions souvent besoin d'un « Joseph ». Mais il est bien difficile de le choisir chez son collaborateur, son patron ou son associé si l'on ne veut pas risquer de se placer en position de faiblesse. Bien sûr, chacun peut rencontrer hors de son milieu professionnel, auprès de ses amis, de son conjoint ou au café du commerce des écoutes bienveillantes et attentionnées. Mais par leur méconnaissance du milieu de l'entreprise ou leur trop grande complaisance envers l'intéressé, elles aboutissent plus souvent à nous conforter dans des idées fausses qu'à décortiquer nos problèmes dans toutes leurs dimensions, notamment la relation aux autres.

Or, chacun de nous peut trouver un « Joseph » à sa porte.

J'en ai contacté deux en vingt-cinq ans pour m'assister dans la résolution de plusieurs problématiques : l'absence de rêve d'abord, l'interprétation de deux rêves ensuite, la sortie d'un cauchemar enfin. La première série d'entretiens m'a permis de faire émerger un rêve enfoui et de quitter un poste de petit fonctionnaire pour entamer des études supérieures puis intégrer une grande banque. La seconde de matérialiser un rêve ancien en quittant la grande banque pour devenir dirigeant de PME. La troisième de créer ma propre entreprise. La quatrième de résoudre dans les meilleures conditions un cauchemar relationnel consécutif à des divergences de vues au sein de l'actionnariat.

Dans tous ces cas, l'interrogation était forte et pénible et la clé des songes simple et pragmatique. En quelques dizaines d'heures au total, pour le prix d'une semaine de vacances tout au plus, j'ai pu sortir de quatre difficultés majeures, ce qui a eu un impact décisif pour ma vie professionnelle et personnelle.

Petits Pharaons de toutes les entreprises, faites vous « coacher ». Bien sûr, notre ego nous rend difficile une demande d'aide. Mais des milliers d'autres le font sans que nous le sachions et la compétition ambiante doit nous amener à ne négliger aucun atout. Il faut révéler sa personnalité, faire des choix et savoir gérer les crises pour se donner les moyens de gagner.

Lisez ce livre auquel l'un de mes coachs a participé, pour comprendre ce que le coaching peut vous apporter.
Et puis surtout passez à l'action.

Jean Gil BOITOUZET
Fondateur et Président Directeur Général
BOURSE DIRECT (Paris 8ᴱ)

Introduction

L'activité de coaching est un accompagnement personnalisé auprès de chefs d'entreprise, de cadres dirigeants ou de professionnels. Initialement réservé aux sportifs de haut niveau, puis aux capitaines de l'industrie, le coaching trouve ses marques dans le monde professionnel en général, aussi bien sur le plan opérationnel et stratégique que sur le plan relationnel et comportemental. Il se déploie, s'ajuste, s'adapte aux demandes sans cesse grandissantes des dirigeants, cadres et managers avec pour enjeu d'atteindre un résultat, une amélioration, un changement, en un temps relativement bref dans un contexte où l'investissement relationnel n'a guère le temps de se faire et où l'objectif de la performance est toujours présent. C'est la solution optimale pour engager une réflexion sur le court, moyen ou long terme avec un consultant expérimenté faisant office de « miroir intelligent », dans le contact et l'interaction.

Le présent ouvrage propose à la fois une analyse théorique de l'évolution et du concept même du coaching, et une approche globale, psychologique, relationnelle et comportementale de l'être humain dans le milieu du travail. Les questions liées au coaching et à son fonctionnement sont nombreuses. Quelle est la démarche du coaching ? Comment devient-on coach soi-même dans sa propre équipe ? Quels sont les séminaires de formation au coaching en France ? Quel est le coût d'un coaching pour un particulier, et pour une entreprise ? L'étude présentée apporte une réponse à toutes ces interrogations. L'histoire du coaching remonte à l'Antiquité et elle est très instructive. On comprendra mieux, dans ce cadre, ses objectifs principaux, à savoir une plus-value pour l'individu et une valeur ajoutée pour l'entreprise.

Le coaching est un atout précieux pour une entreprise parfois en difficulté, sujette aux maladies relationnelles, et devant composer avec un environnement complexe, mouvant et imprévisible, parfois chaotique. Il apporte des pistes et des solutions adaptées et efficaces. Comment redessiner son avenir professionnel ou encore gérer les conflits ? L'accent est mis sur le soutien organisationnel, opérationnel et psychologique du coach.

Le coaching est une activité qui englobe des aspects conceptuels et pratiques et qui dispose d'outils spécifiques. Elle utilise ainsi une méthode psychologique originale, la Gestalt. Pour aider le lecteur à mieux saisir la technicité de la démarche, nous avons jugé utile de l'illustrer par des exemples de situations réelles de coaching. Trois cas concrets de coaching ayant chacun une durée, une problématique et une résolution différentes sont ainsi présentés. Nous avons vécu ces situations ; elles nous ont apporté un éclairage édifiant et parfois original dont nous souhaitons faire bénéficier nos lecteurs.

Il nous paraît important au départ de ce livre d'affirmer que le coaching, tel que nous le concevons, est basé sur deux postulats :
1. le capital humain est la première ressource de l'entreprise ;
2. l'individu a des talents qui lui sont uniques et toutes les capacités nécessaires pour réussir dans sa démarche professionnelle et personnelle.

Le coaching contribue à la prise en compte de ces éléments et accompagne la personne dans la réalisation de ses objectifs, dans le respect de ses propres valeurs et en fonction de son environnement. Si le coaching est largement orienté vers l'individu, il a également une dimension collective pour une meilleure performance et pour la croissance de l'entreprise et des systèmes associés. L'entreprise doit être envisagée globalement, et si ses dirigeants et cadres s'améliorent, l'entreprise en bénéficie.

De nombreux coachings constituent des accompagnements « passerelle » en vue d'une nouvelle fonction. C'est par exemple le cas du coaching

Introduction

d'un jeune ingénieur promu manager d'une équipe, ou d'un commercial destiné à élargir son champ d'action sur un produit nouveau, ou encore d'un chef de service venant d'une usine d'un grand groupe et muté dans une PME, etc. Le coaching répond souvent a un besoin précis pour le professionnel, le service ou l'entreprise, même si ce besoin est parfois difficile à cerner, voire à admettre : « *On fait nous-mêmes et on sait bien faire !* » lance un dirigeant lors d'un débat sur le coaching.

Beaucoup ont des difficultés à faire appel au coaching par crainte de donner une image de faiblesse ou d'insuffisance.

En fait, plus une entreprise est performante et plus le coaching lui est bénéfique car il permet de préserver la créativité en anticipant les difficultés, la crise ou l'arrivée traumatique dans le mur des réalités. Souvent les compétences relationnelles, stratégiques ou motivationnelles montrent leurs limites au sein de l'organisation : là aussi intervient le coach. Une personne n'est que très partiellement au clair par rapport à ses compétences, potentialités, ou handicaps ; c'est seulement dans la confrontation avec la réalité que cela se dévoile, bien sûr trop tard. Le coaching permet cette confrontation sans risque dans l'anticipation et l'expérimentation.

Comme nous pouvons le constater, la compétition, la concurrence amènent les entreprises à expérimenter des méthodes nouvelles qui peuvent compléter ou prendre le relais de la formation. Il est toutefois important de souligner dès à présent que le coach ne se substitue pas à son client et que celui-ci reste maître du déroulement de l'ensemble de la démarche. Leur position n'est pas la même : si le manager est centré sur son objectif, le coach est axé sur les conditions de réussite et d'optimisation de l'itinéraire professionnel du coaché. Le dirigeant est et demeure le pilote dans l'avion.

Enfin le coaching « maison » a de plus en plus d'adeptes. L'entreprise a besoin de cadres et de collaborateurs autonomes et sûrs d'eux. Certains dirigeants n'hésitent pas à franchir le pas et à se former eux-mêmes au coaching, passant ainsi d'un mode de management classique à une forme différente d'aide et d'accompagnement en vue de faire progresser les compétences internes. Cet ouvrage a aussi pour but d'indiquer les pré-requis pour pratiquer le coaching et passer en revue les différents outils et méthodes utilisés.

Les utilisateurs potentiels du coaching ressentent parfois des inquiétudes à l'encontre de cette nouvelle technique qu'ils n'ont jamais pratiquée et pour laquelle la confusion entre développement personnel, psychanalyse, psychothérapies humanistes ou comportementales, pourrait s'installer.

Ce qui est nouveau entraîne souvent appréhension, crainte et rejet. Il serait dommage d'attendre dix ans ou plus pour faire alors comme vos concurrents, quand la méthode sera banalisée et intégrée dans les qualifications ISO.

Nous vous invitons à prendre le risque cadré et mesuré de plonger, en testant et découvrant le coaching moderne dès aujourd'hui !

Face à ces multiples interrogations, nous nous efforcerons de traiter du coaching de façon opérationnelle, pragmatique et positive, en vous faisant aussi découvrir les richesses et le bon sens des professionnels de ce nouveau métier.

Première Partie

Qu'est-ce que le coaching ?

Nous allons à présent entrer dans le cœur du sujet à savoir la définition et l'étymologie du terme « coaching », ses origines ainsi que la place qu'il occupe actuellement dans le monde moderne. Nous traiterons également de ses deux objectifs principaux, et de son bien-fondé dans la réussite d'une carrière, l'ensemble étant systématiquement illustré par des cas concrets et réels. La fin de cette première partie est consacrée au coach, à son profil, à ses compétences professionnelles et qualités relationnelles ainsi qu'à certains types particuliers de coachs, à savoir les coachs en interne, c'est-à-dire ceux qui exercent ce métier au sein même de leur entreprise ou de leur équipe.

Chapitre 1
Définition du coaching

Le coaching est un processus : c'est l'accompagnement d'un professionnel ou d'un groupe de professionnels sur leur terrain de travail. Orienté vers l'individu, il lui permet d'atteindre un niveau d'équilibre et de performance optimal, et un meilleur savoir sur soi, sur l'autre et l'environnement. Il favorise l'expression de l'ensemble de son potentiel : aussi bien intellectuel qu'émotionnel, organisationnel et créatif. Il aide enfin chacun à gérer son contact en explorant ses freins psychologiques et relationnels.

> « Le coaching est l'accompagnement d'une personne à partir de ses besoins professionnels pour le développement de son potentiel et de ses savoir-faire.[1] »

---
1. Définition de la Société française de coaching.

Pourquoi le terme « coaching » ? Dans les dictionnaires « coach » est une sorte de véhicule (« coach, 1869, diligence, mot anglais » – Petit Robert), puis par métonymie (déplacement de sens où une partie désigne le tout), il est utilisé pour désigner le conducteur. Au départ le coach est donc quelqu'un qui conduit : le coachman.

> **Synonymes :** guide, accompagnateur, entraîneur, conseiller, formateur.

C'est l'usage qui finalement a imposé les termes de « coach » (grâce à son aspect condensé en une seule syllabe) et « coaching » (la terminaison « ing » en anglais indique un processus, une action en développement). En anglais le mot « coach » signifie entraîneur : même si le coaching est fréquemment apparenté au domaine sportif, il l'a, à présent, largement débordé pour s'inscrire dans un projet ambitieux et pragmatique au service de l'entreprise.
Les Québécois ont proposé aussi : « cocheur » et « cochage ».

1. UN ACCOMPAGNEMENT INDIVIDUEL POUR OPTIMISER L'ITINÉRAIRE PROFESSIONNEL

Alors qu'une action de formation ou un séminaire se déroule au sein d'un groupe de personnes, le coaching consiste en une série d'entretiens individuels entre le client « coaché » et son coach, dans un contexte défini sous forme de contrat avec l'entreprise. Même si cette situation de tête-à-tête peut sembler trop intimiste voire intrusive en amont de la démarche, elle n'en est pas moins et rapidement d'une redoutable efficacité. Lors d'un séminaire il est possible d'évoquer un problème conflictuel avec son proche collaborateur, mais le groupe constitue à la fois une protection (ne pas se sentir seul en face de l'intervenant et bénéficier des phénomènes de groupes bien connus) et un frein (ne pas pouvoir s'exprimer en totale liberté en raison de la présence des autres participants). L'objectif de l'animateur reste centré sur l'ensemble des participants.

Lors d'une séance de coaching, la focalisation du coach se fait entièrement sur le coaché, même s'il ne « sait » pas à sa place et qu'il l'incite à trouver lui-même ses pistes en vue d'une solution.

> *À l'issu d'un séminaire de management, Pierre s'inscrit à quelques séances de coaching avec le consultant qui a animé le séminaire. Dès la première séance, à peine installé sur sa chaise, Pierre prend une profonde inspiration, retrousse les manches de sa chemise et déclare aussitôt :*
> *« Enfin seul avec vous ! Ils étaient sympas, les autres participants du stage, mais je n'avais aucune envie de raconter les misères relationnelles de mon service en leur présence. »*

Cette situation est fréquente et nous sommes nombreux à considérer que nos problèmes de communication avec autrui, nos angoisses liées à l'intégration d'un nouveau poste ou notre difficulté à manager la personnalité en dents de scie de notre assistante ne regarde que nous... et notre coach.

Une autre question est aussi préoccupante pour les « débutants » du coaching. C'est celle de la préparation de la première séance : « Cette fois je serai seul avec le consultant. Qu'attend-il de moi ? Que dois-je préparer ? Comment lui expliquer en mots compréhensibles une situation qui me paraît si complexe ? »

Leur souci est légitime, habitués que sont la plupart des cadres à préparer une réunion, *a fortiori* un entretien individuel. Là encore l'approche en mode coaching diffère des autres méthodes puisqu'elle permet un travail dans l'« ici et maintenant » de la vie professionnelle du client coaché.

2. UN ENCOURAGEMENT AU CHANGEMENT

L'entreprise doit s'adapter aux nouvelles donnes telles que la mondialisation, les technologies nouvelles, mais aussi gérer l'environnement incertain et les malaises des salariés. Pour optimiser son fonctionnement il est important pour elle d'imaginer et de créer d'autres sources de croissance où le capital humain tient une grande place. Comment apprendre à innover, à gagner du temps, à s'ajuster à l'imprévisible ? Comment manager pour fédérer et provoquer le changement, prendre des risques en évitant de pénétrer dans une zone de danger irréversible ? Le coaching porte à la fois sur le comportement à adopter et sur la situation à traiter : il est centré sur la vie professionnelle de la personne et lui permet de s'appuyer sur son potentiel et sur ses ressources propres. Il permet au coaché de réaliser ses objectifs, d'identifier les obstacles et d'accomplir ce qui est important pour lui dans le respect de ses propres valeurs et de celles de son entreprise. Accepter de se faire accompagner, c'est aussi être encouragé au changement. En fait, le coaching est un contrat de changement avec soi-même. Nous aurions une tendance naturelle à vouloir changer les autres. Or là, il s'agit de « balayer devant sa propre porte », de repérer et d'accepter qui nous sommes, puis de progresser vers les nouveaux horizons professionnels et personnels que nous nous sommes fixés.

3. UN PEU D'ÉTYMOLOGIE : DU COCHE, AU COACH ET AU COACHING

Le « coach », en français « coche » était une voiture de transport en commun tirée par des chevaux qui pouvait transporter de quatre à six personnes se faisant face sur deux banquettes. Le coach (coche) est apparu en Hongrie au XVe siècle. En anglais ce mot s'est associé à divers modes de transports : le *stage coach* (diligence), le *mail coach* (voiture postale), le *railway coach* (wagon).

Définition du coaching

> En français le coche d'eau était un grand bateau pour le transport des voyageurs. « Être débarqué par le coche signifie être arrivé sans ressources » (P. E. Littré). « Faire, être la mouche du coche » signifie faire l'empressé, se donner du mouvement, s'attribuer un succès, dans lequel on a été pour rien ; cette locution est tirée de la fable de La Fontaine (Fab. VII,9) dans laquelle la mouche s'attribue le mérite d'avoir fait marcher le coche.

À Paris, les premiers coches à louer, à la course ou à la journée, apparurent en 1640 près de l'Hôtel Saint-Fiacre, d'où leur appellation de fiacres, ancêtres des taxis. Ils étaient mille cinq cents au XIXe siècle[1]. La « porte cochère » désigne l'entrée ou la porte d'un bâtiment ou d'une maison bourgeoise, suffisamment large pour permettre à un cocher d'y faire pénétrer sa voiture. Richelieu est resté longtemps célèbre à Paris pour avoir créé une taxe sur les portes cochères (P. E. Littré).

Le conducteur d'un coche, d'un carrosse ou d'un cabriolet était le cocher (en anglais *coachman*) ; le cocher, même habile, n'a jamais en France bénéficié d'une belle image, sa fonction le reléguant avec les valets, laquais, domestiques et autres charretiers.

Tout a changé en Angleterre à la fin du XVIIIe siècle, quand la conduite et la direction d'attelages de deux, trois ou quatre chevaux est devenue un art et un sport pratiqué par la haute société grâce aux progrès dans le harnachement des chevaux et à l'apparition de routes de bonne qualité. Ce nouveau sport de conduite s'est appelé « coaching » et devient rapidement à la mode[1].

---

1. *Encyclopædia Britannica*.

Le 13 juillet 1888 une course reliant London à Brighton et retour, fut ainsi gagnée à la moyenne de 14 miles/heure.

Le « Coaching Club » fut fondé en 1870 et existe encore. Aux USA le « Coaching Club » fondé en 1875, organise chaque année une compétition : le « Coaching Club American Oaks. »

En France, ce sport est connu comme « courses d'attelages », ce qui ne présente évidemment pas la noblesse et la simplicité de l'art du coaching.

4. QUELQUES MÉTAPHORES CULTURELLES SUR LE THÈME DU « COCHER »

La culture est ce qui reste quand on a tout oublié. Abordées de façon synthétique, pour ne pas lasser le lecteur technophile avide de modernité, les métaphores culturelles qui suivent ont le mérite de montrer l'ancienneté et l'universalité des pratiques de coaching : comment aider le pilote (autrefois le cocher) à remplir sa tâche délicate de direction, délicate car il faut conserver l'équilibre dans le mouvement et les turbulences du voyage de la vie.

4.1. Phaéton

Dans la mythologie grecque, Phaéton est le fils d'Hélios (le Soleil) et de la nymphe Clyméné. Sa naissance ayant été mise en doute, il en appela au Soleil qui, pour lui prouver sa paternité, jura de lui accorder ce qu'il demanderait. Phaéton demanda la permission de diriger la course du Soleil dans les cieux durant un seul jour. Il se mit en route, mais, vite effrayé, se montra tout à fait incapable de diriger les chevaux du char. Il s'approcha trop près de la Terre et commença même à la brûler. Pour éviter le pire, Zeus lança enfin sa foudre sur Phaéton et le précipita dans le fleuve Éridan, qui fut plus tard identifié comme le Pô.

Au XIIe siècle, le terme de « phaéton » prit donc le sens de « cocher », celui qui a la charge de conduire le char du Soleil (aujourd'hui l'entreprise et sans consumer ce qu'elle approche !).

4.2. Le cocher de l'âme chez Platon

Platon expose une doctrine qui divise l'âme en trois parties : l'intellect, le désir, et la passion (on pourrait dire aussi : la tête, le sexe et le cœur). Platon a recours à un mythe qui compare l'âme à un « cocher » qui mène deux chevaux, l'un bon, l'autre mauvais. Et pour lui, seule la partie supérieure de l'âme, celle qui est apparentée au divin, permet à l'homme d'accéder à la vie philosophique (la tête), et est selon lui, immortelle.
Dans cette vision, le cocher doit rester rationnel et se garder des désirs et passions qui peuvent précipiter sa chute.

4.3. Le cocher de Platon chez Kierkegaard

Là, au contraire, la passion, signifiant une attention aiguë à l'existence, est un élément du sentiment d'existence, sentiment qui se nourrit d'intensité et de risque. Kierkegaard renouvelle pour ce faire le mythe platonicien du char ailé : attelons à la voiture d'un cocher, d'ordinaire impassible, une haridelle et un Pégase ; alors la passion s'éveillera chez notre conducteur, soucieux d'harmoniser l'allure incohérente de la pauvre rosse avec celle ailée du divin coursier. Tel est l'homme pris entre l'éternité et la vie d'ici-bas, dès lors qu'il s'attelle au paradoxe de l'existence et s'efforce passionnément de l'assumer. La passion définit donc l'existence, et non celle du cocher endormi.

Thème actuel : le dirigeant n'est pas un gestionnaire endormi, mais participe à l'agitation des idées.

4.4. Krishna et la « Bhagavad Gita »

Krishna dans la Bhagavad Gita, « Chant du Bienheureux », devient le « cocher » d'Arjuna, le plus célèbre des Pandava, et se manifeste comme un dieu, incitant le héros à l'action. Ici encore c'est un dieu, une force spirituelle qui permet au conquérant de prendre les bonnes décisions, car sans maîtrise la force est impuissante.

4.5. Yoga

La tradition indienne, tant hindoue que bouddhique, désigne sous le nom de *yoga* (« action d'atteler, de maîtriser, de dompter ») une technique de salut originale qui se propose de libérer l'âme de sa condition charnelle par l'exercice de disciplines psychiques et corporelles.

En poursuivant les métaphores et en les ramenant vers le coaching contemporain, nous pourrions dire que notre « cocher-coach » intervient lorsque les « chevaux du char » deviennent difficiles à gouverner, ou lorsqu'il y a deux voies : l'une bonne, l'autre mauvaise, lorsque l'incertitude domine, ou encore pour éveiller la passion, l'énergie du manager coaché et l'aider dans son action et la maîtrise de celle-ci. Gérer l'entreprise est comme un sport de glisse : tout va vite, très vite, c'est enivrant et il faut rester en équilibre ! En fait, un coaching bien compris devrait être **préventif**, c'est-à-dire intervenir **avant** que les difficultés, les déséquilibres se manifestent et être aussi une fonction **permanente** de veille et d'anticipation.

Les termes forts, parfois guerriers parfois nobles, reflètent parfaitement la situation et les difficultés que rencontrent l'entreprise et ses entrepreneurs dans le monde actuel. Le coaching a une part importante à y jouer, car c'est aussi grâce à lui que le dirigeant, « héros » des temps modernes, peut parvenir à une véritable action.

Chapitre 2
Le coaching a-t-il une histoire ?

> Une histoire (très) résumée du coaching :
> Autrefois il y avait des conseillers, puis sont apparus les consultants, puis les psychothérapeutes. Maintenant si vous avez besoin de faire le tri dans vos problèmes professionnels ou personnels vous pouvez faire appel à un coach.

1. LES ORIGINES SPORTIVES DU COACHING

Le sport rassemble en lui l'expression du corps exultant dans la manifestation de ses énergies, et le travail technique rigoureux visant l'économie des efforts dans la production d'une performance, les gestes volatils et les records dûment enregistrés, les loisirs épanouissants et les activités lucratives... Le sport présente, dès ses origines, des dimensions multiples. Innovation sociale de l'Angleterre du XIXe siècle, il n'a fait que restaurer les jeux de l'Antiquité grecque en rénovant les pratiques et en reproduisant les rites et les mythes qui les soutenaient.

Les hommes ont toujours joué à se battre. L'activité sportive peut être considérée comme une sublimation de la violence et de la guerre. Ce qui s'est pérennisé à travers les civilisations, ce sont des jeux de luttes et de batailles dans lesquels la violence physique, atténuée, peut se donner libre cours. Mais ce qui s'est indéniablement opéré à travers le temps, c'est une virtualisation progressive de la violence des combats à travers la mise en place de règles précises fixant, pour chaque type de sport, des limites strictes et volontairement acceptées à son exercice, l'interdiction de gestes jugés dangereux, et l'existence d'arbitres pour faire respecter les règles.

Les athlètes professionnels ont été soumis à un entraînement intensif visant à augmenter leur puissance physique avant qu'ils ne l'exploitent dans des compétitions réglées par des évaluations chiffrées. Cela a provoqué l'apparition de spécialistes (entraîneurs, coachs) rompus aux applications à l'homme des méthodes de préparation des chevaux de courses. Avec l'importance socio-économique des activités sportives, le rôle de ces entraîneurs est devenu prépondérant. Réussissent les équipes qui ont le meilleur entraîneur et certaines compétitions apparaissent comme le combat des coachs plus que des équipes, comme dans le football américain.

Enfin, le sport semble répondre historiquement à la création d'une morale, d'un « fair-play » dans les rapports conflictuels, qu'inventent les sociétés où se sont affaissées les valeurs religieuses. Les normes et les valeurs sportives résistent bien dans notre culture contemporaine. Le monde de l'entreprise, qui fait des valeurs de compétitivité, de combativité et de concurrence ses vertus, y puise largement ses métaphores. L'équipe sportive devient un modèle d'identité et d'efficacité dans l'action collective, organisée « à la japonaise », de l'entreprise moderne.

Dans sa politique de restauration de l'indépendance et de la grandeur du pays, la Ve République a inauguré une forme de représentation sportive de la nation. La figure « Éric Tabarly » a été souvent citée, dans les discours politiques, comme symbole de la vitalité restaurée du pays.

En 1998 la victoire de l'équipe de France, lors de la Coupe du Monde de football a été immédiatement récupérée par tous les politiques et a symbolisé dans les esprits le démarrage du regain économique et le nouvel optimisme des Français après des décennies de morosité.

Les sports sont donc utilisés pour produire des images d'excellence qui résultent du travail individuel de perfectionnement. Mais, dans une vision plus large, le sport symbolise les qualités de jeunesse et d'énergie, de dynamisme et de vitalité. Les publicitaires utilisent également les sports d'aventure pour exprimer l'effort ambitieux de conquêtes, ou les vertus de la prise de risques, pour souligner les qualités d'organisation ainsi que les capacités de survie de l'entreprise.

Citius, altius, fortius qui signifie plus vite, plus haut, plus fort est une devise olympique. Elle pourrait être le slogan actuel d'un coaching ayant pour objectif la performance, le développement de tous les potentiels et leur dépassement constant. Ainsi l'exigence demandée à l'athlète sportif sur son terrain d'action n'est pas tellement éloignée de l'exigence demandée à l'athlète qu'est le manager... au sein de son entreprise ! Un coaching accompagnant un processus de croissance pourrait prendre comme devise : « Plus intelligent, plus beau, plus créatif », revanche de l'esprit sur la performance brute !

Un bon exemple du rôle du coach dans le sport est donné par le football américain, où le coach est en fait le personnage principal.

1.1. Coaching et football américain

Ce sport très spectaculaire est peu connu en France. Deux équipes s'affrontent pour la possession d'un ballon ovale et la maîtrise d'un terrain délimité de lignes parallèles permettant de se positionner au yard près. Pour le non-initié ce jeu est déconcertant. À la mise en jeu, les joueurs partent dans toutes les directions et s'entrechoquent avec une grande violence. Et le ballon ? Tout à coup il apparaît filant dans les airs, reçu de façon acrobatique par un joueur qui s'écroule bientôt sous l'accumulation des corps adverses. La violence va-t-elle continuer ? Au contraire les joueurs vont nonchalamment se placer et s'accroupir sur la ligne gagnée par leur camp. Ce sport a pour nous un intérêt en raison du rôle primordial du coach de chaque équipe.

> Chaque joueur sait que faire et où aller. C'est ici qu'intervient le coach qui décide de la tactique et de la stratégie. En fait, la partie est un combat entre les deux coachs adverses. Le coach transmet ses instructions en temps réel par radio au capitaine (Quarterback ou QB) qui les transmet aux joueurs par instructions codées.
> Par exemple, le capitaine crie : « Red 21, Red 21, Set, Hut, Hut » et les onze joueurs explosent de vitesse et exécutent leur rôle. Le jeu précédent permet par exemple d'avancer de huit yards.
> Le jeu suivant est déjà décidé par le coach qui le transmet au QB. Dix secondes plus tard, l'action explose à nouveau, cette fois avec un gain de quarante-cinq yards qui permet a l'équipe d'atteindre la ligne des sept yards adverse.
> Une nouvelle course est appelée. Les joueurs se mettent en formation, « Blue 18, Blue 18, Set, Hut » crie le QB ; l'homme de ligne (Center) engage la balle au QB, le QB la donne au Running back, tous les attaquants empêchent la défense de toucher le RB. Sept yards plus loin, c'est le touchdown soit le marquage derrière la ligne de but qui obtient un maximum de points.

2. DES TEMPS BIBLIQUES AUX TEMPS MODERNES : QUELQUES COACHS CÉLÈBRES ET LEUR HISTOIRE

Lors de nos recherches préliminaires à la rédaction du présent ouvrage nous n'avions pas soupçonné la richesse et l'abondance des données historiques sur le sujet du coaching. En réalité, il serait possible d'écrire un ouvrage tout à fait actuel, uniquement à partir de documents historiques dont la plupart remontent à des siècles. Mais au fait : l'humain (*homo sapiens*) a-t-il changé depuis l'époque de Cro-Magnon ? Nous avons concentré au maximum ces quelques échantillons historiques mais conseillons au lecteur curieux de se référer aux textes originaux qui sont tout à fait extraordinaires.

2.1. Un coach aux temps bibliques : « Joseph »

Joseph est le prototype du coach psychanalyste par son art de lire, de décrypter les rêves et l'inconscient, de lire dans le désir humain et d'en tirer des conclusions de management. L'histoire de Joseph (en hébreu, « Que Dieu ajoute »), le Patriarche, fils de Jacob et de Rachel, est rapportée par le Livre XXX-L de la Genèse : sa naissance à Haran ; sa jeunesse ; ses songes et l'art de les interpréter qu'il développe ; la jalousie de ses frères parce qu'il est beau et le préféré du père. Ses songes annoncent sa supériorité sur eux et sa gloire future. Ses frères le vendent comme esclave à des marchands se rendant en Égypte et persuadent leur père que Joseph est mort dévoré par des bêtes sauvages. Joseph est acheté en Égypte par Putiphar commandant des gardes de Pharaon, dont il devient bientôt l'intendant. Calomnié par l'épouse de Putiphar car il repousse ses avances il est jeté dans la prison royale. Il y rencontre deux officiers de la cour, disgraciés, dont il interprète les rêves : l'un d'eux annonce au Grand Panetier qu'il va être pendu dans les trois jours, quant au Grand Echanson, son rêve révèle qu'il va être libéré et réintégré dans sa charge. Les deux prophéties s'accomplissent. Deux ans plus tard, le Pharaon est visité par deux rêves la même nuit qui le perturbent à l'extrême : il voit monter du

Nil sept vaches grasses qui se font bientôt dévorer par sept vaches maigres ; puis il distingue sur une même tige sept beaux épis qui se font engloutir par sept épis étiques. Les devins égyptiens convoqués s'avèrent incapables d'y trouver une signification satisfaisante. C'est alors que le Grand Echanson se souvient de Joseph, toujours en prison, et le fait amener à Pharaon. Pour Joseph, il s'agit d'un message divin qui annonce sept années d'abondance suivies de sept années de disette. Il conseille à Pharaon de choisir un homme sage et intelligent qui organisera le stockage des récoltes pendant les sept premières années afin que l'Égypte échappe à la famine qui suivra. Où trouver intelligence et sagesse plus sûrement réunies qu'en celui à qui l'Esprit de Dieu inspire ces propos lumineux ? C'est donc à Joseph que Pharaon va confier à l'âge de trente ans la charge d'assurer le salut du pays.

Habile à l'ouvrage, Joseph justifie pleinement la confiance qui lui est donnée et fait remplir les greniers et entrepôts de réserves considérables qui seront vendues pendant la disette non seulement aux Égyptiens, mais aussi aux peuples alentour par exemple aux Hébreux, ce qui lui permet après de nombreuses péripéties de retrouver sa famille et de pardonner à ses frères.

Le portrait biblique de Joseph l'onirologue (lecteur des songes), à travers sa trajectoire, montre les qualités d'un grand conseiller : intelligence, sagesse, sang froid dans l'adversité, honnêteté et sens éthique dans sa relation à la femme de Putiphar, intériorité, capacité de lire les messages de l'inconscient, contact relationnel, anticipation, aide et préparation à l'action.
Cette description correspond au profil quasi optimal du coach contemporain !

2.2. L'abbé Lanfranc, un coach au XIe siècle

Lanfranc, clerc italien, est le modèle du conseiller-coach permanent. Il a consacré sa vie entière à principalement une personne, Guillaume, le seul guerrier de l'histoire mondiale à avoir réussi la conquête de l'Angleterre.

La force de Lanfranc dans cette époque de barbarie, c'est sa culture. La réussite de l'association Lanfranc-Guillaume est celle d'un chef combatif et guerrier et d'un coach intelligent et cultivé. Lanfranc vient s'installer au Bec-Hellouin en Normandie dans le pays d'Auge près de Brionne et rejoint le chevalier Herluin qui a abandonné sa charge pour se consacrer à Dieu en 1034. De 1047 à 1050, le jeune duc Guillaume de Normandie dit le « Bâtard », (car enfant naturel de Robert le Magnifique et d'Arlette fille d'un simple tanneur de Falaise), assiège Brionne défendue par Guy de Bourgogne. Cette ville est une place forte qui commande la vallée de la Risle. Guillaume prend contact avec le foyer de culture du Bec-Hellouin pendant les trois années du siège et il est fasciné par les entretiens et enseignements qu'il y reçoit. Lanfranc devient son conseiller. Ce dernier est envoyé à Rome pour obtenir la levée de l'interdit papal qui pèse sur la Normandie depuis le mariage de Guillaume et de Mathilde sa cousine éloignée, mariage considéré à l'époque comme consanguin et interdit par l'Église. Il réussit pleinement dans cette délicate mission.

Esprit ouvert et imprégné de culture grecque (quelques siècles avant la Renaissance !) la souplesse de son esprit s'arrange pour maintenir la dialectique dans une indépendance délicate vis-à-vis de la religion, (entre autorité et raison) en confirmant sa validité. « *Je dissimule l'art (dialectique) dit-il, pour ne pas paraître m'y fier plus qu'à la vérité et à l'autorité des Saints Pères.* » Il affronte ainsi le principal problème de son temps dans l'ordre de la pensée : l'adaptation de la logique grecque, aux tâches de l'intelligence de la foi.

Par la suite, Lanfranc conseille Guillaume pendant la préparation, le débarquement et la conquête de l'Angleterre (1066) dont les épisodes sont décrits minutieusement sur la tapisserie dite de la Reine Mathilde, et que l'on peut admirer à Bayeux sous la forme d'une impressionnante bande dessinée. En récompense Guillaume demande à Lanfranc de devenir le bâtisseur et le premier abbé de l'Abbaye aux Hommes de Caen où Guillaume ex Bâtard devenu « le Conquérant » sera plus tard enterré en 1087. Le pape Alexandre II, ancien élève de Lanfranc au Bec, le choisit pour le siège archiépiscopal de Canterbury, poste religieux le plus important de l'Angleterre conquise. Guillaume regagne la Normandie et Lanfranc primat d'Angleterre devient le régent du nouveau royaume. Il meurt en 1089 (deux ans après Guillaume) et sera enterré au Bec-Hellouin.

Ce personnage est loin des stéréotypes sur la barbarie du Moyen Âge. C'est un homme très cultivé, intelligent, ouvert, dialecticien, pédagogue, habile négociateur, fin connaisseur des arcanes administratives de l'Église.

Sa relation d'une vie entière avec Guillaume, guerrier violent et impitoyable, démontre à l'évidence que le conseiller/coach n'a pas à se prendre pour un guerrier, il lui suffit d'être ce qu'il est pour instaurer une relation et une complicité de longue durée comparable à un coaching professionnel, passant de conseiller en « missions spéciales » à confident.

2.3. Machiavel

Secrétaire du gouvernement de Florence, Machiavel fut beaucoup plus qu'un fonctionnaire. Il débuta comme homme de parti, âgé de vingt-neuf ans, dans la deuxième chancellerie de la République de Florence. À Savonarole et à ses adeptes, il reprochait de conjuguer dans leur action les astuces malhonnêtes, les mensonges, et le fanatisme religieux. Par ailleurs, tout en étant hostile aux Médicis, il voyait dans la politique de Laurent un modèle d'équilibre et de stratégie.

Il est représentatif d'un coaching stratégique, centré sur les options à long terme et les visions globales, s'appuyant sur des connaissances étendues dans les cultures européennes et antiques. Machiavel fut un pur politique, un théoricien. Il a exhorté la Seigneurie à substituer à la politique des compromis et de la prudence, la méthode des choix nets et assurés, ainsi que le soutien d'une forte organisation intérieure et d'une milice autonome. Cependant, il a soumis une situation et des problèmes spécifiques à des normes universelles tirées aussi bien de l'expérience européenne contemporaine que des exemples fournis par les historiens de l'Antiquité.

Le Prince est son ouvrage le plus célèbre. Le chapitre XXII : « Des secrétaires des princes », concerne directement la fonction de conseiller du Prince, propre fonction de Machiavel ; « secrétaire » ayant ici le sens fort de dépositaire de secrets.

> « Ce n'est pas une chose de peu d'importance pour un Prince que le choix de ses secrétaires, qui sont bons ou mauvais selon qu'il est plus ou moins sage lui-même. Aussi quand on veut apprécier cette capacité c'est d'abord par les personnes qui l'entourent que l'on en juge. Si elles sont habiles et fidèles, on présume toujours qu'il est sage lui-même, puisqu'il a su discerner leur habileté et s'assurer de leur fidélité » (on a le secrétaire qu'on mérite). « Quand le prince et le secrétaire sont tels que je le dis, il peuvent se livrer l'un à l'autre avec confiance : s'ils ne le sont point, la fin sera également fâcheuse pour tous les deux. »

Le couple prince-secrétaire est une alliance dans la confiance, et dans le chapitre suivant il est montré que cette confiance repose sur l'authenticité.

> « Quel parti peut-il (le Prince) donc prendre pour éviter tout inconvénient ? Il doit, s'il est prudent, faire choix dans ses États de quelques hommes sages, et leur donner, mais à eux seuls, liberté entière de lui dire la vérité, se bornant toutefois encore aux choses sur lesquelles il les interrogera. Il doit, du reste, les consulter sur tout, écouter leurs avis, résoudre ensuite par lui-même » (le secrétaire n'intervient pas dans la décision).

> « Le Prince qui en use autrement est ruiné par les flatteurs, ou bien il est sujet à varier sans cesse, entraîné par la diversité des conseils. »

Ces compétences, culture, qualités et stratégies décrites et utilisées au XVe siècle sont tout à fait modernes et très proches de celles que pourraient posséder ou mettre en place des coachs du troisième millénaire !

2.4. Richelieu

Richelieu se distingua aux états généraux de 1614, comme député de son ordre ; son habileté consistait à se mettre en lumière dans des circonstances importantes : il présenta le cahier général du clergé et, dans sa harangue, il exposa que les rois avaient intérêt à appeler des ecclésiastiques, dans leur Conseil « à cause des vertus de capacité et de prudence auxquelles les obligeait leur profession, outre que le célibat les dépouillait plus que les autres d'intérêt particulier ».

Ses qualités de conseiller : habileté, anticipation, capacité de manœuvre, rhétorique, fidélité sans faille.

Il fut nommé aumônier de la reine mère, Marie de Médicis, qui, malgré la majorité du roi, exerçait le pouvoir. Dans un temps où la clientèle décidait de tout, il devint un des fidèles de cette princesse, à la fois puissante et incapable. Grâce à elle, il entra au Conseil en 1616, mais il en sortit avec elle, disgraciés tous deux lorsque le roi eut fait abattre Concini et rétablit son autorité personnelle. En travaillant à la réconciliation du jeune roi et de la reine mère, après les deux guerres de la Mère et du Fils, il prépara son retour au Conseil. Pourvu du chapeau de cardinal, il devint principal ministre en 1624 et le demeura jusqu'à sa mort.

Le coaching a-t-il une histoire ?

Ainsi s'établit en France une forme particulière de gouvernement, l'association d'un roi réputé maître absolu et d'un fidèle qui agit en son nom et en accord avec lui : le « ministériat ». Richelieu avait d'abord gagné l'amitié du jeune roi, puis son entière confiance. Louis XIII était persuadé que son devoir et son salut personnel exigeaient un gouvernement juste. Il estimait Richelieu l'homme qui le servait le mieux et il ne consentit jamais à s'en séparer.

Au terme de ce rapide voyage dans le temps, il nous a paru amusant de rechercher quel a été le coach le plus ancien de l'histoire écrite de l'humanité ; c'est sans doute le « Serpent » :

> « Nahach » (en hébreu) = le Serpent. Ce mot signifie également « rusé » et « divination ».
> Le Serpent était aussi le symbole de l'astuce, et de la prudence.
> Le Serpent de la Genèse est un animal mythologique doué de parole et de sentiments divers, il dévoile à Ève la nature de l'arbre de la Connaissance du Bien et du Mal et il lui conseille d'en goûter le fruit.
> Adam tenté par elle transgresse l'interdiction divine, goûte au fruit défendu dont tous deux espèrent qu'« il les rendra comme des dieux ».
> Cette « faute originelle » entraînera la douleur, la peine dans l'effort et la mort, c'est-à-dire que Adam et Ève deviendront « humains » au sens où nous le sommes aujourd'hui.
> Mais aussi grâce au Serpent nous pouvons continuer à goûter aux fruits de l'arbre de la Connaissance.

Dans le monde des vivants, on peut dire que l'homme est un être extraordinaire et singulier, en ce sens qu'il est le seul à s'interroger sur sa propre nature et à se mettre en question. D'une certaine façon, c'est un animal parmi les autres car il a tous les caractères biologiques des mammifères mais il s'en distingue aussi radicalement. Premièrement, c'est un animal *technicien* ; il fabrique des outils depuis les gros cailloux taillés du paléolithique jusqu'aux plus récentes merveilles de l'industrie contemporaine. De plus, c'est un animal qui *parle*, fait des signes. Les peuples primitifs ont un langage articulé. Les premiers hommes ont laissé sur des parois de leurs cavernes des dessins, des peintures. L'être humain est aussi un animal social qui *obéit à des règles*, qui distingue le permis du défendu.

3. PRÉSENT ET FUTUR DU COACHING : LE COACHING DANS LA MONDIALISATION ET LA NOUVELLE ÉCONOMIE

Les pages historiques précédentes nous donnent aussi des leçons sur la nature profonde des conseillers et coachs de valeur : ce sont des humains intelligents, réfléchis, stratèges, bons communicants et qui s'appuient sur des connaissances générales, culturelles et historiques étendues. À la différence du chef qui pilote à vue et dans l'urgence, le coach ne peut se passer de la culture et de l'histoire. Cela nous semble entièrement valide aujourd'hui et dans l'actualité sur laquelle nous allons nous recentrer.

Manifestement la Terre a rétréci, nous la tenons entre nos mains, nous vivons maintenant pour la première fois dans l'histoire, dans un univers limité. La mondialisation constitue à la fois le processus selon lequel les phénomènes de divers ordres (économie, environnement, politique, etc.) tendent à revêtir une dimension proprement planétaire. C'est en ce sens que l'on peut citer l'observation de Paul Valéry : « *Le temps du monde fini commence*[1]. *Quoi de plus remarquable et de plus important que cet inventaire, cette distribution et cet enchaînement des parties du*

---

1. *Regards sur le monde actuel,* Gallimard, 1988.

globe. [...] Une solidarité toute nouvelle, excessive et instantanée, entre les régions et les événements est la conséquence déjà très sensible de ce grand fait ».

Plus précisément, le terme renvoie en particulier aux domaines économique et financier. Une baisse des taux d'intérêt à New York se répercute en quelques heures sur les bourses du monde ; la crise économique en Thaïlande a, en 1997-1998, bouleversé l'économie asiatique puis celle de l'Europe avec un krach financier généralisé. Les Japonais affrètent des avions cargos pour le Beaujolais nouveau qu'ils boiront en même temps que nous. Si les Brésiliens dévaluent leur Real, l'action Carrefour baisse immédiatement à Paris.

Les Australiens, les Néo-Zélandais, les Anglais, les Sud-Africains, les Français sont au même moment devant leur poste de télévision pour la Coupe mondiale de Rugby (des dizaines de millions de spectateurs en novembre 1999). La chaîne CNN diffuse 24h sur 24 sur son réseau planétaire dont les satellites relaient les images.

Un parisien peut appeler son collègue français en déplacement à Hong-Kong sur le téléphone mobile de celui-ci sans avoir à changer le numéro d'appel habituel.

Le domaine économique s'est d'abord nourri du développement considérable des échanges commerciaux, puis de celui des investissements. Il débouche sur une troisième étape, la « globalisation », caractérisée par l'organisation de réseaux de production grâce à l'association de l'informatique et des télécommunications, à la circulation instantanée de l'information et à la possibilité de transports aériens massifs et économiques.

Le Fonds monétaire international (FMI) la définit comme « *l'interdépendance économique croissante de l'ensemble des pays du monde, provoquée par l'augmentation du volume et de la variété des transactions transfrontières de biens et de services, ainsi que des flux internationaux de capitaux, en même temps que par la diffusion accélérée et généralisée de la technologie* ».

En même temps apparaît un nouveau fonctionnement économique caractérisé par une croissance forte, sans inflation monétaire, avec des taux obligataires bas, et l'apparition de centaines de start-up industrielles spécialisées dans les technologies Internet, téléphonie et médias qui créent des emplois par centaines de milliers.

Une bulle financière se développe, gonflant la valorisation boursière des entreprises de la nouvelle économie. (France Télécom venant par exemple d'atteindre une valeur boursière de 1000 milliards de francs en février 2000)

Le côté noir de la mondialisation

La mondialisation fait aussi vivre un changement dont le rythme et la cadence laissent de plus en de gens derrière, incapables de s'y adapter non pas en raison d'un manque d'intelligence, mais en raison de la vitesse avec laquelle cet apprentissage doit se faire. Les nouvelles technologies de l'information et Internet en sont des exemples évidents. Le changement n'est plus linéaire (à rythme constant) mais exponentiel (à rythme croissant). On ne peut, jour après jour, procéder à l'annonce de regroupements, de fusions, d'intégrations et de restructurations, tant dans le secteur privé que dans le domaine public sans que les conséquences finissent pas nous rattraper.

Dans un récent commentaire sur le film *Titanic*, un critique faisait ressortir que l'une des raisons pouvant peut-être exprimer le succès populaire de cette œuvre, par-delà ses qualités cinématographiques évidentes, reposait sur l'impression que la catastrophe que l'on nous montre à l'écran ressemble à s'y méprendre à la catastrophe appréhendée que le début du XXIe siècle nous prépare peut-être. Il y a là le même sentiment d'invulnérabilité, l'importance de la disponibilité financière et du statut et le peu de considération que l'on attache à ceux qui font avancer le bateau et le sauve-qui-peut de ceux qui ont provoqué la catastrophe.

Les manifestations à Seattle, fin 1999, à l'occasion de la réunion de L'Organisation mondiale du commerce ont montré les craintes, la peur et la colère que suscite la globalisation de l'économie mondiale. Les changements rapides que crée la globalisation sont un facteur d'incertitudes, autant que d'opportunités. La nouvelle économie est un facteur de richesse mais pas pour tout le monde. Dans des secteurs entiers les salaires stagnent, les employés sont licenciés à la suite de la vague importante de fusions d'entreprises, de restructurations, voire de délocalisations dans des pays à très bas salaires, par exemple en Asie. Pour beaucoup d'entreprises la globalisation est un problème et non une promesse, une appréhension et non une opportunité.

La globalisation est donc source d'insécurité, source de méfiance vis-à-vis des décisions opaques du Fond monétaire international, de la Banques mondiale et de l'Organisation mondiale du commerce. Se mêlent à ces problèmes économiques des craintes écologiques concernant par exemple le commerce de végétaux transgéniques, ou le développement de l'industrie nucléaire. Enfin, un mouvement technophobe diffus considère les avancées scientifiques comme des menaces et non comme des progrès. La globalisation est l'ennemi.

La violence même de ces réactions de catastrophisme, malgré leurs exagérations et exploitations politiques, montre bien l'importance des enjeux de la mondialisation et pourquoi l'entreprise à travers le coaching de ses dirigeants se doit à la fois d'anticiper le processus que nous sommes en train de vivre, et de s'y préparer pour affronter les réactions inévitables qu'il va susciter.
Tous les changements industriels des siècles passés ont suivi ce cycle.

Chapitre 3
Les objectifs du coaching

Au milieu de ses turbulences internes et externes, l'entreprise a besoin de dirigeants et de managers dotés d'une excellente maturité affective et relationnelle. Mieux se connaître, c'est se sentir plus fort, cohérent, c'est aussi savoir quelles sont ses propres limites, ses peurs, ses désirs sans obligation de tricher ou de simuler. Le coaching aide les managers à développer leur personnalité, à réduire leur niveau d'anxiété et de stress négatif, donc inefficace, et à leur donner envie de prendre des risques et de gagner véritablement. Il contribue aussi à élargir plus harmonieusement les capacités organisationnelles et relationnelles de l'entreprise. Afin de permettre au lecteur un repérage rapide et explicite des objectifs parfois multiples et variés du coaching, nous allons lui proposer deux séries distinctes d'objectifs :
- ❏ L'objectif centré sur la plus-value pour l'individu.
- ❏ L'objectif centré sur l'organisation et l'apport pour l'entreprise.

1. LA PROMOTION « COACHING » : UNE PLUS-VALUE POUR L'INDIVIDU

Coaching = croissance = promotion

La promotion « coaching » est celle qui va donner la possibilité à ceux qui la pratiquent d'obtenir une plus-value dans l'exercice de leur fonction : celle d'avoir une nouvelle perception d'eux-mêmes et des autres ainsi qu'une prise de conscience accrue de tous les événements qui se présentent. Cette croissance de l'individu et/ou de l'équipe va améliorer le contact à tous les niveaux de l'entreprise, encourager la créativité et le changement, faire émerger de nouveaux talents.

Il s'agit d'un développement personnel du coaché : repérage, mise en lumière et réalisation de ses ressources propres, dans ses dimensions physiques, effectives, intellectuelles, sociales et spirituelles. Les objectifs visés sont multiples ; afin de mettre en valeur leur profil, nous allons nous baser sur des exemples concrets issus d'une enquête menée sur douze managers, hommes et femmes, ayant bénéficié de séances individuelles de coaching dans une multinationale située dans l'est de la France.

> *Michel, âgé de 45 ans, entame un coaching après avoir subi un licenciement économique douloureux psychologiquement pour lui. En effet, il s'était beaucoup investi dans son poste de directeur général et s'attendait à rejoindre le groupe des actionnaires de son entreprise... juste avant d'apprendre son licenciement. En démarrant les séances avec son coach, Michel est persuadé d'avoir raté sa carrière ; à son âge il ne se sent plus assez jeune pour prendre un nouveau virage (il travaillait dans un secteur industriel très spécialisé) et il a perdu une partie de sa confiance en lui (« C'est de ma faute – ne n'y arriverai plus jamais – je me suis laissé gruger comme un écolier ! »).*

Les objectifs du coaching

Quatre objectifs peuvent être dégagés : la gestion du stress, une plus grande affirmation de soi, un sentiment de sécurité intérieure et une clarification des valeurs professionnelles. Le coaching permet à Michel de se projeter dans l'avenir et de trier tous ses « possibles » :
- intégrer l'équipe de consultants d'un ami,
- reprendre une usine en province,
- accepter un nouveau poste de dirigeant salarié.

Il peut ainsi clairement définir ses nouveaux objectifs de vie professionnelle, personnelle et familiale. Car Michel, comme nous pouvions nous en douter, avait oublié de « vivre » depuis bientôt dix ans, tellement il se trouvait pris par les contraintes de son poste précédent et ses lourdes et permanentes exigences. À l'issue des quatre premières séances, Michel a repris courage, après avoir évalué les compétences et outils nécessaires pour se réaliser dans son nouveau travail. Il poursuit son coaching sur quelques autres séances, notamment parce qu'il va devoir intégrer une nouvelle activité professionnelle. (« *C'est important pour moi de ne pas reproduire les mêmes erreurs, tant sur le plan de ma stratégie de carrière que sur celui du management.* »)

Le coaching a permis à Michel de se repositionner face à ses besoins actuels, de rétablir sa confiance en lui et aussi d'éviter de reproduire certaines erreurs « automatiques » dont il voulait se défaire pour ce nouveau tournant de son existence. Quelques mois plus tard – après avoir fait l'acquisition de son usine – il considérera que cette démarche a contribué pour une large part à la réussite de sa carrière professionnelle... et aussi personnelle.

> *Gilles est ingénieur et âgé de 29 ans : « Notre usine grandit de jour en jour ; avant nous étions une grande famille et aujourd'hui nous sommes devenus une organisation. Cela prouve que nous évoluons bien sur le plan économique et financier et c'est tant mieux. Je suis manager depuis peu, et j'avoue que je maîtrisais davantage les aspects plus techno-*

> *logiques de mon métier. Je me sens un peu timide sur le plan relationnel et je voudrais réussir à établir un meilleur contact avec moi-même et les autres. Je me suis perdu de vue durant les derniers mois, au détriment de ma forme physique ; j'ai renoncé à mon club de handball, il me prenait trop de temps. C'est dommage... »*

Pour Gilles, le travail du coaching porte sur les phobies sociales, l'accroissement du leadership et l'amélioration du contact. Les phobies sociales peuvent revêtir plusieurs aspects comme le rougissement, le bégaiement, les mains moites ou les tremblements. Ces symptômes sont autant d'handicaps qui peuvent être supprimés par le coaching.

> *Carine, 32 ans, est pharmacienne : « Je me sens motivée, parfois même sur-motivée, dans ma mission professionnelle. Je m'occupe d'un laboratoire de produits pharmaceutiques et ai en charge une petite équipe de six personnes, toutes des femmes et toutes diplômées. Je constate que tout va très vite autour de moi et j'ai l'impression qu'on m'en demande toujours davantage. Mon objectif pour ces séances de coaching est de déterminer clairement mes limites, afin de cesser de me plaindre de ma surcharge de travail auprès de ma hiérarchie et de trouver des solutions pour respecter davantage mes besoins personnels (je me sens épuisée) et familiaux (je suis maman d'une petite fille de 18 mois) tout en maintenant mon professionnalisme et en poursuivant l'évolution de ma carrière. »*

Ici, c'est la gestion du stress et de la fatigue, l'épuisement chronique et l'aide à la prise de décision qui constituent les objectifs du coaching. Carine doit également assimiler sa prise de conscience globale de son problème.

Les objectifs du coaching

> *Bertrand, chef d'atelier, 35 ans : « Je voudrais avoir plus d'autorité naturelle, développer mon leadership. Même si certains prétendent que cette autorité ne s'apprend pas, je profite de ce coaching pour m'améliorer ! Avant ma nomination de chef d'atelier, j'ai participé à des séminaires de management ; ils m'ont donné des outils importants, tels que les entretiens de motivation du personnel ou les conduites de réunions pour un lancement de projet dans une équipe. À présent mon objectif est d'améliorer ma performance personnelle, de développer mon potentiel relationnel. L'excellence dans ses domaines-là c'est d'abord un état d'esprit ! »*

Comme pour Gilles, le coaching tend ici à un accroissement de la confiance et de l'affirmation de soi. Le développement de l'image de soi et du charisme sont autant d'atouts qui seront très utiles à Bertrand.

Voici quelques autres objectifs liés à la personne même du coaché.

> 1) *« Dans six semaines je suis amené à faire une intervention en public pour présenter un nouveau service bancaire. Je connais bien mon sujet, mais je ne me fais pas confiance sur mes attitudes et ma façon de m'exprimer ! Je me souviens encore d'un échec cuisant lors d'un exposé que j'ai fait dans mon ancien service. Plus jamais ! Mon objectif pour ce coaching est bien ciblé : je veux être capable de présenter clairement mes idées, de gérer au mieux mon stress et mes émotions et de donner de moi l'image d'un homme sérieux et... relationnel. »*

> 2) *« Comment pourrais-je avoir de meilleures relations avec mon patron ? J'ai l'impression qu'il me prend pour un gamin et que je mets tout en œuvre pour tomber*

> *dans ce piège. Je voudrais comprendre ce qui se joue entre nous et comment faire pour me positionner en adulte véritable. Je suis au bord de la rupture avec lui et cela peut nuire à ma carrière. »*

Dans les deux cas, le coach va permettre à son client de développer ses capacités réelles et parfois insoupçonnées, et de réaliser ses objectifs personnels et professionnels dans le respect de ses valeurs et en prenant en compte l'environnement dans lequel il travaille. Dans le second exemple, la gestion du conflit relationnel sera mise en avant.

2. TROUVER SA PLACE ET SAVOIR ÉVOLUER AU SEIN D'UNE ORGANISATION

Il s'agit du « comment être » de l'individu dans la confrontation à l'organisation, l'entreprise et ses différents partenaires. Les objectifs sont orientés vers l'entreprise, la cohésion d'équipe, la résolution des situations de crise.

> *Marcel, 47 ans, chef de service : il vivait une situation de tension importante dans un secteur dont il était responsable depuis peu. L'ancien chef de service était tombé malade et ne s'occupait plus véritablement des personnes et de l'organisation intrinsèque du travail. Chacun effectuait ses tâches dans son coin, ne se souciant pas des problèmes des autres. L'objectif était : faire ses huit heures et partir ensuite au plus vite. La mission de Marcel s'avérait délicate et son souci de cohésion d'équipe ne relevait pas du luxe ! Son objectif de coaching n'était pas centré sur lui dans ce cas précis, mais sur l'ensemble de son équipe.*

Les objectifs du coaching

L'objectif visé est ici le développement de la cohésion d'équipe. Une organisation nouvelle peut s'avérer nécessaire. La nouvelle responsabilité de Marcel fait qu'il a besoin d'une aide au changement.

> *Nathalie, 34 ans, manager : l'institution lui demande d'aménager les horaires de travail en vue des 35 heures (loi Aubry) et l'équipe qu'elle dirige en profite pour transformer cette proposition de changement en conflit. Le coach de Nathalie va tout d'abord l'aider à clarifier ses propres enjeux et à parfaire ses relations avec les différentes personnes de l'équipe de travail. Cette crise sociale permet à Nathalie d'instaurer un dialogue plus authentique avec les personnes, de dénouer certaines querelles intestines et de s'affirmer davantage durant les réunions. Elle découvre que si elle se sent à l'aise en tête-à-tête durant les entretiens, il n'en va pas de même lorsqu'il s'agit de « les affronter tous en direct durant les réunions. »*

Dans cet exemple, le coaching vise à la mise en place d'un projet et la gestion d'une crise sociale. Nathalie est confrontée à des difficultés réelles qu'elle ne peut éviter. Il s'agit de l'aider à résoudre ce problème.

> *Paul, 41 ans, directeur d'usine : suite à une restructuration de l'organisation de la production exigée par la maison-mère aux USA, Paul se voit promu directeur d'une usine et responsable de dix cadres, dont cinq sont nouveaux dans leur fonction. Il décide de leur proposer des séances individuelles de coaching afin de dépasser rapidement les problèmes individuels et toujours différenciés liés au management, puis d'instaurer un coaching d'équipe, intégrant cette fois l'ensemble des dix personnes. Paul est un homme rationnel et peu enclin aux « états d'âme intempestifs », mais cette fois il se rend bien compte que la solution à l'obtention de la cohésion de*

> cette équipe, de sa réactivité et de son fonctionnement optimal, passera davantage par un apprivoisement relationnel interpersonnel que par des méthodologies organisationnelles supplémentaires. Paul croit à l'efficacité de ce coaching, il s'y investit, il fonce. Il y réussira en mettant en place un groupe harmonieux, avec des relations basées sur la confiance, la responsabilité et le plaisir de travailler ensemble !

Pour Paul, comme pour Marcel, l'objectif principal est le développement de la cohésion d'équipe. La tâche est lourde et une aide à la résolution de ce problème délicat à gérer particulièrement appréciable.

Les objectifs centrés sur l'organisation peuvent également porter sur l'augmentation de la flexibilité, l'amélioration de l'image de marque d'un service ou de l'entreprise, la gestion d'un conflit institutionnel, l'élaboration et la mise en place d'un projet... La fusion ou le rachat d'une entreprise nécessite également souvent des conseils de qualité. On le voit l'ambition du coaching est à la mesure des difficultés présentes dans le marché du travail ! On peut enfin citer quelques autres exemples d'objectifs liés à l'entreprise et au bon fonctionnement des groupes de travail.

> « Comment puis-je faire adhérer mon assistante au nouveau projet du service alors qu'elle y est totalement opposée ? »
> « Par cette démarche de coaching j'aimerais trouver le moyen de diminuer l'absentéisme dans mon étude de notaire. »
> « Je suis responsable du management de la qualité dans cette usine. La rédaction du manuel qualité, la certification aux normes ISO et la conformité au référentiel nécessitent une implication réelle de la part du personnel, surtout en production. Le coaching doit m'apporter quelques aides et pistes pour les audits à venir, tant pour les futurs audités que pour les auditeurs internes. »

Les objectifs du coaching

En définitive, le coaching apporte une nouvelle perception de soi et des autres à l'entreprise. Il modifie l'image que le manager porte sur lui-même ce qui lui permet d'influencer son comportement managérial ainsi que le comportement global de l'institution. Le coach est un éveilleur des potentiels et contribue ainsi à l'augmentation des « possibles » de chacun (lui et lui) et de tous (lui et les autres). Les dirigeants sont parfois sceptiques : « Que va m'apporter le coaching ? Qu'est-ce qu'un coach est capable de mieux faire ou penser que moi ? » Comme nous venons de le souligner précédemment, le coaching est un moyen de développer sa performance personnelle et sa capacité à intervenir dans des situations complexes ou dont l'enjeu est de taille. Le coaching est source d'une réelle valeur ajoutée. Elle n'est pas tellement l'apport de conseils ou d'outils spécifiques aux situations évoquées. Il s'agit davantage d'une aide à la recherche de solutions créatives à partir des ressources propres de la personne, aussi bien intellectuelles, qu'émotionnelles ou organisationnelles dans le cadre de son institution et des espaces de libertés qu'elle y trouvera.

Des valeurs ajoutées mesurables telles que :
– *la diminution de l'absentéisme,*
– *le gain de temps en productivité,*
– *l'augmentation du bénéfice,*
– *la réduction de la non-qualité,*
– *davantage de commandes.*

… côtoient d'autres valeurs ajoutées plus « sensibles » telles que :
– *le meilleur climat dans un service,*
– *la réduction des maladies psychosomatiques et des arrêts de travail,*
– *l'émergence de nouveaux talents,*
– *le plaisir de venir travailler…et donc de bien travailler,*
– *l'instauration d'un management de confiance.*

Les objectifs du coaching étant clairement définis et illustrés, nous allons désormais nous rapprocher plus familièrement de leur investigateur, à savoir le coach.

Chapitre 4

Qu'est-ce qu'un coach ?

Définir qui est coach et ce qu'est un coach n'est pas une tâche facile, même si ce thème est souvent évoqué à l'heure actuelle. Aucune université ne délivre un diplôme spécifique au métier de coach et les formations existantes émanent de fondements et de pratiques variés. Un point commun se dégage cependant : apprendre à coacher se fait au travers de séminaires de développement personnel humanistes, par la lecture d'ouvrages spécialisés et aussi au travers de l'expérience du terrain.

La variété de personnalités des coachs et leurs connaissances du milieu professionnel nous conduisent à dire qu'une grille de lecture classique regroupant qualités et compétences ne représenterait qu'un outil supplémentaire, parmi tant d'autres.

Si l'on rajoute à cela la diversité des modes d'approche dans le milieu de l'entreprise et la place octroyée au coach (a-t-il officiellement un titre de coach ou le nomme-t-on « consultant en management ? »), il va sans dire que notre interrogation sur ce qu'est un coach devra faire preuve d'une large ouverture d'esprit et d'une approche globale (holistique).

Ainsi le coach, d'entrée de jeu, ne se décrit ni ne se qualifie aisément. Il prend place dans des situations relationnelles souvent fortes, complexes et confidentielles et intervient dans des limites variables selon les contextes institutionnels et les besoins des coachés.

> « On peut dire que le coach est un expert de la relation humaine et du développement du potentiel, mais il est également praticien de l'entreprise dont il doit posséder une bonne connaissance. »[1]

La part de la relation humaine et individuelle est primordiale dans le coaching et nécessite l'élaboration d'un espace de confiance et de confidentialité, pas toujours aisé à obtenir dans l'entreprise. La connaissance de cette dernière permet de procéder à un partage d'expérience entre coach et coaché et elle est congruente dans le cadre de cette démarche.

Nous comprenons qu'accompagner une personne en vue de contribuer à l'aider à développer son potentiel ne requiert ni les mêmes compétences, ni les mêmes technicités ni surtout les mêmes qualités relationnelles et humaines que de manager l'un de ses subordonnés ou d'animer un groupe de travail.

En vue de nous éclairer davantage, interrogeons-nous d'abord sur le profil du coach.

Un coach est un homme ou une femme dont les compétences et les qualités relationnelles et humaines lui permettent d'accompagner une personne ou une équipe dans le contexte professionnel. A-t-il fait des études et si oui, lesquelles ? A-t-il une formation spécialisée dans le coaching ? Quel est son parcours professionnel ? Qui peut être coach ?

---

1. *Le développement du potentiel des managers,* Pascal Leleu, p. 254, L'Harmattan, 1995.

1. SON PROFIL

> D'après les résultats d'un questionnaire d'avril 1998 de la Société française de coaching[1], sur 97 personnes interrogées et 74 réponses exploitées :
> « Monsieur coach est hermaphrodite (il y a autant de membres hommes que de membres femmes) et déclare officiellement un métier de consultant. Il a étudié 4 ou 5 années après le baccalauréat. Il est âgé de 46 ans, a plus de 20 ans d'expérience professionnelle et a travaillé en entreprise. »

En détaillant les résultats, nous constatons que la formation et les études initiales du coach sont du niveau bac + 4/5 à 60 %, du niveau bac + 6 ou plus à 30 %, et qu'il y a aussi un petit pourcentage d'autodidactes. Les formations complémentaires sont en moyenne au nombre de trois, la plupart du temps dans une approche de psychologie ou de relations humaines : AT (analyse transactionnelle), PNL (programmation neuro linguistique), Gestalt. Par ailleurs 60 % des membres de la Société française de coaching ont reçu une formation spécifique au coaching.

42 % des personnes interrogées ont de dix à vingt ans d'expérience professionnelle :
- 81 % ont travaillé en entreprise,
- 42 % exercent un métier en profession libérale,
- 30 % sont aussi conseils en management, en orientation de carrière et certains font de la formation.

Il est à souligner que seulement une personne sur dix a exercé un métier de psychothérapeute et une infime minorité sont psychanalystes (1,5 %).

---
1. Société française de coaching, 10 rue de Presbourg, 75016, Paris.

Le coach a le plus souvent effectué un travail de développement personnel et est supervisé, c'est-à-dire qu'il rend compte de son activité et des problèmes qu'elle pose à son superviseur, un collègue expérimenté, lors de séances régulières, soit en supervision individuelle, soit collective.

> *Qu'est-ce qu'une supervision professionnelle ?*
> Le superviseur aide le coach durant des séances individuelles ou en travail de groupe a prendre du recul dans son métier et les problèmes qui y surviennent. Le coach a progressivement assimilé les théories sous-jacentes à l'exercice de sa fonction, il s'est essayé aux principaux outils et a même repéré des trucs ou recettes chez ses professeurs. Mais lorsqu'il se trouve confronté à la situation de coaching, avec des coachés « réels ! » dont les besoins et attitudes ne correspondent évidemment pas aux descriptions théoriques, il lui arrive d'avoir des doutes et de se remettre en cause.
> La supervision offre la possibilité de se faire aider dans sa pratique par un coach expérimenté qui permet de repérer les résistances, les routines d'action et de capitaliser les expériences bonnes ou mauvaises.
> C'est face à ces cas réels et non plus d'études de cas que le coach en activité ou en démarrage d'activité peut faire appel à un superviseur.
> Le recul favorisé par cette approche aide le coach à se situer avec l'indépendance qui lui est nécessaire pour se constituer son style et se sortir de l'ornière dans des cas difficiles.
> Si la supervision est nécessaire pour un coach débutant, elle continuera de l'être tout au long de sa carrière professionnelle, lorsque le besoin s'en fera ressentir.

> C'est le coaching du coach ! Il lui permet de prendre conscience de ses problèmes relationnels ou méthodologiques en matière de coaching, de les solutionner seul avec son superviseur ou avec aussi l'aide de ses « pairs » dans un groupe. Cela lui permet également de rester lui-même et de ne pas se perdre, tout seul, dans une situation qui lui paraît inextricable et sans espoir. La supervision est un lieu privilégié pour le professionnel où il peut exprimer ses doutes et questionnements, faire le lien entre ses difficultés et ses affects et échanger avec ses pairs dans le cas de la supervision de groupe.
>
> Il est important de rajouter que si la nécessité de la supervision semble constituer une évidence pour le métier de coach, nous pourrions en dire de même pour grand nombre d'autres métiers, tout aussi complexes et générateurs d'angoisse et de sentiment de solitude : dirigeant d'entreprise, par exemple !

2. SES QUALITÉS RELATIONNELLES ET SES COMPÉTENCES PROFESSIONNELLES

Les qualités et les compétences du coach sont à la fois d'ordre cognitif (connaissance de l'entreprise et de son environnement – connaissance de méthodologies et d'organisation), d'ordre relationnel (capacité d'établir un bon contact puis une relation adaptée et efficace avec le coaché et son entourage parfois) et d'ordre psychologique (développement personnel et supervision).

> Qu'est-ce que le développement personnel ? « Le développement consiste en une série d'étapes par lesquelles passe l'être vivant pour atteindre son plein épanouissement jusqu'à la maturité.

> Chaque être humain a un rythme de croissance qui lui est propre ; on y remarque des poussées rapides, des paliers, des retours en arrière, mais pratiquement jamais un développement linéaire.[1] »

Tous les coachs n'ont pas ces caractéristiques, bien entendu. Mais la prudence s'impose néanmoins dans ce domaine et n'est pas coach qui veut ou qui le décrète.

> « Le coach est d'abord un professionnel expérimenté, ayant fait un réel travail de développement personnel et formé aux techniques de son métier.[2] »

Un professionnel expérimenté et formé aux techniques de son métier suppose qu'il connaisse le monde dans lequel évoluent la plupart de ses coachés, à savoir l'entreprise. Cette dernière a des règles du jeu internes et externes précises, un fonctionnement qui lui est propre, des exigences relationnelles et professionnelles particulières. Il serait difficile, voire dangereux pour un coach de s'aventurer dans un monde où il n'aurait ni repères ni expérience. Le coach, en profession libérale ou en mission dans un cabinet de consultants, a tout intérêt à avoir exercé un métier, une fonction au sein d'une entreprise (PME/PMI) et cela pendant quelques années. Il est délicat d'accompagner un cadre, un dirigeant, en ne sachant pas ce que signifie un compte d'exploitation, une adaptation nécessaire à l'exigence d'un client (norme, cahier des charges précis pour un produit ou service,), un problème de démotivation d'une équipe de travail, un conflit social, une mise en place d'une certification, etc.

---

1. Extrait du *Dictionnaire de psychologie* de Norbert Sillamy, Larousse, 1998.
2. Société française de coaching.

Qu'est-ce qu'un coach ?

L'entreprise ne s'apprend pas dans les livres ou les revues spécialisées, pour la connaître il faut y vivre, y évoluer, s'y frotter. Cette expérience salutaire a lieu sur le terrain – et ce terrain fait partie du cursus du coach. C'est de cette manière qu'il sera à même de s'ajuster au monde professionnel de son interlocuteur, en tenant compte de son contexte et de la culture de l'entreprise dans laquelle il évolue.

Le coaching est une démarche globale, c'est ce qui fait sa richesse. Le coaché travaille dans un certain milieu et la prise en compte de ce milieu est signifiante, enrichissante et permet d'obtenir un changement.

Quant au « réel » travail de développement personnel du coach, voilà l'autre nécessité incontournable du profil que nous décrivons. Il est toujours surprenant de constater que de nombreux professionnels intervenant dans les relations humaines (coachs, formateurs, managers, consultants, médecins, travailleurs sociaux par exemple), n'ont pas effectué un travail plus psychologique sur eux-mêmes. Même s'ils sont friands d'outils et de techniques de développement personnel qu'ils utiliseront dans leurs formations ou durant leurs séquences managériales, peu nombreux sont ceux qui mènent une démarche réelle de réflexion sur soi.

Or, le coach est un expert en relation, il est capable de diagnostiquer cette relation, de la faire évoluer avec et pour son client, de la rendre fluide et performante. Son principal outil est lui-même, avant tout. Son développement personnel et la connaissance qu'il a de lui-même, de ses désirs (personnels et professionnels), ses blocages, ses craintes, le sens de son action d'accompagnement de ce coaché-là et dans cette entreprise bien précise sont primordiaux. Tous ces éléments sont opérants pour lui s'il en a conscience. Un équilibre de vie est souhaitable ainsi que la clarté de ses propres valeurs et croyances.

Le coach doit-il nécessairement être un spécialiste tel que **psychothérapeute, psychologue ou psychanalyste ?** Il est important pour lui d'avoir effectué un cursus de développement personnel pour être pleinement efficace dans son métier de coach et aussi pour ne pas s'y noyer lorsqu'une situation difficile se présente. Le coach intervient souvent sur la résistance au changement de son client coaché et de ses difficultés de mise en œuvre d'une action pourtant souhaitable pour lui. Le coach doit être capable d'être à l'écoute de son propre ressenti (ses blocages, ses problématiques personnelles, ses doutes et frustrations professionnelles) et avoir une conscience des affects qu'il peut susciter chez son coaché (dépendance, révolte, transfert, etc.) Le métier de coach est un métier à part entière, comme l'est celui de notaire, de chirurgien, de comptable. Cette capacité à l'accès de sa connaissance interne pour le coach est aussi nécessaire que la capacité de décryptage du bilan pour un comptable. Ce n'est pas peu dire.

La tendance à imaginer que l'on se connaît bien à la sortie d'un séminaire de trois jours portant sur les relations humaines est à évacuer. Elle peut s'avérer être un piège pour le futur coach... et son client coaché !

Ce développement personnel ne passe pas nécessairement par plusieurs années de psychanalyse classique, mais parfois par une approche spécifique, issue de la psychologie humaniste, (Gestalt, approche rogérienne, analyse transactionnelle), systémique (PNL) ou analytique, pendant un temps suffisant (deux ans au minimum) et avec des professionnels reconnus par leurs pairs. Cette démarche personnelle est un plus et confère l'aisance et la sécurité nécessaire à ce métier.
L'objectif du coaching est d'aider le coaché à mieux se connaître, à se sentir plus fort, à s'affirmer pour pouvoir affronter toutes les difficultés de son métier, à développer tous les potentiels de sa personnalité. Si le coach aide le coaché à réaliser ces objectifs, il va de soi que la connaissance de lui-même est incontournable.

Qu'est-ce qu'un psychothérapeute ? Un psychologue ? Un psychanalyste ? Un psychiatre ?

Le psychiatre est un médecin diplômé, spécialiste des maladies du psychisme. Il est habilité à prescrire des médicaments et ses actes sont remboursés par la Sécurité Sociale. Il est parfois psychanalyste ou psychothérapeute après avoir suivi une formation et un cheminement personnel spécifiques.

Le psychologue : Ce titre est réservé aux titulaires d'un diplôme universitaire, en psychologie (D.E.S.S.), (D.E.A.). En entreprise le psychologue a des fonctions en recrutement, en formation, et est parfois DRH (directeur des ressources humaines).

Le psychanalyste utilise l'investigation psychologique profonde, et l'exploration de l'inconscient psychique. Sigmund Freud, ayant observé les effets nocifs de certains événements traumatiques oubliés, a établi un lien entre ceux-ci et les symptômes observés. Le psychanalyste n'est pas nécessairement médecin ou psychologue. Chaque institut de psychanalyse dispose d'une liste de praticiens reconnus. Les principaux courants psychanalytiques sont : freudien classique, lacanien (fondateur Jacques Lacan) et jungien (fondateur C.G Jung).

Le psychothérapeute travaille sur le contact, la relation, l'actualisé, les objectifs apportés par le client en vue de la croissance et d'une meilleure intégration sociale. Il existe plusieurs catégories de psychothérapies (voir en annexe : « Systèmes en proximité du coaching ».)

Une douzaine de méthodes sont actuellement reconnues et agrées par la FFDP (Fédération française de psychothérapie), qui édite un annuaire de ses membres.

D'autres qualités et compétences viennent se rajouter et se conjuguent au travers du vécu professionnel et de la personnalité du coach. Il s'agit à la fois de qualités humaines profondes et de compétences techniques et méthodologiques ainsi que d'expériences diverses. Contrairement à certaines idées reçues et souvent exprimées par des futurs coachs, il n'est pas nécessaire pour le coach d'être un expert dans le métier qu'exerce son client. Par exemple, si le dirigeant coaché fabrique et commercialise des produits tréfilés, son coach n'est pas tenu de maîtriser ce processus de fabrication. Le coaching porte essentiellement sur les aspects relationnels et humains. Le coach est en dehors du système de son coaché et c'est aussi cette position « en dehors » qui lui permet de l'aider efficacement et de lui apporter un meilleur éclairage de la situation (se dégager du « nez dans le guidon »). Ne pas connaître le métier de son coaché est un atout pour le coaching. Le coach garde un œil neuf sur cette spécificité professionnelle, il pose des questions neutres, voire « candides » qui permettent au coaché de s'interroger sur certains points qui lui paraissaient jusqu'à présent évidents, et d'effectuer un balayage non orienté et plus large. De son côté, le coaché ne se sent pas en compétition ou sur la défensive avec son interlocuteur. Car souvent deux spécialistes du même secteur peuvent se retrouver en situation de rivalité ou de crainte à l'idée de dire ou de faire des choses qui ne conviendraient pas.

> « Si je lui explique comment je tréfile ce type de fil avec ce type de machine, il va croire que je me débrouille mal dans mon atelier. Il va m'expliquer comment il procède chez lui. Et cela va m'agacer ! ».

Nous touchons là un point intéressant du coaching : sa valeur ajoutée ne tient pas tant au fait de donner des conseils, qu'à celui d'aider le coaché à développer ses propres ressources et à imaginer ses propres pistes.

Les qualités humaines et les compétences professionnelles du coach

Les qualités et compétences managériales
- Le coach pousse à la réflexion par sa méthodologie.
- Il aide la personne à hiérarchiser ses problèmes et à prendre du recul.
- Il améliore la façon dont les décisions sont prises, le coaché restant responsable de ses décisions.
- Il se préoccupe du résultat recherché avant de s'intéresser aux moyens.
- Il encourage ce qui fonctionne bien sans oublier l'analyse de ce « bien ».
- Il aide à remettre en cause des schémas habituels et inopérants de l'entreprise.
- Il est un facilitateur du monde de l'entreprise et de la gestion d'une carrière.
- Il se centre sur la manière dont le coaché prépare une décision puis sur ses mécanismes d'action.
- Il favorise la prise de risques, dans la sécurité.

Les qualités et compétences relationnelles
- Le coach est en métaposition (*méta* signifie se regarder agir), en position haute : « l'hélicoptère ».
- Il reste dans l'ombre (éminence grise), en seconde position.
- Il est non violent, pacifique (rétroflexion)[1].
- Il n'est pas dans le pouvoir mais dans l'influence.
- Il a un désir, un intérêt dans la situation (proflexion)[1].
- Il est « parentant » s'il le faut.
- C'est une personne de contact.
- Il a le sens de la pédagogie.
- Il a le sens de la stratégie.

---
1. Voir l'identification des évitements, p. 261.

- Il n'est ni craintif, ni soumis vis-à-vis de l'autorité.
- Il a de l'expérience.
- Il est dans le secret (secrétaire du prince : Machiavel).
- Il anticipe : visionnaire.
- Il est dans la réalité (pas de mégalomanie).
- Il sait reformuler et rendre visible une forme : mise en évidence de la Gestalt.
- Il est exigeant (Aimé Jacquet : il transmet la constance dans l'effort).
- Il est philosophe, zen et humaniste : Yannick Noah.

Les qualités et compétences méthodologiques durant la session de coaching[1]
- Accueillir la personne dans ce qu'elle est et ce qu'elle vit.
- Créer la confiance.
- Évoluer dans le moment.
- Demander la permission.
- Écouter avec tous ses sens.
- Être centré et détaché.
- Exprimer et saisir clairement ce qui se passe : capacité de synthèse.
- Faire confiance à son intuition.
- Faire progresser l'action.
- Garder la perspective d'ensemble.
- Intervenir et prendre le leadership.
- Poser des questions ouvertes et puissantes.
- Recadrer.
- Reconnaître la personne.
- Respecter la confidentialité.
- Respecter les valeurs de la personne.
- Rester neutre, ne pas juger la personne.
- S'autogérer.

---

1. Source : Hélène Aubry, consultante et coach, Séminaire « coaching », Cogolin, 1998.

3. LES POSTURES DU COACH[1]

> Étymologiquement le mot « posture » vient du mot « pondre »
> – posture = poser, déposer.
> Position de « positio » = action de mettre en place – sens de placer, se situer, laisser, mettre en vue, permettre.
> La posture = position du corps, attitude, maintien.
> Attitude = posture, position du corps – manifestation extérieure de ses intentions – disposition à l'égard de quelqu'un ou de quelque chose.

Rajoutons à cette posture « extérieure », donc visible, une autre posture, plus « intérieure », qui est la posture interne du coach, lui conférant une capacité à « être » et à permettre au coaché « d'être » à son tour. Dans ce registre, les connaissances, les méthodes et les outils sont moins importants que les qualités intrinsèques personnelles du coach.

Si l'animateur d'un stage peut être orienté vers le « paraître » (paraître à l'aise durant son intervention, paraître maîtriser son thème, paraître satisfait du déroulement de son séminaire ou du comportement des participants), le coach est davantage orienté vers la conscience qu'il a de lui. Il a conscience de tout ce qui lui arrive, de tout ce qu'il ressent. Il peut se le dire à soi-même. Cela lui permet de laisser venir à lui tout ce qui se présente durant la séance de coaching et de ne pas en être envahi.

---

1. Pour certaines de ces postures nous nous sommes inspirés de l'ouvrage de Francis Karolewicz, consultant et coach, *L'expérience, un potentiel pour apprendre*, Éditions JV et DS, 1998, p. 149 ainsi que des concepts d'Alberto Rams, psychothérapeute espagnol.

> « La conscience de soi, ça se travaille comme un instrument. Me connaître moi-même mieux que l'autre, c'est le pouvoir. C'est un voyage, une sorte d'expérience pour s'approcher de cette attitude ».[1]

Reprenons l'exemple d'un coach : lorsqu'il éprouve de la colère, il est important qu'il s'interroge sur sa propre responsabilité dans cette colère et qu'il ne s'en laisse pas totalement décentrer. Sinon il devient inefficace et n'écoute plus le client coaché.

3.1. Le contact avec soi

Avant d'établir le contact avec l'autre, il convient préalablement d'être dans un contact juste et clair avec soi-même lorsque l'on se trouve dans la situation de coach. Il est nécessaire de garder le contact avec soi durant la séance de coaching, au-delà de ce que nous disons ou faisons, et cela en permanence. Ce contact nous permet de nous connaître mieux, au travers de nos ressentis et nos réactions (émotionnelles, physiologiques) et de nous connaître plus et mieux que l'autre ou les autres ne peuvent nous connaître. Il s'agit là d'une attitude intérieure primordiale qui, si nous la perdons ou la négligeons, nous démunit du sens de notre accompagnement. C'est une sorte de « métaposition » avec soi-même qui nous confère la possibilité de prendre du recul sur nos affects parfois envahissants et invalidants. En d'autres termes, il est important pour le coach d'être capable de se placer à côté de lui-même, en dehors de lui-même et… de se regarder. Ainsi il reste en contact avec lui-même et a une conscience nette de tout ce qui se passe autour de lui et en lui.

---

1. Source : Alberto Rams, psychothérapeute, conférence à l'École parisienne de Gestalt.

> J'ai des difficultés avec ce client car je trouve son parcours professionnel triste et déprimant. Je deviens triste à mon tour. En prenant contact avec moi et cette tristesse qui m'envahit, je réalise que je n'aide plus efficacement mon coaché car mes sentiments personnels m'ont rendu impuissant et démotivé à mon tour. Bientôt mon coaché renoncera à toute piste de solution à envisager et ensemble nous invaliderons toute issue au problème. Tous deux nous aurons perdu la bataille. En réalisant que cette tristesse ne m'appartient pas, je peux m'en débarrasser et être à nouveau pleinement disponible pour l'autre.
>
> Passer de la tristesse à être témoin de ma tristesse me redonne de la puissance.

3.2. L'authenticité

C'est la possibilité d'exprimer clairement à l'autre ce que je ressens et ce que je pense. Cela ne signifie pas qu'il est bon de tout dire et d'être d'une absolue transparence. L'authenticité et la transparence sont intéressantes lorsqu'elles permettent au coaché de progresser, lorsqu'il est en mesure d'entendre certaines vérités le concernant ainsi que les sentiments qu'il peut générer chez autrui.

> Le coach : « Lorsque vous me parlez ainsi sur ce ton monotone et que vous enchaînez une phrase après l'autre sans jamais me regarder, alors je m'ennuie... »
> Le coaché : « C'est sans doute ce que pensent mes collaborateurs, mais ils n'osent pas me le dire ! »
> La posture du coach c'est aussi d'oser, de se permettre de dire toutes ces choses agréables ou désagréables, attendues ou inattendues, que les proches du client ne disent pas ou plus. (« Depuis qu'il a été nommé directeur général, j'ai recommencé à le vouvoyer, et puis je n'ose plus lui dire

clairement les choses qui ne vont pas. Très vite il s'énerve et ne m'écoute plus. Ça lui est monté à la tête ! » dit Lucien de son ancien chef de service.

Si cette authenticité donne au coaché les moyens de progresser dans la connaissance qu'il acquiert de lui-même et d'être un modèle pour son propre comportement, elle est cependant à manier avec prudence et doigté. Certaines vérités ne sont pas bonnes à dire, ou les dire trop tôt peut décourager voire détruire l'intéressé.

3.3. La focalisation sur l'autre

Nos amis québécois utiliseraient le mot « fascination » de l'autre, mais il revêt un caractère trop intimiste et à caractère « amoureux » pour l'utilisation dans notre vocabulaire usuel de coaching. Avant de l'écarter, reconsidérons ce mot : la fascination. En quelque sorte, le coach peut être fasciné par son client, son attitude, son histoire professionnelle ou personnelle, ses problématiques mêmes. Comme dans la relation amoureuse, il peut ne s'intéresser qu'à son coaché pendant le temps de la séance, être absorbé totalement par ce qu'il est et ce qu'il fait.

Dans « focalisation » il y a le terme « focus », c'est-à-dire garder le « focus », l'objectif sur... Le coaching est une expérience humaine unique pour le coaché, durant laquelle il est l'intérêt principal, le roi, le client au sens noble du terme. Toute l'attention globale de son coach est orientée vers lui, dans son seul intérêt (et celui de son entreprise !).

Cette focalisation passe par l'écoute active de l'autre, mais dans la réalité c'est une dimension bien plus profonde. L'intérêt du coach se porte aussi bien sur ce qui se dit que ce qui ne se dit pas, sur ce qui se fait ou ne se fait pas, sur tout ce qui se présente ou pas. Cette attention globale et permanente est une richesse énorme dans ce type de relation.

Cette concentration attentive est un vrai partage d'être humain à être humain.

Le coach est vigilant et attentif à la manière dont son client met en lumière le conflit qu'il vit avec son équipe de travail. Au travers de l'ironie que met le coaché à raconter sa situation, le coach sent qu'il cache de la colère et de la frustration. Son buste s'avance, se recule, il devient de plus en plus nerveux en parlant de l'assistante qui « prend le parti du reste de l'équipe », tout en tentant de se rassurer : « La pauvre, ce n'est pas de sa faute, ils lui mettent une telle pression ! » Et qu'en est-il de sa pression à lui ? Va-t-il continuer à la masquer longtemps encore par une attitude de fausse désinvolture et d'humour noir ?

3.4. Le miroir

Ce fameux « effet-miroir » décrit d'abord par Carl Rogers dans sa méthode non directive centrée sur la personne, a une place indéniable dans l'accompagnement individuel. Lorsque le coach est bien en phase avec lui-même (contact avec soi) et que toute son attention est focalisée sur son coaché (fascination/focalisation), il peut lui renvoyer un feed-back, c'est-à-dire un retour à partir des informations internes qu'il ressent.

> « La posture de l'effet miroir doit être à la fois bienveillante et non déformante.../... Il y a donc une dynamique circulaire liée à l'interaction permanente des individus entre eux, sur laquelle l'on prend appui pour enrichir l'expérience immédiate.[1] »

---

1. Francis Karolewicz, *L'expérience : un potentiel pour apprendre*, L'Harmattan, 2000, page 149.

Ce miroir permet au coaché d'avoir un repérage de ce qu'il est. Le coach pour cela est totalement disponible ; si son champ est occupé par ses préoccupations personnelles, le client n'y trouvera pas son reflet.

> *Le coach peut dire à quel moment le coaché l'a motivé, embrouillé, perdu et tendu et comment cela l'a amené à réagir. Tel un miroir, il capte l'impact des comportements et attitudes de son interlocuteur. Ce dernier peut prendre appui sur ce qui lui est renvoyé, reformulé, pour enrichir et transformer ainsi son expérience actuelle.*

4. LES FEMMES COACHS

Tout discours sexiste mis à part, nous pouvons affirmer que les hommes et les femmes ne sont pas de la même espèce ! Dès le départ de l'existence, les petits garçons se battent et démontent leurs camions et les petites filles papotent et s'occupent de leurs poupées. Stéréotype ? Pas vraiment ! Il nous suffit d'observer nos propres enfants ou petits-enfants pour constater ces différences de comportements et d'intérêts, qui, s'ils sont induits par notre culture et l'environnement familial, le sont aussi par notre génétique et notre fonctionnement cérébral.

Le cerveau d'un homme ne résoudra pas un problème de la même manière que celui d'une femme ; tous les deux parviendront à une solution, mais par d'autres chemins et une autre manière de procéder.

Actuellement, le monde du travail permet aux femmes d'accéder à des postes à responsabilité, voire à haute responsabilité même si cela reste encore rare. À diplômes équivalents et à compétences égales, les femmes sont moins nombreuses dans les directions générales et autres postes importants.

Qu'est-ce qu'un coach ?

> « Les femmes ne réclament qu'une chose : qu'on reconnaisse leurs compétences à égalité avec les compétences masculines spontanément reconnues. Ce type de femmes, que l'on rencontre de plus en plus dans les entreprises, n'a plus rien à voir avec les figures caricaturales des "égéries" ou éminences grises au féminin, qui servent surtout aux dirigeants d'assistantes et de faire-valoir corvéables à merci[1]. »

Ce temps n'est pas complètement révolu et l'on demande encore aux femmes, même si la demande devient plus implicite, de renoncer à leur féminité pour se couler dans ce fameux monde du travail.

Si cela est regrettable et dommageable pour les femmes, cela l'est aussi pour les hommes qui sont confrontés à des femmes qui « n'en sont pas ou plus vraiment » tellement elles ont renoncé à une partie d'elles-mêmes donc de leur potentiel. Par ailleurs, l'institution tout entière se voit privée de la moitié des compétences humaines, à savoir la partie féminine.

Nous avons déjà parlé des séminaires de management destinés aux cadres et au personnel d'encadrement. Les organisateurs et formateurs de tels séminaires devraient prendre soin de distinguer le manager homme du manager femme. Il conviendrait aussi d'expliquer qu'il est différent de manager un homme et de manager une femme. Même si certains de ces thèmes sont abordés, ils le sont parfois avec de l'ironie et c'est là aussi qu'apparaissent les stéréotypes.

« Les femmes managers sont plutôt des nounous et des assistantes sociales pour les membres de l'équipe », sous-entendu : vous avez intérêt à

---

1. Geneviève Sicard et Jean-Louis Maisonneuve, *L'entreprise sur le divan*, Imago, 1991, p. 124.

vous durcir, mesdames, et à porter le pantalon dans votre bureau ou votre atelier, au sens propre comme au sens figuré.

« Les femmes sont des pleurnicheuses, elles sont jalouses entre elles et de mauvaise humeur pendant leurs règles ! Pour celles qui sont chefs, c'est la même chose ! » Sous-entendu : mettez vos mouchoirs et surtout vos émotions au placard, mesdames, ici on travaille dans un monde viril et rationnel.

Pourtant nombreux sont ceux qui prônent la réhabilitation de l'émotionnel. Ce fameux QE (Quotient Émotionnel) fait rage aux USA et ferait de l'ombre à certains QI pourtant d'un bon niveau.

> *Une jeune femme coach émanant d'un cabinet de consultants renommé se présente pour la première fois dans une entreprise multinationale en vue d'y rencontrer un dirigeant ayant formulé une demande de coaching pour lui-même. En la voyant le monsieur s'exclame :*
> *« Oh ! vous êtes une femme ! Je ne pourrai malheureusement pas retenir votre candidature, mon coach étant amené à se déplacer avec moi aux USA. Que penseraient mes collaborateurs s'ils me voyaient voyager avec une femme ? »*
> *Il optera pour le cabinet en question, mais pas pour la dame...*

Alors qu'en est-il des femmes coachs ? Le point est d'autant plus important à évoquer que les femmes représentent la moitié des effectifs dans ce métier en France. D'ailleurs il existe même des femmes qui ne coachent que des femmes !

Le coach est l'expert de la relation humaine, qu'il soit un homme ou une femme. Ce que nous tenons à noter ici c'est qu'il est important pour ce coach de se comporter et d'avoir une posture en fonction de sa « genralité » (identité de genre : masculin/féminin), même si une homme a une partie féminine en lui et réciproquement.

La femme coach dans le tennis professionnel

> *Les femmes coachs sont rares dans le tennis professionnel, mais qu'en pensent-elles ?*
> « Le coach doit s'imposer vis-à-vis de son élève. Pour cela, il faut une grosse personnalité. Et encore plus quand on est une femme. Car pour un homme, forte personnalité ou pas, chercher à s'imposer est dans l'ordre des choses. » déclare Gail Lovera, femme coach de haut niveau international, ex-joueuse et aujourd'hui entraîneur (et non entraîneuse !) à la Fédération française de tennis.[1]
>
> Nous constatons que le rapport de force est mis en avant, mais les avis divergent sur ce point :
> « Le bon coach n'est pas celui qui peut servir à 200 km à l'heure. C'est celui qui est performant en technique, en stratégie, celui qui établit le programme, qui sait alterner les périodes de travail et de détente et qui connaît bien le jeu des autres joueurs et joueuses. » dit Ingrid Bentzen, ancienne numéro un suédoise et aujourd'hui responsable du tennis féminin à la Fédération nationale.[1]
>
> Hormis certains *a priori* machistes, la femme coach a bien sa place dans le tennis professionnel ou dans le monde sportif en général. D'ailleurs il existe des femmes coachs qui coachent exclusivement des femmes ! Citons l'exemple de E. Jane Wyatt, une Américaine qui accompagnait des athlètes féminines de haut niveau. Par la suite elle a coaché des femmes dans le milieu de l'entreprise où elles tiennent une place de plus en plus prépondérante.

---

1. Extraits de l'article du 8 septembre 1998 dans le journal *Libération* « La femme coach mise à mâle ».

5. LE MANAGER PEUT-IL DEVENIR COACH ? LE COACH EN INTERNE

Le coaching peut-il se faire en interne, c'est-à-dire avec une personne travaillant elle-même au sein de l'entreprise ? Le dirigeant peut-il coacher l'un de ses subordonnés ? On comprend aisément les avantages financiers et institutionnels d'un tel coaching, mais quelles en sont les particularités et les règles de fonctionnement ?

Tout comme un coach « externe » le manager ou le cadre dirigeant peut apprendre les méthodes et outils du coaching, ayant déjà acquis ceux du management en général. Cette démarche doit se faire avec les ingrédients et le temps nécessaire, être assortie d'un développement personnel du futur coach interne et répondre aux normes classiques du coaching. On comprend les avis partagés sur cette question car ce type de coaching a une particularité : le coach fait partie intégrante du même système institutionnel et culturel que ses coachés, il peut avoir des liens hiérarchiques avec eux (et donc intervenir sur l'évolution de leurs carrières) et avoir des interactions professionnelles et décisionnelles avec eux, pendant la période du coaching. Si ces particularités sont correctement mises en lumière, si un code de déontologie existe et est appliqué, le coaching en interne peut se faire et s'appeler réellement ainsi.

Comme Monsieur Jourdain, certains pratiquent le coaching sans le savoir, appelant cela de l'autoformation ou de l'accompagnement spécifique. Ce qui signifie qu'intervenir comme coach, en tant que manager en interne ou consultant en externe peut se pratiquer sans formation particulière. Cependant, si cette approche peut se concevoir dans une situation « vitesse de croisière » dans laquelle les enjeux relationnels et professionnels sont relativement calmes, il en est autrement lorsque le coaché apporte un contenu, un état d'âme ou un blocage qui dépassent les compétences du coach faiblement muni ! La situation peut devenir rapidement ingérable, le coach étant lui-même impliqué dans le système, les croyances et les valeurs de l'entreprise et étant aux prises avec

Qu'est-ce qu'un coach ?

l'ambiguïté hiérarchique et ses enjeux bien connus. L'avantage réside dans le fait que coach et coaché sont proches de la situation réelle et que le « chef » peut envisager la mise en œuvre d'actions concrètes.

Il nous paraît souhaitable que le coach ne soit pas impliqué dans les jeux de pouvoir et de stratégies internes, ce qui signifie qu'il est préférable d'envisager un coach provenant de l'extérieur de l'entreprise et pouvant ainsi plus aisément créer et maintenir la confiance nécessaire à la bonne démarche. Le coach interne se trouve davantage impliqué dans les limites de la confidentialité et des difficultés à respecter une déontologie aussi rigoureuse soit-elle.

Nous pensons que le coaching en interne permettrait cependant de transformer la fonction d'encadrement, en l'enrichissant d'une dimension humaine et en permettant aux hiérarchiques de se responsabiliser davantage et autrement au développement de chacun de leurs collaborateurs. Modifier en profondeur le regard et l'attitude du cadre à l'égard de ses subordonnés, voilà un challenge intéressant à mettre en place !

> « S'il est indispensable que des spécialistes compétents interviennent en coaching individuel lorsqu'il y a crise au sein du management – et ils savent faire des merveilles – il est tout aussi important que chaque manager, quel que soit son niveau, connaisse et pratique un management humain de qualité.[1] »

En résumé nous pourrions dire que le coaching en interne est réalisable sous certaines conditions :
– acquérir une formation méthodologique sur les concepts et outils : se référer aux cinq axes de la relation managériale optimale, page 276 ;

---

1. Pierre Longin, *Coachez votre équipe*, Dunod 1998.

- mieux se connaître (séminaires de développement personnel) ;
- tenir compte du contexte « intra » dans lequel se trouve ce type de coach (déontologie, confidentialité, lien hiérarchique, crise au sien de sa propre équipe, etc.).

Ces précautions prises, le coaching en interne peut apporter un sérieux plus au management dans l'entreprise et transformer le manager actuel en coach interne capable de développer les potentiels de ses collaborateurs et pairs (co-coaching) dans des domaines tels que la communication, la prise de décisions, l'élaboration de nouveaux projets, la gestion des conflits et des émotions.

> **Ce que le coach ne devrait pas être (en principe !) :**
> - un gourou (il ne crée pas de dépendance, d'emprise, d'influence),
> - un mentor (pas de relation maître/élève, pas l'Oncle d'Amérique),
> - un confesseur,
> - un père Fouettard,
> - une mère aimante,
> - un conseil en stratégie,
> - un formateur en management.

6. TEST : SERIEZ-VOUS UN BON COACH ?

Voilà vingt questions : mettez une croix dans l'une des trois colonnes (oui – non – parfois) pour chacune de vos réponses.

Qu'est-ce qu'un coach ?

Questions	Oui	Non	Parfois
1 – Vous avez étudié quatre années après le baccalauréat (au minimum)	X		
2 – Vous avez déjà travaillé au sein d'une entreprise (trois ans au minimum)	X		
3 – Vous avez entrepris un cycle de développement personnel ou une thérapie	X		
4 – Vous savez prendre du recul face à une situation problématique	X		
5 – Craignez-vous la prise de risque ?			X
6 – Rester dans l'ombre ne vous convient pas, vous préférez l'avant de la scène			X
7 – Le contact individuel vous met parfois mal à l'aise		X	
8 – Il vous est difficile de garder un secret…			X
9 – Vous vous sentez concerné(e) par l'humanisme, la philosophie, les valeurs	X		
10 – Vous êtes capable d'intervenir et de prendre le leadership durant un entretien	X		
11 – Pouvez-vous réellement faire preuve de neutralité dans une situation conflictuelle ?	X		

…/…

.../...

12 – Vous avez une conscience nette de ce qui se déroule autour de vous			X
13 – Éprouvez-vous de la difficulté à exprimer à l'autre ce que vous pensez de lui ?			X
14 – Vous avez du mal à vous centrer sur autrui et à ne pas intervenir à votre tour			X
15 – Vos feed-back sont appréciés durant les réunions			X
16 – Vous êtes capable d'avoir une vue globale d'une situation	X		
17 – Vous adorez donner des conseils aux autres			X
18 – Vous préférez l'action à la méditation			X
19 – Vous souhaiteriez apprendre à coacher vous-même	X		
20 – Vous pensez que le coaching sera de plus en plus utilisé dans l'avenir	X		

Pour connaître votre profil « Bon coach », entourez chacune de vos réponses sur la grille de réponses qui suit, puis faites le total des points (d'abord de chaque colonne puis de la somme des colonnes). Reportez-vous ensuite aux commentaires que vous trouverez plus loin.

Qu'est-ce qu'un coach ?

Grille de réponses

Numéro de la question	Oui	Non	Parfois
1	5	0	0
2	5	0	0
3	5	0	0
4	5	0	3
5	0	5	3
6	0	5	3
7	0	5	3
8	0	5	3
9	5	0	3
10	5	0	3
11	5	0	3
12	5	0	3
13	0	5	3
14	0	5	3
15	5	0	3
16	5	0	3
17	0	5	3

18	0	5	(3)
19	(5)	0	3
20	(5)	0	3
Total de chaque colonne	50	5	27
Total général	50	5	27

82.

Commentaires

Vous avez obtenu de 0 à 33 points :
Vous n'avez pas le profil pour devenir coach.

Le métier de coach ne semble pas être fait pour vous. Vous ne vous sentez pas les capacités requises pour mettre votre attention et votre écoute au service d'une personne à coacher. Il vous est difficile de tenir le rôle de second, de rester dans l'ombre. Vous préférez être à l'avant de la scène et vous engager vous-même. Par ailleurs, les entretiens en tête-à-tête ne vous enthousiasment guère.

Vous avez obtenu de 34 à 66 points :
Vous pourriez devenir coach, sous certaines conditions.

Devenir coach, pourquoi pas ? Sans nul doute avez-vous les qualités et compétences requises, même si elles restent encore à développer et à parfaire. Le métier ou le rôle de coach vous tente, mais vous avez encore quelques hésitations : comment trouverez-vous le temps de vous former – puis comment pourrez-vous concilier les deux rôles : celui de manager et celui de coach ? Serez-vous capable d'accompagner une personne ayant de sérieuses difficultés professionnelles et/ou relationnelles ?

Vous avez obtenu de 67 à 100 points :
Vous avez le profil idéal pour devenir un coach !

Vous êtes doué(e) pour devenir un bon coach ! Vos qualités relationnelles et vos compétences professionnelles le prouvent : vous êtes à l'aise dans l'intimité de la relation à deux, vous vous sentez capable d'accompagner une personne en vue de l'aider à déployer ses potentialités diverses, de la faire grandir, de l'aider dans une situation difficile. Vous aimez le contact, les relations humaines et la psychologie. Vous vous sentez prêt(e) à entreprendre une formation de coaching afin d'acquérir les concepts, outils et postures du coach – et vous souhaitez entreprendre vous-même un coaching.

Le coaching, malgré son effet de mode actuel, est depuis fort longtemps utilisé et apprécié dans la société humaine.

Après avoir souligné son impact et sa valeur ajoutée dans le monde professionnel, nous pouvons retenir aussi qu'être coach est un véritable métier nécessitant un enseignement théorique mais aussi un développement personnel indispensable.

Le coach en interne est confronté aux difficultés liées à sa double loyauté : envers l'entreprise et envers son coaché. La confidentialité est donc la partie délicate du coaching où le besoin de sécurité du coaché est primordial. Cependant cette nouvelle fonction est une évolution intéressante pour le management de l'entreprise.

À présent nous allons porter notre attention sur l'entreprise et ses rouages humains internes.

DEUXIÈME PARTIE

Le coaching, un atout pour l'entreprise

Le nouveau dragon des temps modernes c'est l'entreprise ou l'organisation, dragon par sa puissance, sa taille parfois énorme (des centaines de milliers de personnes), sa complexité (des centaines de paramètres enchevêtrés et contradictoires), l'imprévisibilité de son environnement et de ses marchés. « Saint Georges maîtrisant le Dragon » : ce tableau pourrait figurer dans le bureau de nos dirigeants.
Les soucis de ceux-ci ne sont pas seulement extérieurs. L'ennemi est aussi dans la place : déficit de contact, stress, malaises relationnels, jeux perdants, harcèlements, psychopathologies. À chacun son métier : le dirigeant dirige dans l'action mais est assisté d'un coach éclaireur du psychisme humain individuel et des groupes. L'utilité de ce dernier est évidente pour mieux se connaître, mieux utiliser ses potentialités et rentabiliser ses défauts, gérer au plus près sa carrière et pourquoi pas, transmettre son savoir-faire en coachant ses collaborateurs. Les tensions et conflits seront enfin source de progrès et non pas de destructions, si le dirigeant apprend à sortir des logiques binaire (tout ou rien) ou linéaire (l'effet provient d'une cause unique) pour agir en stratège.

Chapitre 1
L'entreprise, dragon des temps modernes

L'entreprise est un monde extraordinaire, machine à faire de l'argent, mais aussi machine à nourrir et à protéger ses membres (comme dans la ruche), membres qui y passent le tiers de leur existence. Sur le plan humain, c'est une famille, une tribu, une culture, une société, parfois une religion. Les dirigeants les mieux formés sont confrontés à des situations surprenantes, inattendues ; c'est le monde de l'imprévisible et des contradictions permanentes où tout et n'importe quoi peut survenir. Il y a également le côté obscur, l'ombre de l'entreprise : malaises relationnels, stress, somatisations, jeux irrationnels perdants, harcèlements, psychopathologies professionnelles, conflits larvés et guerres ouvertes. La présence d'un coach « psychothérapeute » n'est pas de trop dans ce climat de tensions, d'agressivité, parfois de haine.

1. UN ENVIRONNEMENT COMPLEXE : LE COACH ÉCLAIREUR DE CERTITUDES

L'entreprise moderne est comme un dragon à la fois puissante, monstrueuse et complexe ; la maîtriser est un défi permanent. Un manager d'une entreprise internationale nous disait récemment : « Quand on me demande qu'elle est ma vision de l'avenir, je réponds que ma vision c'est de faire vivre mon entreprise la semaine prochaine. »

1.1. La complexité de la réalité

De nos jours, l'être humain évolue dans un contexte qui se caractérise par des changements profonds et permanents (organisation et règles du jeu dans l'entreprise, environnement social, politique, économique, mondialisation des concepts et des marchés, contexte familial et du couple, etc.) Les valeurs d'expériences et d'habitudes sont en perte de vitesse au profit de la mobilité et de l'adaptabilité. L'accompagnement ne relève plus du luxe ou du narcissisme, il devient nécessité. La devise : *être coaché ou disparaître !*

La découverte de la complexité de la réalité est un des éléments majeurs du nouveau paradigme (modèle théorique de pensée qui oriente la recherche et la réflexion). Cette complexité résulte à la fois de notre regard qui, en période d'incertitude comme celle que nous traversons, tend à imaginer l'enchevêtrement des événements et le chaos apparent comme faisant partie de la complexité des choses. Elle résulte également de la réalité elle-même : plus le nombre d'acteurs augmente dans le cours des événements, plus le nombre de relations entre eux s'accroît, complexifiant ainsi la situation.

Finalement, la complexité tient aussi au mode de représentation du réel que nous nous faisons en projetant au-dehors ce que nous révèle notre connaissance de soi. Ce qui explique que, devant la complexité d'une situation, nombre d'entre nous avons tendance à isoler les éléments de la situation afin de les rendre plus compréhensibles même si nous perdons la richesse de la complexité. Les méthodes de gestion ont souvent emprunté cette voie en réduisant la vitalité d'une organisation en ses diverses composantes ou fonctions (ex : ressources humaines, finances, production, etc.). Pour tenter de recomposer les relations entre ces diverses fonctions, sont alors nés les nombreux comités de coordination.

La tentation est grande de décomposer un système complexe en éléments simples puis de le recomposer à l'aide de mécanismes connus. Nous croyons ainsi que la reconstitution de la complexité du système est équivalente à sa réalité. En fait on a laissé la proie pour son ombre. La décomposition d'une forme globale (Gestalt) en éléments plus simples donne tout autre chose que la forme de départ, car une forme globale est différente de la somme de ses parties, et la recomposition produit encore autre chose ! Une maison peut être construite de briques, mais la décomposer produit un tas de briques et non pas une nouvelle maison !

Enfin on confond souvent complexité et complication : une corde emmêlée est compliquée mais n'est pas complexe car il n'y a qu'une seule corde ; la complexité concerne donc les systèmes. Or, il faut reconnaître que, dans l'environnement turbulent et incertain dans lequel baignent les organisations, elles n'ont d'autre choix que de favoriser un mode de gestion différent. Il devient de moins en moins approprié de décomposer ce qui apparaît complexe en plusieurs éléments (méthode cartésienne classique). L'organisation du « complexe » ne peut être que globale et systémique.

Le dirigeant après avoir transformé un département (ou plusieurs) de son entreprise « en tas de briques » se tournera fatalement vers des consultants externes qui ne manqueront pas de l'orienter vers des approches de coaching personnel.

1.2. Les logiciels et les systèmes informatiques qui ne fonctionnent pas

La complexité de la gestion, de la direction d'une entreprise dépasse les capacités moyennes des dirigeants les plus doués :
- inflation des paramètres ;
- évolution rapide et contradictoire de ces paramètres ;
- accélération des nouvelles technologies ;
- intervention de phénomènes réflexifs : les croyances des participants influencent la réalité.

Le dirigeant, dans l'urgence de la décision et de l'action, n'a plus le temps du recul, ni le temps de l'anticipation.

Les logiciels complexes et « buggés » coûtent aux entreprises des milliards de dollars/an. D'ailleurs, n'importe quel utilisateur qui a installé un logiciel sur un PC connaît les frustrations inévitables de cette opération. Des entreprises internationales ont vécu l'enfer informatique. Ce qui était simple autrefois est devenu d'une effroyable complexité. L'interconnectivité d'Internet ajoute à cette situation, la contamination par les virus informatiques des meilleurs logiciels et les agressions des hackers (pirates informatiques) contre les serveurs et centres.

Et voilà du travail pour le coach « veilleur informatique » non pas spécialisé dans un logiciel ou un matériel, mais dans une approche globale et évolutive des outils informatiques et de leur sécurité.

1.3. La perte d'une illusion

Dans un univers relativement stable, la réduction du complexe en éléments simples permettait de croire que l'on exerçait un contrôle réel sur la réalité. Illusion… D'abord, les impacts financiers de cette illusion de contrôle obligent maintenant les dirigeants d'entreprise à ne parler que de réduction des coûts alors qu'ils vivent une lente érosion de leur contact avec les réalités complexes et deviennent incapables de se représenter vraiment les changements de valeurs dans la société. Cela induit une perte de confiance de leurs équipes et de leurs actionnaires.

Comme tout organisme vivant, l'entreprise est susceptible de développer chez ses membres des formes de pathologies plus ou moins sévères lorsque certaines conditions vitales ne sont pas respectées ou même pas prises en considération.

Cela provoque :
– malaises,
– tensions,
– déperditions d'énergies,
– démotivation,
– perte de la créativité et du plaisir de travailler.

1.4. De l'incertitude des estimations

> « Il n'y a aucune raison pour que les particuliers possèdent un PC »
> Ken Olsen, président de Digital Équipement, 1977.
>
> « 640k doivent être suffisant pour n'importe qui »
> Bill Gates, président de Microsoft, 1981.

En 1996, Alain Juppé, premier ministre français et brillant esprit économique estimait publiquement que l'entreprise Thomson Multimédia ne valait que 1 Franc (ce qui reflétait sans doute une réalité comptable) et avait décidé de la céder pour ce prix au coréen Daewoo. Trois ans plus tard, après des péripéties variées, Thomson Multimédia était introduit en bourse pour une valorisation de 30 milliards de francs (4,57 milliards d'€) et Daewoo le sauveur, en quasi dépôt de bilan devait se séparer d'actifs importants pour survivre. Dans le même temps les analystes financiers s'étaient également trompés en estimant la valeur de Thomson à seulement 15 milliards de francs (2,29 milliards d'€) avant l'introduction. Qui pouvait aussi imaginer que la valeur boursière de Thomson atteindrait 150 milliards de francs en février 2000 dans l'envol des valeurs Internet de la nouvelle économie ?

1.5. Question de stratégie

Les nouveaux modèles de gestion doivent donc devenir complexes, tenir compte de l'incertitude et du chaos. Chaque individu qui compose une organisation doit disposer d'une marge de liberté lui permettant à la fois l'*adaptation* rapide à la réalité de l'organisation et l'*imagination* de solutions nouvelles, imprévisibles même, à l'intérieur des mécanismes traditionnels : un ajustement créatif et fluide.

La *stratégie* des nouvelles organisations consiste donc à se donner les moyens concrets pour que le premier niveau d'interface (frontière-contact) avec le réel (clients, bénéficiaires, patients, etc.) dispose de la capacité d'adapter rapidement l'offre à la demande en tenant compte de l'ensemble des contraintes de l'organisation. Cette capacité d'adaptation rapide de la base rejaillit sur l'ensemble de l'organisation et favorise une stratégie auto-correctrice qui s'éloigne de la notion de programme. Il devient alors moins pertinent de développer des programmes, que d'habiliter les intervenants, en contact direct avec la clientèle, à intégrer dans leur intervention l'ensemble de la stratégie de l'organisation.

L'objectif premier de la gestion consiste donc à faire en sorte que cette stratégie adhère le plus possible à la réalité par la vision globale de l'organisation et de son environnement[1].

Selon, Arie de Geus, consultant international et spécialiste de l'économie et des entreprises, les entreprises millénaires ont leurs secrets de longévité : adaptabilité, prise en considération du facteur humain, respect de l'environnement. En Europe et au Japon, la longévité des entreprises ne dépasse pas 12,5 ans. L'entreprise est le seul organisme dont la longévité théorique est bien plus importante que sa durée de vie réelle. Il existe des entreprises actuelles qui vivent depuis cinq siècles…

2. UN ENVIRONNEMENT IMPRÉVISIBLE

L'esprit humain n'est guère porté à composer avec l'imprévu ; la preuve : les accidents et la mort sont toujours pour les autres. Et il ne faut pas compter sur les méthodes éducatives. Quelles que soient les campagnes publicitaires ou la répression policière, il y a toujours autant d'accidents sur les routes. Un changement réel de comportement néces-

---

1. Raymond Vaillancourt, Méta Futurs, « *Le temps de l'incertitude* », page personnelle Internet.

site l'interaction avec un autre (le coach par exemple), et la mise en action dans une expérimentation puis une pratique accompagnée.

L'implantation d'une philosophie de management basée sur l'autonomie des acteurs de l'entreprise en appelle à la capacité du manager à composer avec le changement, en particulier celui qui affecte son rôle. Il doit d'abord se familiariser avec une notion différente du *pouvoir*. Le *pouvoir* ne réside plus dans le poste hiérarchique qu'il occupe mais dans sa capacité à donner à l'organisation et surtout aux équipes qui sont en contact avec la clientèle, un sens à l'action, qu'il soit de l'ordre de l'utilité ou du symbole. Ce n'est plus tant ce qu'il fait qui importe mais ce qu'il est. Alors que *l'atomisation de la structure* permet un large éventail de réponses possibles aux besoins, il est impérieux pour chaque manager de traduire, dans ses attitudes et actions, l'intégration des valeurs prônées par l'organisation et les contraintes qu'elle connaît.

Gestion traditionnelle :
Gestion de type encadrement avec accent porté sur le respect du processus.
Modèle d'action : décision.
Au service de l'organisation, le manager incarne l'autorité par sa position dans la structure de l'organisation.

Gestion en autonomie :
Gestion de type inspiration.
Accent sur l'incarnation des valeurs.
Modèle d'action : engagement.
Au service des personnes le manager incarne l'intégration des valeurs de l'organisation.

2.1. Un outil principal du manager : sa personnalité

La gestion en autonomie renvoie le manager à la maîtrise de son outil principal : sa *personnalité*. La manière dont il intègre personnellement les valeurs et les contraintes de l'organisation inspire ses subordonnés. L'engagement dont il fait preuve dans ses actions lui permet la même exigence envers eux. Ainsi, plusieurs personnes en viennent à partager une vision commune qui cimente l'organisation à travers les valeurs de base tout en respectant la spécificité de chacun en termes de responsabilités (fonctionnelles ou territoriales).

L'approche bureaucratique est donc à délaisser au profit d'un contact constant et étroit avec ses équipes. Chacune de ses interventions devient un moment privilégié pour rappeler les valeurs de l'organisation. Son rôle consiste à être *facilitateur* d'interface selon son champ de responsabilité.

2.2. Un obstacle principal du manager : son expérience

Guy Pelletier lors du colloque Afides « Diriger en période de transformation », en septembre 1996 s'exprimait de la sorte :

> « Transformer nos pratique et nos organisations c'est apprendre à s'éloigner des vieux démons de nos habitudes (...) Réaliser une transformation durable est un processus qui commence souvent de façon brutale mais dont le pilotage nécessite une trame temporelle significative. En conséquence, il faut prévoir des ajustements que l'on doit opérer à très court terme et d'autres qui prennent un certain temps à s'imposer. Le contexte général est des plus appropriés pour revoir des croyances et des pratiques ancrées dans la réalité du début des années 1970.

> À cet égard, bien des attitudes et des comportements innovateurs à l'époque, aujourd'hui nous emprisonnent, et empêchent toutes possibilités réelles de changement, de dépassement. »

L'application concrète de cette approche permet de mettre davantage l'accent sur les modèles d'intégration plutôt que sur les processus. L'organisation se donne ainsi les moyens d'aborder une réalité complexe en facilitant la synergie entre ses composantes.

2.3. Un système d'information pertinent

Les organisations confondent souvent la quantité d'informations disponibles ou la complexité d'un système informatique avec la qualité ou la pertinence des informations obtenues. Elles croient que système de prospective rime avec quantité d'informations et épuisent des ressources à tenter de mettre en place le système parfait. Notre façon de penser doit changer : ce n'est pas tant la disponibilité de l'information qui fait défaut ni même son étendue, que la capacité à effectuer dans la masse d'informations disponibles un tri adéquat.

Il est préférable de développer une aptitude à rechercher l'information la plus pertinente pour l'organisation et à développer un système de lecture serrée de l'environnement qui permettra un décodage adéquat de l'information. L'élément clé d'une attitude prospective repose sur l'habileté à décoder l'information. Art ou science ? Difficile de le dire car la prospective va souvent reposer sur des méthodes d'analyse statistique sophistiquées. Ce qu'on peut dire cependant, c'est que l'expérience de l'utilisateur est fondamentale. Tout individu décode l'information en fonction de ses préoccupations, de ses attentes et de sa propre grille d'analyse qui découle de ses expériences et de ses fonctions. Le décodage d'une même information ne sera pas le même pour un directeur de production et pour un directeur des ressources humaines. Il vient toujours en avant plan et se détache d'un champ perceptif, de ce qu'on attend, voire de ce qu'on connaît déjà.

2.4. Une vision consciente de l'organisation

Les dirigeants d'une organisation ont généralement une vision claire de l'avenir ou devraient y travailler. Mais en période d'incertitude comme celle que nous vivons actuellement, l'absence de vision devient un facteur très négatif. En matière d'information, l'absence de vision consciente fait de la cueillette d'informations un exercice de type comptable.

La lecture des informations devient un exercice périlleux car, en l'absence de direction claire, il est difficile de détecter les opportunités dans la masse d'informations recueillies. Une tendance ou une information ne devient en effet une opportunité qu'en relation avec un projet ou une vision. Une information n'est pas une opportunité en soi. La prospective est un outil qui repose sur un dosage harmonieux de rigueur dans la collecte des données, d'intelligence dans la lecture de l'information et d'engagement par l'énoncé d'une vision. L'interaction entre ces trois volets est le fait de dirigeants préoccupés par la quête du sens. L'entreprise se doit d'introduire à tous les niveaux la conscience et l'intelligence qui permettront de profiter du chaos apparent et de la complexité de la situation actuelle pour se développer et survivre.

2.5. Gérer dans le présent, dans l'ici et le maintenant

L'imprévisible évidemment concerne un futur encore mystérieux et aléatoire. Gérer au présent permet plus de visibilité surtout si la vision est large, voire globale. En fait tout est dans le présent pour qui sait regarder et penser en termes de champs.

Le champ ici c'est l'entreprise dans sa totalité, ses acteurs et son environnement. Cette approche accorde une importance à tout ce qui survient dans le champ, les dysfonctions et leurs causes sont peut-être du passé mais elles sont là aussi dans le présent, ainsi que les solutions. Tous les débats autour de la mondialisation en sont une bonne illustration. Les événements de l'autre bout de la planète nous concernent et agissent sur nous selon la loi du chaos qui indique qu'un battement d'ailes de papillon en Amazonie peut déclencher une tempête en Europe ou la sécheresse en Afrique.

L'arrivée d'un coach dans l'entreprise peut changer le système en place par sa curiosité, sa naïveté, son regard neuf, sa vison étendue et l'altitude de sa position. Lui aussi va faire partie du champ qui se réorganisera autour de cette présence. Le coaching prend toute son importance dans les périodes de crise, de restructuration avec ses inévitables licenciements collectifs, les déménagements, changements d'organigrammes, et surtout les événements à forte incidence émotionnelle.

> *L'assureur AXA a attiré cette année l'attention des médias en augmentant (de 100% !) les primes concernant le versement de rentes après décès de parents d'enfants handicapés. Cette logique purement comptable a été une publicité très négative qui a obligé l'assureur à négocier avec les associations de parents et à différer les augmentations de primes. Un coach n'aurait pas occulté l'impact émotionnel d'une telle initiative.*

3. LE DÉFICIT DE CONTACT : UN PROBLÈME GÉNÉRAL

Les managers, masculins particulièrement, ont des difficultés à être en contact avec eux-mêmes ; ils sont comme coupés de leurs sensations ; les messages corporels ne sont pas vraiment signifiants pour eux ; il faudra parfois qu'ils arrivent par exemple dans un lit d'hôpital pour qu'ils comprennent que les sensations thoraciques éprouvées étaient les prémices d'un accident cardiaque. Ils ne sentent pas le stress, ils constatent bien souvent seulement ses conséquences, par exemple sous la forme d'une maladie (hypertension, ulcère de l'estomac.) N'étant pas branchés sur le ressenti, les émotions, ils n'ont qu'une vue partielle de la réalité, limitée au domaine rationnel et visuel. Ils n'écoutent pas et ne s'écoutent pas parler. Ils ne captent pas les états affectifs de leur environnement et parfois, le même processus survient avec l'épouse et les enfants qui leur reprochent leur manque de disponibilité et leur froideur affective. Ils sont enfermés dans un monde matériel sécurisant mais partiel. Sur le plan professionnel cela a de lourdes conséquences : pertes de clients et de marchés faute de contact, d'impatience et de non disponibilité.

Enfin il est difficile et fatigant, car cela demande de la concentration, d'être conscient de son état de conscience : mais alors la connaissance de soi est supérieure et de meilleure qualité que la connaissance que les autres ont de moi ; cette conscience de l'état de conscience, une conscience au deuxième degré en somme, est un facteur d'éveil et de victoire sur la confusion qui guette le manager surmené.

4. LE CULTE DU POUVOIR ET DU SUCCÈS

4.1. Être un homme dans la culture industrielle : l'exigence de performance

Il existe un paradoxe entre l'exigence de performance du dirigeant dans son contexte professionnel : puissance, look viril, férocité et parfois son comportement sexuel dans sa réalité personnelle : impuissance partielle ou totale, perte de désir avec leurs complications relationnelles. Une nouvelle virilité s'est appuyée sur des images stéréotypées de la modernité : le cow-boy muni de son revolver phallique. Or *« cette intégration du modèle idéologique conduit à une quasi-négation de soi-même qui, parfois, entraîne la vie familiale dans une relation masochiste où le surhomme viril finit par se griller. »* nous dit P. Leleu.

L'image de virilité est fortement véhiculée dans l'entreprise : force, action, dureté, combativité, ambition, compétence. La notion de guerre intervient nécessairement dans le comportement du manager. Son corps et son caractère sont forgés pour combattre, son psychisme se trouve au centre de sa raison et de sa volonté et si la colère lui est permise, les larmes et toute autre forme d'émotion sont à proscrire.

Ces idéaux de puissance sont perturbés par des points obscurs souvent inconscients car ils cachent une fragilité évidente où tendresse (intimité) et mortalité (finitude) terrifient notre héros. En effet, comme l'écrit Sam Keen, « *les sentiments l'effraient, tout comme la nature, les femmes, la mort ; en fait, tout ce qui échappe à son contrôle.* » Le maître mot est bien là : le contrôle.

C'est à la fois un problème d'image narcissique (le look viril) et la manifestation du niveau phallique de développement de notre culture qui demande à l'homme d'être performant, pénétrant, agressif, excellent, gagnant, en un mot : puissant. C'est cet homme-là que les femmes vont admirer, préférer, désirer comme géniteur. Ainsi, l'entreprise, univers masculin dominé par les valeurs viriles est un lieu de pouvoir, dans lequel peuvent s'exprimer les valeurs viriles.

4.2. Le prix du succès

Le goût du pouvoir et de l'argent, le besoin de vaincre, la volonté de maîtriser son destin (et de bâtir un empire), le culte du narcissisme... voilà les ingrédients de la classe des vainqueurs. Cependant, lorsque l'énergie est en perte de vitesse, que les motivations ne fonctionnent plus aussi fortement, et que la demande de performance devient de plus en plus exigeante, alors s'installent des signaux d'alarme : stress, découragement, perte de créativité, somatisation, dépression, trouble du désir.

Le « burn out » se manifeste après une profonde lassitude du combat. Grand nombre d'entreprises perdent l'efficacité de leurs meilleurs éléments en raison de ce profond mal-être qui s'installe, aussi bien dans la vie professionnelle du manager que dans sa vie personnelle. Ces causes sont multiples et profondément imbriquées : vie à flux tendu, incertitude sur le devenir de l'emploi, difficulté à organiser son travail ou à le concilier avec sa vie personnelle, gestion permanente du changement.

Les fantasmes sont souvent de type sado-maso : excitation sexuelle par l'hostilité dans une ambiance de revanche. Même si le manager n'est pas « impuissant » au sens littéral du terme, les problèmes cités précédemment engendrent chez lui une nouvelle sorte d'impuissance : le désir sexuel faible (baisse de la libido par le stress et la perte d'énergie) et l'orgasme prématuré (tout est fait dans l'urgence : la rapidité étant culturelle, et la lenteur une perte de temps). Puissance et sur-assurance côté professionnel, impuissance et ambiguïté côté privé, tel est le paradoxe.

Si cette vision phallique de la masculinité ne concerne ni la majorité des hommes, ni la majorité des managers, force est de constater qu'il semble difficile pour l'homme d'assumer le rôle de manager avec un modèle de virilité exigeant et souvent trop dur et trop contraignant avec la vie réelle car contraire à la bisexualité de tout être humain. Le coaching est résolument tourné vers le développement personnel du manager, pour l'aider à gérer l'extrême complexité du monde industriel et ses contradictions si choquantes parfois pour la pensée cartésienne.

5. MALAISES RELATIONNELS DANS LA COMMUNICATION ET JEUX PERDANTS DANS L'ENTREPRISE

> Ces jeux ou scénarios répétitifs de comportements ont été bien décrits par les praticiens de l'analyse transactionnelle (AT) à la suite des écrits maintenant classiques d'Éric Berne (voir aussi en annexe « Les systèmes en proximité du coaching »).

5.1. Le jeu gagnant/gagnant

C'est un jeu dans lequel tous les partenaires se sentent solidaires dans leur désir de gagner en commun. À l'intérieur de l'entreprise la règle de ce jeu est « tous pour un et un pour tous ». Le désir d'être de chacun se confond avec celui des autres ; le groupe fusionne en une identité collective valorisante que chacun revendique comme constitutive de sa propre identité. L'identité et l'appartenance se confondent : chacun se valorise par le fait même qu'il est reconnu comme appartenant au même groupe que ceux avec lesquels ils partagent les mêmes coutumes ou modes de vie. L'autonomie individuelle se réduit à exercer son talent à se conformer le mieux possible aux exigences du groupe selon les formes codées valorisantes qu'il impose.

Ce jeu est enthousiasmant, il met l'individu hors de lui-même, en le libérant de l'angoisse à devoir choisir par lui-même, il le gratifie selon des rituels symboliques réguliers de reconnaissance positive et l'assure contre le hasard et l'adversité. Il implique souvent l'identification collective à un chef charismatique qui incarne les valeurs du groupe. Il accroît le sentiment de la puissance de chacun par l'addition des forces physiques et symboliques : tous gagnants ensemble comme les membres d'une équipe de football.

À l'extérieur de l'entreprise le jeu gagnant-gagnant est aussi possible. Par exemple quand le titre boursier d'une entreprise monte et se valorise, tout les acteurs sont gagnants : entreprise, actionnaires, brokers, banques, et même l'État grâce aux rentrées fiscales. C'est ce qu'on nomme « l'effet richesse », qui entraîne la consommation et une valorisation générale de l'économie.

Une entreprise qui distribue des stock-options à ses dirigeants et cadres met en place un système gagnant-gagnant stimulant et motivant d'où l'actuel succès de cette pratique. À ce jeu s'oppose le jeu gagnant/perdant, plus conforme à une société pluraliste, individualiste et compétitive.

5.2. Le jeu gagnant/perdant

Ce jeu exige de chacun qu'il se valorise dans son autonomie et sa puissance individuelle aux dépens des autres en une compétition ouverte et régulière. Son principe est que le meilleur ou le plus fort gagne et son enjeu est, pour chacun, de se distinguer dans un cadre où il contribue à créer de nouvelles normes et valeurs sociales valorisantes.

Sa contrainte est double :
- toujours remettre son titre ou sa position en jeu en une compétition qui repose sur le principe formel de l'égalité des chances ;
- que nul ne soit éliminé ou ne se sente définitivement exclu du jeu.

Le modèle de ce jeu n'est pas la guerre comme on le croit souvent, mais la compétition sportive et la concurrence capitaliste. Sur le plan éthique ce jeu vise à mettre le narcissisme égocentrique de chacun au service de la satisfaction de tous. Ce qui est autrement plus efficace que de tenter de rendre les hommes capables de renoncer à leur égoïsme au nom de valeurs supérieures. Mais ce modèle est sans cesse affecté par le jeu des rapports inégalitaires de pouvoir et donc il engendre, en opposition avec son principe d'égalité des chances, l'accroissement des inégalités, l'exclusion des vaincus et le risque de tensions sociales et politiques ; c'est pourquoi il y a besoin d'un État de droit, y compris social, fort pour rétablir l'égalité des chances et donc les conditions mêmes du libéralisme.

Dans l'entreprise, ce jeu gagnant-perdant est le modèle habituel : une entreprise forte ou dominante impose sa loi et profite de ses clients, de ses cadres de ses employés et se développe en écrasant ou rachetant ses concurrents. Au niveau des dirigeants, s'élever dans la hiérarchie nécessite d'éliminer les autres, avec tous les jeux de pouvoir que l'on connaît.

La synthèse la plus raisonnable entre les deux jeux précédents semble être le jeu donnant/donnant.

5.3. Le jeu donnant/donnant

Le jeu donnant/donnant est l'échange réciproque de biens et de services dans lequel chacun est en droit d'exiger de recevoir l'équivalent de ce qu'il donne. Il est universel car il ne reconnaît aucun statut particulier et peut s'opérer quelle que soit la position sociale des uns et des autres : il suffit d'avoir quelque chose à vendre ou à donner qui réponde au désir de l'autre partenaire. Et dans l'échange marchand, n'importe qui peut être partenaire, à condition qu'il soit solvable, ce qui n'est pas un statut ou une identité, mais une situation temporaire de fait. Le jeu est régulé par la nécessité de rendre l'échange possible par l'accord avec l'autre (marchandage) et donc de trouver un compromis mutuellement avantageux, il est libéral car il est contractuel et engage la libre décision de chacun. Il est donc par essence rationnel (réciproque, calculable et prévisible) et raisonnable (il oblige à l'accord pacifique et volontaire mutuel).

Là encore une régulation est indispensable pour rééquilibrer les échanges en faveur des plus faibles (redistribution par l'impôt et les droits sociaux). Cette régulation est une condition de la poursuite à long terme du jeu. Précisons en effet que le jeu des échanges est le plus souvent à court terme, dès lors qu'aucune obligation de fidélité, n'impose que l'on échange indéfiniment avec le même partenaire. Mais par le fait même de sa rationalité libérale, il tend progressivement à devenir le modèle de tous les échanges.

5.4. Les jeux irrationnels perdant/gagnant et perdant/perdant

Ces jeux sont irrationnels car ils sont par nature pervers et ambigus voire suicidaires. C'est comme se tirer une balle dans le pied. Pervers, car ils appartiennent au registre sado-masochiste comme nous le verrons plus loin, lors de l'étude des troubles de la personnalité. Ce sont des jeux dans lesquels l'un des partenaires se donne le statut de victime pour mieux soumettre les autres à un chantage affectif permanent grâce au sentiment de culpabilité qu'il entretient par la mise en scène de sa souffrance. Ils sont hypocrites car ils masquent derrière leur aspect moralement correct (bien valorisé par les médias) et, dans la forme extrême de ressentiment, qu'est le jeu héroïque perdant/perdant (la compassion charitable), ils affirment insidieusement une volonté de pouvoir tyrannique. Ils entretiennent indéfiniment le malheur pour en jouir et exiger des autres d'être aimé à leur mesure infinie. Ils font cesser toute résistance en obligeant les autres à rembourser sans compter une dette qualitative inextinguible. Ces jeux sans fin sont donc profondément masochistes par la complaisance vis-à-vis du malheur qu'ils entretiennent et la domination inconsciente qu'ils instituent, et il est un devoir du coach d'en dénoncer l'hypocrisie larmoyante et les dangers.

Les jeux perdant/perdant sont des revanches ou des vengeances dans lesquelles un manager se laisse couler pour entraîner les autres et l'entreprise dans la faillite. Les exemples sont fréquents pendant ou après des procédures de divorce, l'éviction d'un associé, ou une succession conflictuelle. Nous avons le souvenir de dénonciations au fisc ou aux douanes de la part d'épouse traumatisée ou d'un associé furieux, qui ont entraîné la disparition de l'entreprise sans profit matériel pour le délateur voire à l'encontre de ses intérêts et pour la seule amère satisfaction de la vengeance. Des conflits sociaux tendus et haineux vont également conduire l'entreprise au dépôt de bilan, comme dans l'agonie de l'entreprise horlogère LIP.

Dans toutes ces situations, l'indication de coaching et de médiation devrait être un impératif ! Le besoin de coaching sera encore plus flagrant si les problèmes relationnels sont de type pervers et liés à des pratiques de pouvoir abusives.

6. PERVERSITÉ ET SOUMISSION : HARCÈLEMENT MORAL ET HARCÈLEMENT SEXUEL EN ENTREPRISE

6.1. Le harcèlement moral

C'est une pratique ancestrale favorisée par la relation dominant/dominé socialement présente dans toutes les cultures et chez les animaux mammifères. L'entreprise est un milieu favorable pour confondre pouvoir hiérarchique et domination mentale et se laisser aller inconsciemment à l'ivresse du pouvoir sans frein. Dans d'autres situations, ne pouvant obtenir le départ d'un subordonné par les voies légales (faute grave, incompétence), des supérieurs tentent par intimidation, menaces, chantage, pressions psychologiques d'arriver à leur fins. Parfois il s'agit de vengeance pour des motifs personnels (rivalité professionnelle ou personnelle, contentieux anciens, racisme, xénophobie). Enfin une personnalité fragile et soumise, type bouc émissaire, ou souffre douleur peut faire l'objet de brimades chroniques par un groupe coutumier de bizutages qui n'y voit pas grand mal car cela existe depuis longtemps « et même il trouve ça drôle ».

Par sa formation psychologique et ses qualités d'écoute, le coach est évidemment en première ligne pour repérer et décrypter ces processus.

Le harcèlement moral est devenu d'actualité depuis le livre de Marie-France Hirigoyen et tous les écrits et études consacrés ensuite à ce sujet. Un projet de loi a été déposé à l'Assemblée nationale et sera sans doute adopté.

Il est à remarquer que certains théoriciens du management et des enseignants en écoles de commerce n'ont pas hésité à recommander la « gestion par le stress » comme plus efficace que des formes paternalistes de gestion et à l'ériger en système.

Cette violence occulte, d'ordre psychologique, se manifeste par différents harcèlements, brimades et persécutions et donne immanquablement lieu à des dégâts psychologiques et physiques. Ces dégâts sont d'autant plus graves que les personnes visées sont terrifiées et éprouvent des difficultés à parler de leur situation et à être reconnues comme victimes. La gestion par le stress est à l'évidence un calcul erroné sacrifiant la relation et le climat d'une entreprise à des profits à court terme. À long terme les tensions et conflits vont entraîner arrêts maladie, grèves, sabotages, baisse de productivité et la destruction de l'entreprise sera l'aboutissement de ce jeu perdant-perdant.

> **Management par la terreur**
> *Jean-Pierre, cadre d'une entreprise œuvrant dans les nouvelles technologies, a eu affaire pendant plusieurs mois à un supérieur « manageant par la terreur ».*
> *Avant même d'avoir dit bonjour, celui-ci est déjà en train de crier et de faire des reproches qui manifestement s'adressent à d'autres où concernent des problèmes dont Jean-Pierre n'a pas la moindre idée.*
> *Chargé de faire un projet sur une future mission « faites court et clair, en deux pages », Jean-Pierre se voit ensuite reprocher en réunion, la nullité de son texte qu'entre temps le supérieur a réécrit sur vingt pages.*
> *« Vous ne connaissez rien à l'économie ». Or Jean-Pierre est diplômé d'une grande école de commerce et a travaillé plusieurs années comme responsable financier.*
> *C'est un homme discret, fin, sensible qui est atterré par ce climat relationnel dans la violence verbale et qui se déprime de plus en plus car il reçoit tous ces reproches au premier degré.*
> *Chargé d'une étude complexe qu'il passe ses nuits à perfectionner dans les détails, il est stupéfait de constater que cette étude présentée à la direction, est signée par son supérieur qui s'en attribue la paternité exclusive. Jean-Pierre souffre mais n'ose protester, même quand il reçoit des reproches de la direction sur son insuffisance de travail.*

> *C'est l'occasion pour le supérieur de lui annoncer qu'il n'aura pas de prime cette année et qu'il a de la chance de ne pas être licencié « grâce à son soutien ».*
> *Jean-Pierre entre dans un processus dépressif où heureusement il entreprend un coaching privé. La première étape de ce coaching est centrée sur une politique de « visibilité » où il va faire connaître par divers moyens à la direction et à ses collègues la réalité et la valeur de son travail, et à se confronter au supérieur.*
> *Celui-ci lui confie alors une mission technique hors de ses compétences. Jean-Pierre est prêt à démissionner, quand le supérieur est muté suite à un conflit avec une femme ingénieur qui n'a pas supporté son style managérial misogyne, et a porté le problème à la direction.*
> *Jean-Pierre est soulagé par le fait de ne pas être le seul en cause, car au fond de lui-même il s'attribuait les insuffisances reprochées.*
> *À présent avec son nouveau supérieur, il respire, il arrive au travail sans stress et ne comprend pas comment il a supporté l'autre pendant de longs mois.*
> *Le management par la terreur trouve aussi sa légitimité par l'acceptation de ses victimes.*

Quel rôle le coach peut-il assurer dans ce domaine sensible ? Il ne doit en aucun cas cautionner les pratiques de harcèlement ou de stress. Il peut intervenir comme médiateur entre les victimes et le harceleur. Il peut intervenir auprès de la DRH (direction des ressources humaines), du médecin du travail en faisant œuvre pédagogique et bien sûr de la DG (direction générale). Il peut informer les victimes de leurs droits, des procédures et recours possibles. Il peut enfin leur apporter par un coaching ponctuel ou étendu un soutien psychologique adapté et leur éviter de tomber dans la dépression, la vengeance aveugle ou une carrière de victime impuissante.

6.2. Féminin incorrect

Malgré la régression des attitudes sexistes, celles-ci persistent encore dans la culture de certaines entreprises, sous forme de vexations, brimades, discriminations, salaires plus faibles, promotions retardées. Tout est bon parfois pour signifier aux femmes qu'elles sont de nature différente, donc inférieure : trop grosses, trop noires, trop enceintes, trop absentes, trop émotives, trop maquillées... Le rôle des dirigeants est en cause dans la persistance de ces attitudes qui finalement perturbent le climat relationnel et la productivité.

Le coach peut intervenir de façon pédagogique en démontrant que les différences homme/femme sont bien réelles mais qu'elles n'ont aucune influence sur la productivité, que le sexisme est une variété de racisme, et qu'un bon climat relationnel entre les sexes est largement positif pour tout le monde.

6.3. Quelques techniques de harcèlement

Les victimes de ces pratiques ont besoin d'un coach, de quelqu'un d'extérieur à l'entreprise qui puissent les aider à réagir et à faire face à des formes multiples de harcèlement. Il est nécessaire de donner quelques informations pour identifier ces procédés violents et destructeurs.

Déconsidérer
Le « jeu » consiste à déformer tout ce que dit ou fait la victime de façon à la faire apparaître en négatif. Se moquer de ses petits travers ou défauts. Dénigrer son travail et/ou ses capacités professionnelles. Essayer de l'attaquer à travers sa vie privée (famille, réputation).

Au travail, c'est contraindre la victime à des tâches nettement inférieures ou nettement supérieures à ses compétences. En tant que collègue, par exemple, c'est sous-entendre que la personne n'a pas les compétences requises pour ce qu'on lui confie ou qu'elle occupe son temps de travail à des activités personnelles.

Isoler
On n'adresse plus la parole à la victime et on encourage l'entourage à pratiquer de même. Une autre variante consiste à déclencher une quarantaine. Plutôt que de se faire agresser, il est fort probable que la victime choisira aussi de s'isoler, ce qui renforcera l'effet car celui qui choisit de s'extraire d'un groupe est mal perçu. Le pervers aura créé une nouvelle brèche par laquelle il s'engouffrera en faisant croire que la victime n'est pas sociable, qu'elle méprise les autres, etc. Une autre technique, consiste à l'affubler d'un comportement marginal imaginaire, comme l'alcoolisme, la toxicomanie, le SIDA ou la pédophilie.

Empêcher l'expression
Il faut empêcher la victime de parler, de façon à continuer à bénéficier du soutien passif (quelquefois actif) des collègues. Tout se joue donc à l'insu de la victime ou suffisamment loin pour que cela lui fasse mal tout en gardant la possibilité de jouer la carte du « tu as mal interprété ce que l'on disait ».

Accuser de paranoïa
Si la victime se plaint et souffre c'est que ses persécutions sont fantasmatiques faute de preuves et de témoins.

En Europe, 8 % des actifs se disent soumis à une forme d'intimidation ou de harcèlement psychologique, 4 % sont victimes de violences physiques, 2 % de harcèlement sexuel. Le harcèlement se manifeste de façon horizontale (entre collègues d'un même niveau hiérarchique) dans 44 % des cas, de façon descendante (entre supérieur hiérarchique et subordonné) dans 47 % des cas, de façon remontante (de subordonné à supérieur hiérarchique) dans 9 % des cas.

Les administrations sont le secteur le plus touché, puis viennent les banques et les assurances. En France, 30 % des salariés vivent des situations de tensions avec leur hiérarchie, 21 % avec leurs collègues. Plus on est ancien, plus on est qualifié, plus les tensions avec la hiérarchie sont élevées. 60 % des salariés pensent qu'une erreur de leur part les exposerait à un risque de sanction, sur leur emploi ou leur rémunération[1].

6.4. Qu'est-ce que le harcèlement sexuel en entreprise ?

Selon le Code pénal français le harcèlement sexuel est : *« le fait de harceler autrui en usant d'ordres, de menaces ou de contraintes dans le but d'obtenir des faveurs de nature sexuelle par une personne abusant de l'autorité que lui confèrent ses fonctions »*.

Notons que le délit est constitué quel que soit le sexe du harceleur, et pas seulement dans le cadre du travail ou de l'entreprise.

> ***Des exemples...***
> *Un intérêt sexuel persistant et abusif, de la part d'une personne qui sait ou devrait savoir qu'un tel intérêt n'est pas souhaité.*
> *Une promesse implicite ou explicite de récompense liée à la satisfaction d'une demande d'ordre sexuel.*
> *Une menace implicite ou explicite de représailles en cas de refus de se conformer à une demande d'ordre sexuel, ou des représailles effectives à la suite d'un refus.*
> *Des remarques ou des comportements abusifs à caractère sexuel qui peuvent être perçus comme portant atteinte à un environnement propice au travail.*

Le harcèlement sexuel peut entraîner des conséquences graves tant pour la victime que pour la personne qui fait l'objet d'une plainte. Il crée une atmosphère d'intimidation et d'hostilité qui peut se révéler néfaste pour le travail de la victime. Quant au ou à la coupable, il ou elle peut voir sa

---

1. Sources : ministère de l'Emploi, Fondation européenne pour l'amélioration des conditions de vie et de travail, 1997.

L'entreprise, dragon des temps modernes

carrière menacée et est passible de poursuites judiciaires (en France un an d'emprisonnement et 100 000 F d'amende au maximum). Si vous êtes victime ou témoin de harcèlement sexuel voici quelques conseils qui pourraient vous venir en aide.

> *Que faire ?*
> Dire à la personne qui vous harcèle que son comportement est offensant et demandez-lui d'y mettre fin.
> Se confier à une personne en qui vous avez confiance par exemple votre coach et demandez-lui conseil.
> Encourager la victime à contacter un centre d'intervention[1] en matière de harcèlement sexuel pour dénoncer la situation et obtenir des renseignements sur les démarches possibles.
> Tenir un journal de bord précis de chaque événement (nature des propos et gestes, heures, dates...), enregistrer des propos, recueillir des témoignages.
> Porter plainte aux autorités judiciaires (commissariat, procureur de la République) et prendre un avocat.

Parfois c'est un service entier qui se mobilise pour exprimer son refus de certaines pratiques :

> *Entre le 11 et 22 Janvier 1999, un service administratif de la Drôme à Valence est resté portes closes. La quasi-totalité des 140 employés se trouvaient en assemblée générale permanente, sorte de grève qui n'en porte pas le nom, pour marquer leur refus de travailler sous les ordres d'un supérieur mis en examen pour harcèlement sexuel.*
> *Parole contre parole.*

---

1. Où s'adresser en cas de harcèlement moral ou sexuel en entreprise ?
À consulter : *« Maux pour mots »*, *association strasbourgeoise de médecins du travail et de psychosociologues, pour l'aide aux victimes de harcèlement moral. 16, rue des Cailles, 67100 Strasbourg. Tél. : 03 88 65 93 88.*

© Éditions d'Organisation

Cet exemple est symptomatique. Il illustre la difficulté à régler les affaires de harcèlement sexuel au sein d'une entreprise. Le plus souvent, parole contre parole, témoignage contre témoignage, la justice doit trancher entre deux versions radicalement contradictoires. Comment prouver l'existence de pressions sexuelles ? Comment démontrer à un juge que les gestes ou remarques d'un supérieur sont à connotation sexuelle ? Inversement, malgré l'évidente présomption d'innocence, comment se disculper d'une accusation mensongère d'un salarié très mal intentionné ?

7. LES PSYCHOPATHOLOGIES PROFESSIONNELLES : COMMENT LES IDENTIFIER

7.1. Comment se manifestent-elles dans l'entreprise ?

Les manifestations les plus fréquentes des psychopathologies professionnelles :
- Stress
- Stress post-traumatique
- Burn out (épuisement)
- Dépression parfois suicidaire
- Démotivation
- Apragmatisme
- Irritabilité
- Agressivité
- Sabotage
- Absentéisme
- Accidents du travail
- Arrêts de travail
- Maladies psychosomatiques

Ces manifestations psychopathologiques peuvent être soit la conséquence de crises ou d'événements passagers ou ponctuels, soit associées à des situations durables ou à des troubles de la personnalité. Il s'agit là de situations complexes, nécessitant chez le coach des qualités de finesse, de perspicacité et une expertise étendue en psychologie.

Qu'est-ce qu'un trouble de la personnalité ?
Le DSM-IV[1], définit ainsi le trouble de la personnalité : Il s'agit « d'un mode durable des conduites et de l'expérience vécue qui dévie notablement de ce qui est attendu dans la culture de l'individu, qui est envahissant et rigide, qui apparaît à l'adolescence ou au début de l'âge adulte, qui est stable dans le temps et qui est source d'une souffrance ou d'une altération du fonctionnement. »

Les troubles de la personnalité sont définis par des caractéristiques communément appelées traits de personnalité : par exemple, la méfiance, le perfectionnisme, le détachement par rapport aux relations sociales, les croyances bizarres, l'impulsivité, etc.

Les traits de personnalité sont considérés comme des symptômes lorsqu'ils envahissent des situations personnelles et sociales diverses et qu'ils entraînent une souffrance, qu'ils nuisent au fonctionnement social, professionnel ou familial. Les traits de personnalité doivent aussi être distingués des éléments qui apparaissent pour une période limitée en réponse à des situations de stress. Le diagnostic de trouble de la personnalité est donc difficile à poser.

On peut soutenir qu'il existe une infinité de personnalités, la personnalité d'un individu étant aussi unique que son génome et que son histoire. La notion de personnalité ne serait donc qu'une simplification à visée pédagogique.

---

1. American Psychiatrie Association. DSM-IV, Critères diagnostiques (Washington DC, 1994). Traduction par J. D Guelfi *et al.* Masson, Paris, 1996.

Le DSM-IV définit dix troubles de la personnalité. La plupart d'entre nous présentons des traits de ces personnalités. D'autre part, il arrive que plus d'un trouble se retrouvent chez une même personne.

« La personnalité **paranoïaque** est caractérisée par une méfiance soupçonneuse envers les autres dont les intentions sont interprétées comme malveillantes. »

« La personnalité **schizoïde** est caractérisée par un détachement vis-à-vis d'autrui et un déficit d'expressions émotionnelles. »

« La personnalité **schizotypique** est caractérisée par des relations réduites, par des distorsions de la réalité et des conduites excentriques. »

« La personnalité **antisociale** est caractérisée par un mépris et une transgression des droits d'autrui, des conduites délinquantes ou marginales. »

« La personnalité **borderline** est caractérisée par une impulsivité marquée et une forte instabilité des relations, de l'image de soi et des affects. »

« La personnalité **histrionique** est caractérisée par des réponses émotionnelles excessives et une quête d'amour et d'attention. »

« La personnalité **narcissique** est caractérisée par des fantaisies ou des comportements grandioses, un besoin d'être admiré et un manque d'empathie. »

« La personnalité **évitante (phobique)** est caractérisée par l'inhibition, par des sentiments de ne pas être à la hauteur et une hypersensibilité au jugement négatif d'autrui. »

> « La personnalité **dépendante** est caractérisée par un comportement soumis et adhésif lié à un besoin excessif d'être pris en charge. »
>
> « La personnalité **obsessionnelle-compulsive** est préoccupée par l'ordre, la perfection et le contrôle. »
>
> Deux autres troubles de la personnalité sont à l'étude : la personnalité **dépressive** (sans critères de dépression franche ou majeure) et la personnalité **passive-agressive** (attitudes négatives et résistance passive).

Dans cette perspective la notion de personnalité n'est pas figée : l'évolution est possible vers la polarité opposée ou voisine, en fonction de l'environnement ou des avancées du coaching.

À cette classification purement descriptive nous préférons la classification gestaltiste de Serge Ginger (1989) qui a l'avantage de grouper les troubles de la personnalité en paires (polarités) opposées, ce qui permet de les visualiser facilement sur un cercle.

7.2. Comment les identifier ?

Roue des personnalités
(selon Serge Ginger)

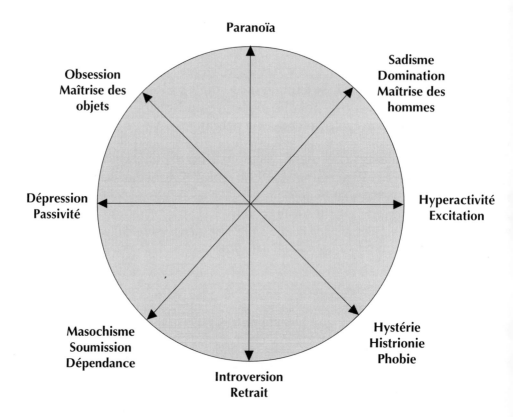

Les fiches suivantes présentent les caractéristiques types de chaque personnalité, leurs points forts et, à titre symbolique, leur place dans le monde professionnel.

L'HYSTÉRIQUE : LE REGARD ET LE DÉSIR DE L'AUTRE

L'hystérique a un très fort désir de paraître : il a besoin de capter l'intérêt des autres et d'être au centre de tout. Il est sociable, il aime parler, être en contact, même s'il le fait de façon excessive parfois. C'est un (ou une) adulte qui aurait refusé de grandir à certains moments : il s'agit d'un éternel adolescent. Un rien l'amuse, le fait rire et s'exprimer avec volubilité. Son entourage peut lui reprocher d'être superficiel et d'avoir des difficultés à achever une action.

Il s'intéresse à tout, passe d'une chose à une autre mais sans aller dans l'approfondissement de la connaissance ou du contact d'où le reproche de manque de fiabilité, en particulier dans le domaine professionnel.

S'il parle beaucoup et fort, il écoute peu. L'essentiel est dans la mise en scène, l'aspect dramatique ou humoristique de l'existence, les excès en tout. Il passe aisément du rire aux larmes.

L'hystérique est une personne attachante car elle met de la vie et de la couleur dans la relation. On l'aime pour sa gentillesse, ses excentricités et parfois sa naïveté.

La séduction fait partie de sa personnalité et elle est en permanence en quête d'amour et d'approbation des autres. Cette quête d'amour l'entraîne à se mettre trop facilement à la place de l'autre, à être dans le désir de l'autre de manière excessive et à rechercher des situations fusionnelles difficiles à assumer (confluence).

Points forts :
- contact
- intensité de l'ambiance
- sociabilité
- séduction

Sa place dans le monde professionnel :
- service commercial
- communication
- relation publique
- acteur
- publicitaire
- créateur

© Éditions d'Organisation

LE PHOBIQUE : PAS DE RISQUES

Le phobique est en général peu sûr de lui, dans un comportement d'évitement et de fuite du risque.

Il anticipe les situations dangereuses (cambriolage, vol, piratage, bogue, faillite, incident de paiement, conflit) et s'en protège.

Cela entraîne une limitation dans ses prises de décisions par sa vision angoissée de l'avenir immédiat et lointain.

Sur le plan personnel, il peut souffrir de blocages dans des situations de la vie courante (ascenseur, train, avion).

Il peut développer des attitudes contra-phobiques telles que la témérité, l'audace, la prise de risques (saut à l'élastique).

On distingue trois types de phobies :
- phobies sociales : peur de parler en public, de rougir, de bégayer, d'avoir les mains moites
- phobies archaïques : peur du feu, de l'eau, du vide, du noir
- phobies d'animaux : araignées, serpents, rats, etc.

Points forts :
- prudence
- préparation des dossiers et du travail
- sécurité

Sa place dans le monde professionnel :
- domaine de la sécurité
- informatique
- assurance
- assurance qualité : certification ISO, management de la qualité

L'OBSESSIONNEL : ORGANISER, MAÎTRISER LES OBJETS ET LES SITUATIONS

L'obsessionnel est perfectionniste, organisateur sur un fond de comportement conservateur, c'est-à-dire attaché au passé et aux traditions. Le changement ne l'inspire pas véritablement.
Il est rigoureux sur les horaires et jette en permanence un regard discret sur sa montre. Il s'habille de manière stricte car il n'aime pas se faire remarquer. C'est une personne modérée.

Au travail, l'obsessionnel est orienté vers la productivité, le rangement et la rationalité. Il éprouve du plaisir à satisfaire et à bien satisfaire ses collègues. Il s'exprime peu affectivement et contrôle ses émotions. Il est méticuleux, secret, autonome et attend peu des autres. Il souffre de l'imprévisible qu'il redoute. Il aime préparer.

La créativité peut lui faire défaut et devant la nouveauté il reste prudent pour éviter l'échec éventuel. Cette faible prise de risque correspond à un sentiment de devoir être parfait. S'il lui arrive d'agacer son entourage, il sera cependant apprécié pour l'art de mettre en ordre une situation décousue.

Sa faible expression des émotions font de lui un compagnon calme auquel il est possible de confier un secret ou de narrer des déboires professionnels ou affectifs.

Il est économe avec des tendances au collectionnisme et à l'avarice.
En général l'obsessionnel est apprécié et réussit bien dans le milieu de l'entreprise.

Points forts :
- organisation
- rigueur
- calme
- modération

Sa place dans le monde professionnel :
- comptabilité
- gestion
- finances
- documentation

LE PARANOÏAQUE : MÉFIANCE, ORGUEIL

Le caractère paranoïaque se définit par une attitude méfiante et insatisfaite ; il veut avoir raison à tout prix (avoir le dernier mot) et défend ses idées avec agressivité et hypersensibilité. Il s'attache avant tout à être maître de la situation. C'est pour cette raison qu'il effectue de nombreux contrôles et vérifications.

S'il est parfois querelleur et combatif, il souffre pourtant d'une profonde vulnérabilité car il est plus sensible qu'il n'y paraît. Pour masquer cette vulnérabilité qu'il connaît bien et qu'il déteste, il joue les durs et les insensibles. Il lui arrive de se prendre pour le héros de la situation, voire le sauveur.

On le trouve dans la classe des dirigeants. Là il peut exercer sa toute-puissance autoritaire et démontrer jour après jour que c'est lui qui a raison. Il lui est difficile de côtoyer un autre paranoïaque comme lui, car le combat de coqs serait tel qu'ils en arriveraient tous deux à se détruire ou à détruire le service duquel ils font partie (ou l'entreprise s'il le fallait !). Le contact est difficile avec un paranoïaque car sa suspicion et les justifications permanentes qu'elles entraînent finissent par lasser.

Cependant, si on se donne la peine de bien le connaître, on observera que c'est un écorché vif qui manque de confiance en soi et est malheureux des divers problèmes relationnels qu'il engendre.

Il ne redoute pas les procédures, les recours juridiques (il ira jusqu'en Cour de cassation) et les contentieux. Son tempérament hargneux l'aidera à « aller jusqu'au bout » et peut-être à sauver son entreprise.

Points forts :
- agressivité
- tonicité
- volonté
- passion
- charisme

Sa place dans le monde professionnel :
- PDG, dirigeant
- cadre
- service sécurité
- service contentieux
- juriste, avocat

L'INTROVERTI : RETRAIT, INTÉRIORITÉ, INTELLECTUALISATION

L'introverti se distingue par le recul, l'écart face à autrui. Ses émotions ne sont pas visibles et peuvent se manifester par des troubles psychosomatiques.

Il apprécie la solitude, l'indépendance et la liberté.

Il s'intéresse aux choses et aux activités abstraites : informatique, Internet, jeux vidéo.

Souvent de bon niveau intellectuel et de forte capacité cérébrale, il est intelligent, capable de réflexion approfondie et est apprécié dans un certain contexte professionnel.

Il est capable de travailler longtemps et sans état d'âme sur un dossier aride qui en aura découragé plus d'un !

Il ne sera jamais un meneur d'hommes ou un manager motivant. Cependant si l'on sait ajuster correctement ses talents professionnels il se révélera un excellent partenaire pour l'entreprise.

Points forts :
- abstraction
- discrétion
- loyauté
- autonomie

Sa place dans le monde professionnel :
- service juridique
- documentation
- recherche
- informatique

L'HYPERACTIF : ACTION, MOUVEMENT, ÉNERGIE

L'hyperactif est en mouvement permanent. Il mène plusieurs actions de front et s'alimente d'une dose d'auto-excitation qui ne tarit jamais.

Il s'entoure d'amis avec lesquels il entreprend de nombreuses activités tant professionnelles que personnelles. Il tourne à plein régime et transmet sa vitalité à son entourage qui le renforce dans son excitation perpétuelle. Il a sans cesse des projets, qu'il ne mène pas au bout nécessairement mais cela n'a pas grande importance : l'essentiel étant d'entreprendre et d'entreprendre encore.

Sa motivation est de tous ordres et il est capable de la transmettre à autrui. On le suit non pas pour ce qu'il va faire mais plutôt pour ce qu'il est, pour la vitalité à l'état pur qu'il représente et communique.

Il est débordé, surmené, stressé et le clame haut et fort, mais en est ravi par la même occasion. Il s'extériorise beaucoup, bouge, essaie de compenser ses retards et d'arranger ses manquements. Ses proches, souvent débordés et épuisés par son activisme lui reprochent de s'agiter plutôt que de s'activer, mais ils sont tolérants pour ce personnage attachant et plein de vitalité.

Il lui arrive d'être insomniaque et de travailler la nuit.

Points forts :
- activité, énergie
- initiative
- prise de risques
- à l'aise dans le présent et dans le contact
- en éveil
- motivateur

Sa place dans le monde professionnel :
- directeur commercial ou marketing
- chef de projet
- publicitaire
- créateur
- responsable de production
- militaire de carrière
- président d'association

LE DÉPRESSIF : FATIGUE, TRISTESSE, PASSIVITÉ

Le dépressif est empreint de tristesse et de culpabilité ; ce mal-être intérieur induit une perte d'énergie vitale et un manque d'intérêt ou de plaisir pour les activités quotidiennes.

Il a souvent un air apathique et malheureux. Il n'a envie de rien et vit replié sur lui-même. Ses projets sont inexistants et il voit défiler les jours les uns après les autres sans aucune lueur d'espoir.

Il somatise par des insomnies, des maux de tête fréquents, une grande fatigue. S'il lui est difficile de prendre une décision, il ne trouve pas non plus de satisfaction à entreprendre quelque chose.

Il est parfois capable de sauver la face devant son entourage et de consacrer son reste d'énergie à dissimuler sa dépression (dépression masquée par des somatisations).

En milieu professionnel, on lui reproche son manque d'agressivité et sa tristesse. Il adopte une attitude de repli, d'attente et préfère laisser pourrir la situation que d'y apporter un remède.

Son entourage familial a plutôt tendance à le protéger et à le stimuler.

Point forts :
- capacité d'attente
- réflexion
- recul
- conservatisme

Sa place dans le monde professionnel :
- gardien ou travail de nuit
- service de l'économat
- « back office »

LE SADIQUE : DOMINATION, HARCÈLEMENT, HUMILIATION

Le sadique éprouve du plaisir à dominer, maîtriser voire détruire.

Il excelle dans l'art de maîtriser les individus et est parfois à l'origine du harcèlement moral ou sexuel d'une personne.

Être ou faire ce qu'on n'attend pas de lui, ruser pour « coincer » l'autre, insister pour lui faire mal, être certain d'avoir atteint son but... et en jouir.

Quitte ensuite à lâcher du lest lorsque l'autre se mettra à pleurer ou abdiquera. L'important n'est pas l'acte mais la douleur morale et l'humiliation infligées à l'autre.

Intelligent, rusé, pervers, il n'aura de cesse de rencontrer le masochisme de l'autre et la soumission de son équipe. Cette situation peut perdurer des années jusqu'à la révolte ou la maladie de l'autre ou la grève.

Points forts :
- ruse
- machiavélisme
- énergie
- domination

Sa place dans le monde professionnel :
- restructuration d'entreprise
- licenciement
- gestion par le stress
- poste ponctuel : « killer, effaceur, nettoyeur ».

LE MASOCHISTE : LA VOIE DE LA SOUMISSION, DE L'HUMILIATION ET DE LA SOUFFRANCE

La personnalité masochiste est dans la plainte et la dépendance affective. C'est sa façon d'être en contact et d'entretenir la relation.

Le masochiste se sent peu en confiance avec lui-même et avec son entourage. Il a sans cesse besoin d'amour, d'attentions même si on s'occupe de lui sur un mode taquin ou agressif. La rencontre avec un sadique crée une relation durable, douloureuse mais ô combien intense !

Insatisfait chronique le masochiste se plaint de tout, tout le temps.
Plaintes à propos de lui-même (pas assez de ceci, de cela, trop de ceci), à propos d'autrui (incorrect, méchant, peu compréhensif), à propos de l'environnement (la météo, la pollution, la circulation automobile, la mondialisation...)

Ses tendances à l'échec sont des appels à l'aide et à la compassion. Il se culpabilise beaucoup mais en fait profiter son entourage en le culpabilisant en retour. Il est conscient de tout cela, sait qu'il est considéré comme une « bonne poire », mais il l'a bien mérité.

Finalement il ne souffre pas par plaisir mais pour éviter un mal ou des souffrances plus fortes.

Points forts :
- obéissance, soumission
- patience, endurance
- sens de l'amitié et de la fidélité
- travailleur parfois drogué du travail (travail = « trepallium », instrument de torture.)

Sa place dans le monde professionnel :
- exécutant sous contrôle
- missions impossibles ou rebutantes
- affectations lointaines
- pas de limites dans les horaires

LA « NORMALITÉ »

« Suis-je normal ? Ai-je un comportement normal ? » se demandent sans cesse nos coachés. La normalité ne consiste pas à calquer son comportement sur celui des autres. Il s'agit plus simplement de s'arranger au mieux avec les conflits propres à chacun, d'adopter une attitude souple et réflexive qui tient compte de la réalité. Ainsi une personne bien portante conserve, dans des circonstances exceptionnelles, le droit de sortir de la norme, bref, d'être anormale.

La normalité n'est pas une fin en soi. Le concept de « normose », montre que le fantasme de normalité peut devenir une sorte de maladie adaptative à l'excès des temps modernes, de standardisation des comportements, rendant stérile notre imagination et notre créativité. L'hyperadaptation est une aliénation aux valeurs d'autrui.

Le bien-être, l'équilibre mental, peut parfois traverser des extrêmes : certains événements ont le don de nous rendre fous ! (ou de nous déprimer ou de nous faire développer quelques comportements paranoïaques). Vivons cette folie, traversons-la pendant un temps, tout en en restant conscient et en conservant la possibilité de réintégrer notre zone d'équilibre plus tard.

S'exprimer aux confins des limites de notre personnalité, c'est aussi être pourvu de personnalité ! Ce trait de personnalité se nomme la « résilience » (terme emprunté à la métallurgie = capacité de résistance d'un métal) = capacité de résister, de survivre et surtout de grandir avec les épreuves de la vie.

L'environnement de l'individu est en mutation perpétuelle, il doit s'y adapter afin de ne pas bloquer le processus de croissance de ses potentialités. Parfois les normes sont bousculées, dépassées, dé-introjectées : dans ce cas pouvons-nous parler de « hors norme ou d'anomalie » alors qu'il s'agit essentiellement d'ajustement créateur ?

La normalité serait d'être soi, en tant que personne unique en ce monde, dans l'ouverture, la tolérance et la fluidité.

Chapitre 2

Assistance à la résolution des problèmes et des conflits

Comme nous venons de le voir, la vie dans le monde du travail et de l'entreprise n'est pas facile. Si l'environnement externe de l'entreprise est une contrainte incontournable, il en est de même de l'environnement interne moins visible, influencé par les comportements des différents dirigeants, collaborateurs et partenaires avec leurs personnalités multiples et leurs visions différentes des mêmes réalités. Le coaching ne relève donc, ni du luxe, ni du narcissisme, il est une nécessité et un moyen évident de prévention des tensions, malentendus et conflits. Le coaché est fréquemment pris dans des scénarios de vitesse, d'urgence au quotidien et il a besoin d'avoir un soutien pour avoir les réflexes comportementaux adéquats, pour passer d'un projet à un autre, pour réduire son propre stress et atteindre un résultat en un temps record !

Au milieu de ces turbulences internes et externes, l'entreprise a besoin de dirigeants et de managers dotés d'une excellente maturité affective et relationnelle. Le coaching aide les managers à mieux se connaître, à développer leur personnalité, à réduire leur niveau d'anxiété et de stress négatif, à leur donner envie de prendre des risques et de gagner véritablement. À croître, en somme !

1. APPRENDRE À MIEUX SE CONNAÎTRE

1.1. Que signifie mieux se connaître ?

C'est apporter de la conscience dans sa vie !

Après avoir fait la connaissance et l'exploration du territoire géographique, il semblerait que les êtres humains soient friands à présent de leur exploration psychique. Depuis la nuit des temps, ils sont allés à la conquête du monde, à la découverte des continents et des océans, puis de l'espace... Maintenant nous pouvons prendre un billet d'avion et faire le tour du monde, avec notre brosse à dents... et notre carte de crédit (!) pour les plus aventuriers...ou encore bénéficier des services d'un voyage organisé pour ceux qui souhaiteraient emmener petits et grands de leur famille.

Dans le milieu professionnel, les comités d'entreprise rivalisent de talents et de créativité pour offrir aux salariés des voyages exotiques, voire parfois prestigieux – à des prix défiant toute concurrence.

Cependant l'on voit apparaître de nouveaux pôles d'intérêt : une importante entreprise de produits cosmétiques a sollicité nos services de consultants spécialisés dans les relations humaines pour proposer à ses clientes privilégiées des cadeaux d'un nouveau style : un séminaire « beauté » de relaxation et de « découverte de soi » organisé durant un week-end prolongé.

L'idée magique de la découverte de soi concurrencerait-elle celle de la découverte d'un nouveau pays ?

Assistance à la résolution des problèmes et des conflits

Quoiqu'il en soit, cette notion de se découvrir, de mieux se connaître, d'aller s'explorer... pour aller ensuite explorer éventuellement les autres, plaît.

Lors de séminaires orientés vers les relations humaines et le management, les consultants ne sont plus surpris de constater que ce qui intéresse le plus le participant c'est encore et encore... lui-même. Il est friand des théories lui permettant de mieux se comprendre, des perceptions et des « effets-miroirs » que lui envoient les animateurs et les autres participants, ainsi que de tous les tests sur sa personnalité et son fonctionnement.

Il en va de même durant les séances de coaching, même celles essentiellement orientées vers le management d'une équipe ou l'organisation d'un service. À un certain moment, le client coaché va réaliser que pour parler à son équipe de manière plus efficace, pour améliorer son leadership, il lui faudra d'abord mieux connaître les personnes qui constituent cette équipe – mais qu'avant cela il devra apprendre à se connaître mieux lui-même.

Ce n'est pas une révélation, mais cela devient une évidence, une sorte d'étape incontournable.

> *« Je viens pour un coaching égoïste, déclare un directeur. J'ai une solide formation de base, plusieurs séminaires de méthodologies, d'organisation du temps et de techniques relationnelles à mon actif, mais je sens que cela ne suffit pas à régler mon problème actuel. Je m'efforce d'améliorer mon image de marque auprès de mon personnel, mais j'ai l'impression de m'y prendre très mal. Toutes mes actions correctives en la matière produisent les effets inverses de ceux que je souhaite. Il m'arrive de ne plus me comprendre moi-même. Tout le monde dit que je suis un dur. Me suis-je donc tellement blindé ? J'aimerais que ce coaching m'aide*

à y voir plus clair, à améliorer mon contact avec moi-même déjà, à mieux me connaître. C'est égoïste à mes yeux, mais je me suis réellement éloigné de moi les dernières années. La bonne suite à ma carrière en dépend, finalement. »

Alors, que pourrions-nous mettre derrière cette fameuse expression : « mieux se connaître » ?
- augmenter notre prise de conscience de nous, des autres, du monde qui nous entoure,
- avoir un meilleur contact avec nous-même, développer notre vigilance (*awareness*) à notre propre égard, notre conscience de nous-même. L'*awareness* – de l'anglais « to be aware » : être vigilant, attentif – c'est être en contact, prendre en considération ce que nos sens nous révèlent, être conscient de ce qui se produit à chaque moment. L'*awareness* est un état dynamique, qui conduit vers l'énergie et l'action, oriente vers le stimulus. L'*awareness* nous informe sur le moment présent et sur le futur. Lorsqu'un événement externe arrive à la lumière de notre *awareness*, le changement est possible.

Voici un petit exercice sur la conscience et l'*awareness* que nous avons de nous-même :
- *de quoi suis-je conscient(e) juste maintenant ?*
- *de quoi ai-je été conscient(e) depuis ce matin ?*
- *de quoi n'ai-je pas été conscient(e) du tout ?*
- *depuis ce matin, qu'est-ce qui aurait pu enrichir mon* awareness *?*
- *quelles sont les implications de cette prise de conscience pour ma séance de coaching ? (ou pour une situation professionnelle bien précise ?)*

- repérer notre fonctionnement au quotidien aussi bien dans la vie personnelle que professionnelle : notre fonctionnement est-il fluide ? rigide ? stéréotypé ? Avons-nous des répétitions, des automatismes dans notre comportement qui nous portent préjudice ?

Assistance à la résolution des problèmes et des conflits

> *L'employé : « Mon patron a toujours la même manie ! Chaque fois qu'il me complimente durant un entretien, il me fait ensuite un reproche sur quelque chose d'autre. C'est agaçant et cela me démotive fortement. Le pire, c'est qu'il ne s'en rend même pas compte... »*

- prendre conscience de nos blocages relationnels et de nos évitements du contact (voir plus loin « Les évitements du contact, p. 261. »)
- connaître nos limites sur le plan physiologique (jusqu'où puis-je compter sur mon corps, sur ma résistance physique ? ma santé actuelle me permet-elle d'entreprendre cette nouvelle mission à l'étranger ?) – sur le plan émotionnel (je sais gérer ma colère jusqu'à un certain point, mais que se passera-t-il au-delà ?), sur le plan intellectuel (j'ai toujours eu du mal avec la spatialité ; est-ce prudent d'accepter ce dossier ou devrais-je le déléguer à une personne plus compétente dans ce domaine ?).

Reprenons quelques phrases-clés de la connaissance de soi :

- « *Je pense donc je suis* » de Descartes... Les séances de coaching font fréquemment resurgir le *« Qui suis-je ? »* avec ses déclinaisons de « je suis ceci, je ne suis pas cela – dans le fond je ne sais pas trop, ou je ne sais plus du tout. » Cette approche philosophique nous renvoie à un travail intérieur de connaissance de soi, de nos valeurs et croyances, à une recherche de sens, parfois de créativité. Le travail du coach est aussi de permettre au coaché de remettre en question ce qu'il croit qu'il est, de se laisser surprendre par le jaillissement du nouveau, de l'inconnu parfois.

> *Christian, 31 ans, est fonctionnaire : « Je me demande quel est le sens de ma vie professionnelle actuelle. Ce travail me fait mourir intérieurement et pourtant il faut bien que je gagne ma vie. Mais cette vie-là est-elle encore une vie ? Je voudrais avoir le courage de me remettre en question, de savoir qui je suis et quelles sont mes capacités à dépasser cette situation douloureuse et infructueuse. »*

- « *Sois toi-même, sois libre.* » Il s'agit-là d'une conception existentielle de l'être humain (voir plus loin : « quelques mots philosophiques », p. 235), dans un monde où l'on prône qu'il faut prendre sa vie en main, devenir acteur de son destin, modeler son avenir professionnel. Notre époque réclame performance, audace, compétitivité, innovation, assertivité (néologisme issu de l'anglais *To be assertive* qui signifie se positionner avec force. Il s'agit de savoir dire non, de savoir demander, d'oser s'exprimer) et mise en valeur maximale de nos potentialités. La publicité, les magazines, les questionnaires sur notre confiance en nous, les entretiens d'embauche, etc. en sont truffés ! Loin de nous libérer, ces redoutables ingrédients de liberté et parfois d'arrogance nous renvoient à notre timidité naturelle, à nos peurs, à notre carrière sur le point d'être ratée, à notre vie conjugale au bord du gouffre !

- « Le premier obstacle, c'est nous-même ». Si le doute est inhérent à la condition humaine, il est tyrannique et exige sans cesse plus de nous. Le coaching permet au client de mieux se connaître, de davantage se « cerner », de se fixer des objectifs professionnels réalisables et fondés sur ses propres références, puis de les atteindre. Mais il ne faut pas se leurrer : ceux qui foncent sans trembler n'existent que dans les films de fiction !

> *Gilles en témoigne : « Je me suis battu pour leur prouver que je suis capable d'être le directeur général de l'export. À présent que je suis au pied du mur, j'hésite, j'ai presque envie de reculer, de me désister. Peut-être que je ne suis pas celui que je crois être : fort, invulnérable, sorte de chevalier sans peur et sans reproche ! Si mes patrons détectent mes incertitudes et doutes actuels, je suis fichu. »*

1.2. Des recettes miracles ?

Dans l'idée de partir à la rencontre de soi, les différents moyens ne manquent pas. À nous de faire le tri entre toutes ces formules classiques ou exotiques, thérapeutiques, corporelles, spirituelles, humanistes, etc. que privilégient aujourd'hui les managers en mal de connaissance d'eux-mêmes :

- stages d'été de développement personnel : pour renouer avec nos aspirations tout en nous permettant de dévoiler les aspects insoupçonnés de notre personnalité : « qui suis-je ? » !
- psychanalyse : c'est l'introspection, le retour au passé, à l'histoire de la personne, l'exploration de l'inconscient, des rêves. Le postulat pourrait être : ce qui m'est arrivé dans l'enfance conditionne mon existence.
- psychothérapie comportementaliste : un stimulus donné provoque une réponse prévisible. Il faut donc changer le comportement par des méthodes éducatives, se désensibiliser aux situations anxiogènes, ou changer d'environnement en déménageant, en changeant de partenaire ou d'emploi.
- psychothérapie humaniste : la Gestalt-thérapie. L'originalité n'est pas dans les techniques mais dans l'objectif : élargir le champ de nos possibles, augmenter notre capacité d'adaptation aux êtres et à des environnements différents en développant ses capacités de contact, restaurer notre liberté de choix et d'engagement (approche existentialiste).
- théâtre et psychodrame : pour être « acteur de sa vie » par l'improvisation, les mises en jeu à partir de faits réels, les caricatures du monde professionnel, l'émergence des émotions, le rire, les pleurs.
- thérapies corporelles : massages, respiration (pour retrouver le souffle de sa naissance), relaxation.
- modelage de l'argile : pour renouer avec notre propre ressenti, explorer notre relation au monde environnant. Cette utilisation de la terre permet de stimuler un travail de méditation et de rêve guidé afin de donner libre cours à notre inspiration profonde.
- étude et pratique de la méditation : pour nos interrogations spirituelles et métaphysiques, pour nous aider à découvrir nos croyances et nous élever vers un monde plus pur et plus authentique.

- méditer dans un monastère : pour se mettre « dans la présence et la conscience » dans un cadre souvent majestueux où exercices corporels et spirituels contribueront à notre unification et à notre centration.
- stages de yoga dans un lieu paradisiaque, au bord d'une mer turquoise, sur du sable blanc ! pour retrouver la paix intérieure et mincir grâce à la cuisine végétarienne !

Il arrive aussi aux managers de délaisser la civilisation urbaine et la technologie pour se ressourcer dans un couvent du XVIe, dans le cadre majestueux des montagnes tessinoises. Consultants internationaux et spécialistes orientaux de la spiritualité s'interrogent sur l'unité d'action, de culture et d'esprit entre l'individu et l'entreprise. « Le self-management a pour objectif de fournir aux managers la connaissance et les moyens de préserver leur clarté intellectuelle, l'éveil de leur mental et la force émotionnelle nécessaire à un style de direction efficace pour leur entourage, quand l'entreprise et son environnement connaissent des difficultés. Self-management signifie gestion de ses pensées, de ses émotions et de ses comportements. »[1] Les auteurs de cette méthode de développement personnel pensent qu'il est nécessaire que les managers d'aujourd'hui se redéfinissent en tant qu'êtres humains, en passant par un management de soi-même.

1.3. Des talents cachés : huit attitudes du manager-leader sont relevées

Chaque manager a en lui des potentiels non révélés qu'il peut voir s'épanouir en restant à l'écoute de lui-même, des sentiments positifs ou négatifs que lui procurent son existence.

---

1. Article dans la revue *Psychologie* : « Self-management : les managers modernes doivent... »

Assistance à la résolution des problèmes et des conflits

Ainsi les huit attitudes du manager-leader sont :
- l'écoute,
- la disponibilité,
- la tolérance,
- l'adaptabilité,
- le discernement,
- le choix,
- la responsabilité,
- l'esprit d'équipe.

Il va sans dire que le coaching est une voie intéressante pour le développement de la connaissance de soi. Nous pourrions le qualifier de coaching humaniste puisqu'il s'inspire largement des théories existentielles de Jean-Paul Sartre (*L'existentialisme est un humanisme*).

Existentiel vient du latin *sistere* « être placé » et de *ex* « en dehors ». C'est parce que nous avons été « jetés dans le monde », comme l'écrit Heiddeger, séparés de notre mère, que nous éprouvons des angoisses. Les sources de l'angoisse existentielle bien décrites par les existentialistes sont : la finitude, la solitude, la responsabilité, l'imperfection et la quête de sens.

« La naissance nous jette dans un monde cruel et brutal » écrivait Jung à la première page de son livre *Ma vie*, mais aussi « incroyablement beau ».

À quel moment se trouve-t-on confronté à cela dans le coaching ? Justement dans cette phase de découverte de soi, de ses difficultés et de ses limites dans la condition humaine. L'hyperactivité de certains dirigeants, la difficulté de vivre le moment présent, les moments de dépression sont souvent liés à ces murs existentiels.

> Mieux se connaître, c'est se sentir plus fort, cohérent, c'est aussi connaître ses propres limites, ses peurs, ses désirs, sans obligation de les masquer ou de les déguiser.

© Éditions d'Organisation

C'est en prenant conscience des notions qui structurent toute vie sociale que le manager tracera le chemin de la connaissance de soi ; ces notions sont les suivantes :

- **La finitude :** il s'agit de la réalité de la mort, la conscientisation de la fin de toute chose, de toute relation. Pour le manager par exemple il peut s'agir d'assumer le deuil d'une activité professionnelle.
- **La solitude :** nous sommes seuls et condamnés à être libres. La solitude du dirigeant est bien connue et elle peut générer des sentiments de malaise et d'angoisse.
- **La responsabilité :** nous sommes responsables de notre vie, de nos actes, de nos erreurs mais également de nos réussites. L'existentialiste dit « qu'il y a toujours une possibilité pour le lâche de ne plus être lâche, et pour le héros de cesser d'être un héros » (Jean-Paul Sartre, *L'existentialisme est un humanisme*, p. 62)
- **L'imperfection :** nous souhaiterions tellement tendre vers la perfection (voire la fameuse « excellence » prônée par le management de la qualité !) mais nous heurtons sans cesse à sa réalisation effective.
- **La quête de sens :** quel est le sens de mon travail ? Quel est le sens de ma vie actuelle ? Tous les efforts et les sacrifices faits durant les dernières années en valent-ils vraiment la peine ?

Si le coaching n'est pas une philosophie, il n'en est cependant pas dépourvu et peut s'enrichir de ces approches humanistes fondamentales pour nous faire découvrir nos potentialités et talents cachés.

Nous sommes bien là au cœur du débat : le coaching a pour objectif de nous permettre de détecter et de mettre en action nos multiples potentiels, intellectuels, émotionnels, spirituels, et de nous aider à débusquer nos talents les plus enfouis, ceux que nous n'aurions jamais soupçonnés vivre au fond de nous ! En quête de qualités, de compétences, d'exigences diverses et de résistance à toute épreuve, nous finissons parfois par chercher le mouton à cinq pattes qui « dort en nous » dont le profil idéal serait presque trop parfait pour exister réellement. D'où nos incertitudes, nos doutes, nos fonctionnements en « yoyo » quand nous passons de notre mégalomanie passagère (« C'est moi le meilleur, ils verront ce qu'ils verront !) à notre crise de déprime du week-end ! (« Je n'y arriverai jamais, je me suis pris pour Tarzan… »)

1.4. L'entreprise de soi : s'ouvrir à la conscience, au contact et à la relation

Le « Soi »

Nous allons aborder des concepts parfois étrangers aux managers, car ils proviennent du monde de la psychologie. Mais les ignorer c'est pour le dirigeant conduire dans le brouillard sans éclairage. Il ne pourra s'aventurer qu'accompagné dans un processus de coaching.

Le Soi est l'ensemble des parties conscientes et inconscientes, qui forment au niveau psychique la globalité de l'esprit. Si on veut être plus complet on peut y ajouter le corps et le sexe, l'émotionnel et le relationnel (ce qui concerne notre relation au couple, à la famille et aux autres) et enfin le spirituel qui n'est pas forcément le religieux, mais aussi la recherche du sens de notre vie (voir le schéma du pentagramme relationnel page 271).

L'inconscient

La partie inconsciente de l'esprit (la partie cachée de l'iceberg) travaille à partir d'archétypes, d'images symboliques (selon Jung), de fantasmes (selon Freud), ou d'empreintes (selon Lorenz). L'équilibre de l'individu est ainsi dominé par l'interaction permanente conscient-inconscient. L'inconscient personnel est une mémoire de contenus psychiques plus ou moins acceptés ou refoulés qui ne concernent que les problèmes personnels de l'individu. L'inconscient collectif est une forme plus vaste de l'inconscient où tous les contenus de l'humanité depuis l'apparition de l'homme sont enfouis, constituant un savoir immense. Tous les rêves, prémonitions, archétypes, symboles, légendes, etc., font référence à l'inconscient collectif.

Les archétypes de base fonctionnent comme des contraires (« polarités ») qui gèrent la vie psychique : jour & nuit, père & mère, bien & mal, vie & mort... L'ombre est le côté obscur de l'être. C'est ce que l'on déteste chez quelqu'un, car on ne le supporte pas en soi. La haine est projection (attribution) de son ombre à un autre.
L'Anima/Animus représentent la polarité sexuelle. L'Anima est la partie féminine inconsciente de l'homme et l'Animus la partie virile inconsciente de la femme. L'Anima et l'Animus sont parfois de véritables personnages intérieurs. Lors d'une relation à deux, nous devrions parfois envisager qu'il s'agit d'une relation à quatre.

L'entreprise de soi telle que nous la comprenons c'est alors mettre de la conscience où il n'y en a pas (l'inconscient, l'ombre, les polarités sexuées), apporter du contact (pas n'importe comment, c'est un art), nouer des relations équilibrées (dans le contact et la conscience !). Elle constitue un élément important dans la croissance et le développement des potentialités durant une démarche de coaching.

2. REDESSINER SON AVENIR PROFESSIONNEL GRÂCE AU COACHING

Le coaché ayant d'abord accepté d'être accompagné, il peut ensuite se lancer dans une réflexion approfondie sur son tracé professionnel et être encouragé au changement par son coach.

En matière de remodelage de son avenir professionnel, les objectifs sont variés :
– établir un diagnostic précis sur la situation actuelle et déceler les points positifs et ceux qui mériteraient d'être améliorés ;
– envisager un changement plus conséquent : prise de fonction nouvelle, changement de pays suite à une restructuration ou un rachat d'entreprise ;

Assistance à la résolution des problèmes et des conflits

- effectuer un virage à 180° : décider de tout remettre en question, de porter une modification totale à sa carrière professionnelle, de changer d'orientation voire de métier.

> Le but du coaching est d'aider à prendre conscience des obstacles à l'évolution, à la croissance et ainsi de trouver des pistes et solutions nouvelles et créatives afin **d'optimiser la personne avec ses propres attentes et celles de son milieu professionnel.**

Le coach ne donne pas de conseils standardisés ; il a plutôt une démarche de maïeutique en permettant à son client coaché d'accoucher de son idée à lui, de la conscientiser, de la dessiner (au sens propre et au sens figuré), de la mettre en action ! Car les idées seules, sans leur réalisation concrète à un moment du processus, restent caduques comme chacun le sait.

En matière d'avenir professionnel, le coach travaille sur l'écart entre la situation présente et l'objectif ciblé. Une fois la situation présente mise en lumière et diagnostiquée, il reste à déterminer l'objectif réel, c'est-à-dire un objectif ayant suffisamment d'ambition pour mobiliser la motivation intérieure du coaché, sans être démesuré, donc inatteignable voire mégalo ! Le coach fait office de miroir intelligent (se référer au paragraphe relatif aux postures du coach page 57) et confère au coaché la possibilité d'avoir un repérage de ce qu'il est (« connais-toi toi-même ») et non pas de ce qu'il pense être ou ce que les autres lui disent qu'il est !

Ce développement de l'interaction entre coach et coaché offre une réelle expérience de vie, un partage authentique d'être humain à être humain et peut être une formidable motivation pour le coaché qui peut ainsi développer ses talents cachés, croître, redessiner son avenir malgré les nombreuses frustrations inévitables de la vie professionnelle et de l'existence en général.

Le coach n'est pas un thérapeute, il n'est pas un père attentif ni une mère aimante. Il est un coach ! Nous l'avons suffisamment répété, nous semble-t-il. Oui, mais...

Si dans ce remodelage de la carrière professionnelle ou du cheminement de la vie, le coach se transformait (parfois, un peu, tout à fait exceptionnellement) en ... maman ayant une capacité d'empathie exceptionnelle et une capacité d'amour inconditionnel pour son « enfant » ? En reprenant les intéressants travaux de divers psychologues sur les mères et les nourrissons, nous découvrons paradoxalement des similitudes avec le coaching. En effet, tout comme pour la bonne mère (coaching maternel), les intérêts du coach s'effacent au profit du coaché. Disponibilité particulière, contenance, support et compréhension sont aussi à l'ordre du jour.

Pour redessiner son avenir et se fixer des objectifs qui sont enfin les siens, le coaché doit tout d'abord pouvoir donner libre cours à son imagination, à ses besoins les plus profonds, à ses désirs. Le rôle du coach à cette étape du processus consiste à ne pas confronter trop vite ou tout de suite l'émergence de ces désirs avec la réalité parfois dure et décourageante.

À ce stade la fonction du miroir est aussi importante : c'est elle qui accueille les pulsions, le reflet des craintes et des angoisses, les marques de trahison de la vie. Tout cela est reflété par le coach, s'il est disponible. Par contre si son propre champ de conscience est occupé par ses préoccupations, s'il a des difficultés à se maintenir dans l'ici et maintenant de la situation, s'il est défensif ou se laisse happer par ses états d'âme, alors le coaché ne trouvera ni son reflet ni l'identité projective qu'offre cette fonction miroir.

Que se passera-t-il dans ce cas ? Si le coaché a déjà vécu un schéma semblable dans son histoire avec des parents inattentifs ou manquants, il reproduira peut-être automatiquement un schéma-type de pensée ou de comportement (« personne ne s'intéresse réellement à moi, personne ne

Assistance à la résolution des problèmes et des conflits

m'écoute, je ne suis pas digne d'intérêt »). Son monde intérieur, sa véritable identité, ses attentes et besoins personnels ne seront pas sécurisés. Il aura d'autant plus de difficultés à les ajuster au monde extérieur.

Le coach intervient alors par sa fonction de soutien. Comme la bonne mère, qui « supporte » son enfant, il prend en main le coaché (« manipulation » au sens étymologique du terme), prend soin de lui. Le coaché va intérioriser ces bons ingrédients et par la suite deviendra capable de s'occuper de lui-même à son tour, comme son coach l'aura fait au préalable.

La préparation à l'autonomie commence là. Elle passe par la valeur narcissique : si le coach prend soin de son coaché, s'il est attentif et aimant, cela signifie que le coaché a de la valeur et qu'il peut intérioriser cette valeur. L'étape suivante, c'est que le coaché peut devenir autonome et s'octroyer lui-même de la valeur, prendre soin de lui, connaître ses limites et les exprimer (« je veux et je peux cela, je ne veux pas et je ne peux pas cela »), se prendre en main.

Il s'agit bien là d'un coaching de croissance, centré sur l'être et lui donnant l'occasion de découvrir le sens de son projet et de sa carrière.

La responsabilité du coach est de taille dans les changements de métiers ou les réorientations professionnelles. Il sert en quelque sorte de relais pour présenter et explorer le monde extérieur avec son coaché. Si le coach a peur du monde ou s'il veut préserver la dyade coach/coaché cela générera des problèmes inévitables – s'il projette ses propres ambitions inassouvies sur le coaché il développera chez celui-ci une personnalité « as if » (comme si) ou un faux self.

Un coaching de croissance et de repositionnement professionnel permet au manager de mieux se connaître, de repérer ses forces et ses faiblesses et de s'orienter vers la voie qui est véritablement la sienne. Cela ne se fait pas toujours sans difficultés ni sans douleurs car comme l'écrivait Nietzsche :

> « Il faut avoir du chaos interne pour accoucher d'une étoile qui danse. »

3. COACHER SES COLLABORATEURS : CONTACT, INTERACTION ET RELATION

Si le coaching obtient des résultats rapides en entreprise, la démarche semble parfois coûteuse et difficile à étendre sur un plus grand nombre de personnes. C'est pour cette raison – et bien d'autres encore – qu'est apparue la notion de coaching en interne, c'est-à-dire de coacher ses propres collaborateurs.

Le responsable hiérarchique ne sera pas coach de ses collaborateurs à plein temps, il le sera entre 5 et 20 % environ. Il aura par ailleurs des périodes fortement chargées sur le plan professionnel, durant lesquelles il ne pourra accompagner les membres de son équipe. Cette situation en interne ne le dispensera cependant pas d'une bonne maîtrise des techniques du coaching et d'un travail plus orienté vers lui-même, atout considérable pour faire évoluer son management, mieux vaincre les résistances aux changements et mobiliser au mieux les ressources des membres de son équipe.

Pourquoi contact, interaction et relation ? Il s'agit du déroulement optimal d'un processus entre le manager-coach et son collaborateur : il commence par une prise de contact nécessaire pour un contact réel, puis se transforme en interaction (qui se produit durant le contact) pour aboutir à une relation, qui se construit avec le temps et qui permet progressivement la confiance et l'engagement. En vue d'illustrer nos propos, nous allons parler de trois responsables hiérarchiques qui ont pris l'initiative de se former au coaching en interne de leurs collaborateurs.

Assistance à la résolution des problèmes et des conflits

Jean, Alex et Claude travaillent tous trois comme chefs de service dans la même entreprise et se connaissent bien. Jean et Claude sont amis à « l'extérieur » et font partie d'une même association. Avant de travailler pour la production, Claude occupait un poste dans un département de relations humaines ; il s'y était beaucoup investi, avait entendu parler du coaching et lu quelques articles sur le thème. Jean est un ancien sportif et entraîne encore actuellement une équipe de handball. Lorsque Claude lui parle de coaching, Jean y retrouve de nombreux points de similitude avec l'entraînement sportif et cela lui plaît bien.

Alex vit une transition de carrière difficile car il s'est vu promu chef de service un peu contre son gré. Informaticien de formation, il préférait s'occuper de logiciels que de personnes à manager. Il a suivi des séminaires de management mais « ça ne suffit toujours pas et les théories ainsi que leurs applications étudiées durant le stage ne correspondent étrangement pas à la réalité du terrain ». Lorsque ses deux collègues lui parlent de coaching, il se montre sceptique (encore une mode !) mais ses problèmes relationnels deviennent tels qu'il déclare « n'avoir plus rien à perdre. »

Le responsable de formation de leur entreprise établit un cahier des charges et l'offre de notre cabinet spécialisé en coaching est retenue. La démarche comporte deux volets :
- un coaching didactique : il s'agit d'un séminaire de deux fois trois journées durant lequel nous apportons théories, concepts, outils et postures de base accompagnés d'exercices.
- un coaching individuel de huit séances de deux heures afin de permettre à chaque chef de service d'expérimenter cette méthode, de l'utiliser à son tour et d'avoir un feed-back sur les difficultés du terrain, inévitables au début.

En d'autres termes, les trois personnes acquièrent de nouvelles compétences et de nouvelles qualités relationnelles qui les transforment en « managers-plus-plus » selon leur propre expression puis en « coachs en interne » par la suite.

Le démarrage s'avère un peu laborieux car Jean et Claude sont pressés d'aboutir et se voient dans l'obligation d'acquérir de nouveaux apprentissages – et qu'Alex affiche le comportement désabusé de celui qui assiste au séminaire sans trop y croire. Son mécanisme de défense est important à ce stade, il refuse de parler de lui ou invalide ses problèmes. Il se cantonne aux éléments rationnels et au contenu du programme.

La situation se dénoue à la fin du deuxième jour lorsque nous proposons un entretien-type de coaching aux participants où ils occupent tour à tour le rôle de coach et/ou de coaché.

C'est Claude qui se jette à l'eau. Il est le coaché, l'animatrice le coach. La séance est prévue sur 40 mn et est filmée. Claude fait part d'un problème réel qui l'embarrasse ces temps-ci dans sa mission de manager.

À la fin de la séance il réalise qu'il vient de vivre un séance réelle de coaching ; il découvre qu'elle lui a permis de mettre en lumière sa problématique et d'entrevoir quelques pistes de solutions, le tout dans un climat de confiance et d'interaction coach/coaché.

Ce qui a surtout surpris Claude, c'est la « technique du coach » pour la gestion de cet entretien. Il réalise que le coaching « va plus loin » dans la formulation des questions, dans le feed-back du coach et dans la qualité de l'attention qu'il porte à son interlocuteur. Coach et coaché se sont autorisés à travailler dans une relation véritablement authentique et qui peut aboutir à une action concrète.

Claude a les joues plus roses qu'au début de l'après-midi, son regard est brillant et il lance gaiement à la cantonade :
« Voilà ce que je veux apprendre à faire et à être moi aussi ! »

Jean dégagera les nombreux points communs entre l'entraînement d'une équipe de sportifs et le coaching des membres de son service. Entraîneur lui-même, il n'aura pas de difficulté à coacher ses collaborateurs de cette manière. Il fera remarquer au bout de quelques jours :

« J'avais pourtant de nombreux outils et expériences à mon actif – et pourtant je ne me suis pas autorisé à m'en servir dans l'exercice de mes fonctions professionnelles. Ces exercices de coaching m'ont permis d'aller plus loin, d'oser davantage. Je n'utilisais que l'aspect rationnel de ma personnalité, dorénavant j'utiliserai aussi l'aspect émotionnel, plus sensible et plus efficace dans les problèmes entre les personnes. »

Nous devrons attendre les séances de coaching individuel pour dérider Alex. Il aura suivi passivement le séminaire, malgré les tentatives d'encouragement de ses deux collègues, mais il nous surprendra lors du premier entretien individuel de coaching.

En effet, Alex prendra place, relèvera tranquillement les manches de sa chemise, prendra sa respiration profondément, comme s'il allait plonger et déclarera presque solennellement :

« Enfin seuls ! Il faut d'abord que je vous raconte ce qui m'arrive avec une personne de mon service. C'est une jeune femme, elle me mène par le bout du nez depuis trois mois. Comment voulez-vous que je la coache alors que ne parviens même pas à entrer en contact avec elle ? »

4. GESTION DES CONFLITS OU MEILLEURE GESTION DU CONTACT ?

Le conflit s'inscrit dans la structure psychique des individus ; il est souvent à l'ordre du jour dans les séances de coaching.

Avant-propos sur le conflit :

Le conflit commence par un désaccord, personne n'osant clarifier la situation ou s'expliquer avec l'autre. Puis s'accumulent les non-dits, les sources de tensions psychologiques et intentions négatives prêtées à la partie « adverse ». Les clans se forment et le principal intéressé est exclu du circuit de la communication – (la pire attitude étant l'indifférence !)

Il ne s'agit pas de fuir les conflits de manière phobique, mais d'apprendre à les gérer afin de trouver un ajustement efficace à la situation. L'attitude salvatrice qui consiste à se regarder, à s'écouter et à se parler directement et ouvertement nécessite un comportement relationnel approprié ainsi que quelques acquisitions de techniques argumentaires, en vue de garder la maîtrise des échanges et d'aboutir à un accord mutuel.

> **Étymologie du mot « conflit » :** le terme « conflit » provient d'affliger, du latin *flictus* qui signifie battre, d'où *affligere* qui se traduit par abattre, *confligere* qui veut dire heurter, *conflictus*, le choc, et *infligere*, lancer contre.
> Base. Conflit (demi-sav) XIIe siècle : lat. *Tardif conflictus.*
> Base – flig-. 1. Affliger (sav) XIIe siècle, « blesser », « endommager », XVIIe siècle « attrister » : lat. Class. Affligere, affligeant – XVIe siècle – 2. Infliger (sav) XVe siècle, rare jusqu'au XVIIe siècle : lat. Tard. Infligere.

Le conflit se définit aussi comme une opposition d'intérêts entre deux ou plusieurs États, dont la solution peut être recherchée soit par des mesures de violence (représailles, guerre), soit par des négociations, soit par l'intervention d'une tierce puissance (médiation, arbitrage). C'est également au sens figuré, « une opposition vécue par l'individu entre les pulsions et les interdits sociaux »[1].

---

1. Petit Larousse.

4.1. Petit lexique du conflit[1]

- **Agressivité :** instinct propre à chacun de nous, qui conditionne notre survie mais peut nous isoler si nous l'utilisons sans discernement.
- **Compromis :** résultat d'une négociation qui tient compte des souhaits, des besoins et des valeurs de l'autre. Peut contenir des idées auxquelles on n'adhère pas totalement.
- **Déni :** ignorance délibérée d'une tension. Dangereuse si elle porte sur un sujet essentiel. Attitude à rapprocher de l'évitement, qui consiste à fuir une question ou une personne avec qui on entrerait en conflit.
- **Fausse résolution :** acceptation par un interlocuteur d'un compromis qui en vérité, le frustre. Le conflit demeure – larvé – et reprendra tôt ou tard de façon plus aiguë.
- **Frustration :** insatisfaction souvent mêlée de colère ou de tristesse, bloquant la réussite d'une action ou d'une relation. La frustration peut alimenter les dépressions, l'apathie et une agressivité sans raison.
- **Humour :** porte de « sortie » – parmi d'autres – d'un conflit, qui facilite la dédramatisation d'une situation. À manier avec précaution : peut être perçu comme de l'ironie.
- **Malentendu :** incompréhension générant, accompagnant ou aggravant un conflit. Se présente souvent avec d'autres – on parle alors de « cascades » ou de « colliers » de malentendus.
- **Masque :** sujet considéré par les personnes comme « le » problème, mais qui cache le vrai contentieux.

---

1. *Le Figaro* du 28 juin 1999, pages économiques ; Rédigé par l'organisme de formation « Permis de jouer ».

- **Rumeur :** source de différends très dangereuse. Si vous en rencontrez une, ne la relayez pas car elle se retournerait contre vous.

Dans notre vie en entreprise, tous ces mots ne nous sont pas inconnus ! Alors, gestion des conflits ou meilleure gestion du contact ? Si les conflits semblent intrinsèques à la nature humaine, nous pouvons observer qu'ils sont largement présents dans le milieu professionnel. Lequel d'entre nous n'a pas vécu un conflit – ou peut-être s'agissait-il d'un malentendu ou d'une frustration – avec son supérieur hiérarchique, l'un de ses collègues de travail ou l'un de ses collaborateurs ?

La communication autour de « ce qui ne va pas » dans l'entreprise ou le service ressemble étrangement à celle que l'on retrouve autour des tables familiales durant les déjeuners dominicaux qui camouflent agressivité, rumeur, humour, masque, non-dits, etc. Tout le monde a l'air de se parler, il y a parfois des rires et des sourires, pourtant il suffirait de peu pour que la situation prenne une autre tournure pour finir par se dégrader franchement. Les raisons sont simples et répétitives : l'accumulation des ressentiments, un certain manque de courage « pour le lui dire enfin », le territoire du père (ou du patron), et surtout une communication superficielle et insuffisante, laissant peu de place à un véritable dialogue et aux sentiments ainsi qu'à l'ébauche de pistes de solutions qui pourraient enrayer le futur conflit dès le départ.

La situation conflictuelle, une fois déclenchée entre deux individus ou plusieurs ou entre deux parties se révèle riche en imagination et en créativité. Entretenir le désaccord serait-il plus excitant que de trouver une solution ? Comparée à la situation un peu plate du « non-dit » (intensité faible du contact), la situation conflictuelle peut s'avérer plus riche en émotions (intensité forte du contact, plein-contact), en sensations (montée en puissance de l'énergie) et en interactions (même négatives).

L'intérêt du coaching est de permettre au client coaché ou au collaborateur coaché par son propre manager, de trouver un bénéfice au moins aussi important à la résolution du conflit qu'à son maintien actif.

Assistance à la résolution des problèmes et des conflits

Bruno Le Prat[1] distingue trois catégories de conflits dans le milieu professionnel :
- les conflits relatifs aux espaces de travail ; ce sont les plus courants : bureaux ou ateliers mal conçus, manque de place, peu ou pas d'espace personnel.
- les conflits liés aux personnes : absences d'affinités, manque de feeling, différence de génération, jalousies personnelles, machisme.
- les conflits liés au pouvoir : les directeurs se chamaillent en permanence, tel cadre bat froid son ancien collègue devenu chef, etc.

L'auteur de l'article souligne que certaines personnes sont stimulées par un conflit et le cherchent. Complexées, voire malades (en tout cas « mal dans leur peau » : se référer au chapitre des maladies relationnelles de l'entreprise, page 98), elles sont impropres au dialogue donc à toute résolution – et des mesures extrêmes les attendent tôt ou tard.

C'est là un signe intéressant à détecter pour le manager-coach : l'un (ou plusieurs) de ses collaborateurs n'aurait-il d'autre possibilité d'exister dans le service qu'au travers d'un conflit ? Si l'on écarte un trait de personnalité pathologique, il conviendrait de décortiquer la situation (durant une séance de coaching par exemple !) afin de permettre au collaborateur concerné de « démordre » de la situation conflictuelle dans laquelle il s'est enferré ou dans laquelle il semble se complaire. On l'aidera ainsi à trouver d'autres voies dans son activité et son relationnel professionnels, lui donnant accès à davantage de satisfaction, d'intensité, d'intérêt. Une personne engagée dans un processus de conflit peut être une personne qui ne se sent pas reconnue, qui s'ennuie dans l'exercice de sa fonction.

Si le conflit confère du punch, les techniques pour le résoudre peuvent en conférer tout autant sinon plus. Il reste ensuite à maintenir une intensité relationnelle et à élaborer des projets pour l'entreprise et le service suffisamment puissants pour préférer le dialogue et l'action au conflit.

---

1. *Le Figaro* du 28 juin 99, article « Management : zéro conflit », pages économiques, pages 29 à 31.

4.2. En quoi le coaching peut-il aider à résoudre un conflit ?

Le coaching peut concrètement aider à la résolution de ces conflits.

Le coach va permettre au coaché de mettre l'accent sur la notion du contact et ses polarités : manque ou rupture du contact / restauration et plein-contact.

Si la plupart des conflits se résolvent par la politesse ou l'autorité tranchante, il en reste cependant qui se confinent dans le silence, la « fermeture du rideau relationnel ». Si les acteurs de l'entreprise ont besoin d'améliorer leurs compétences relationnelles, c'est d'autant plus vrai dans les malentendus et les problèmes interpersonnels. À ce premier stade de la gestion du conflit il est primordial de ne pas mettre en avant des astuces et recettes programmées afin de permettre au coaché de s'exprimer et de dialoguer largement sur son contact et ses propres blocages et évitements du contact (cf. p. 259).

De nombreux ouvrages énumèrent des listes de techniques et de comportements appropriés ; si ces derniers sont nécessaires par la suite, ils ne doivent pas fournir à la personne la possibilité de se réfugier derrière eux en se disant : « Moi j'ai tout essayé, j'ai fait telle et telle chose et il (sous-entendu celui avec lequel se passe le conflit) ne veut toujours pas s'orienter vers une solution commune ! ».

Le proverbe le dit : « Balayons devant notre porte. » Et pourtant, lorsque rien ne va plus, il ne nous vient pas à l'esprit que nous pourrions aussi avoir notre part d'erreur et de déficience de contact dans la situation décriée.

Beaucoup de professionnels et de dirigeants sont réservés sur le plan humain ; leur développement a été, pour la plupart d'entre eux, cognitif et rationnel. Ils ont parfois du mal à être dans le contact, à y prendre quelques risques. Leur comportement à eux serait plutôt de prendre de la distance... Or dans certains moments de la relation et de la vie managériale il ne s'agit pas de se dérober mais plutôt d'affronter ce moment, ce contact. Cette dérobade porte préjudice à celui qui se dérobe et, à long terme, au système global de l'entreprise.

La gestion du conflit est d'autant plus efficace si la personne a une bonne connaissance d'elle-même, de ses mécanismes de défense, de ses automatismes relationnels, de ses peurs. Il est important de savoir repérer ses zones de vulnérabilité, dans le domaine professionnel mais aussi social et personnel. Le coaching joue là un rôle très important.

Cela suppose un investissement dans la connaissance et la croissance de soi, afin que la pratique repose sur un fondement, une personnalité assise sur une base solide, ainsi qu'un réservoir de connaissances, une sorte de sagesse acquise au fil des expériences.

Le management de la relation humaine est un art et contribue à résoudre bien des malentendus et désaccords plus profonds. C'est un art long à maîtriser mais dont l'idée est suffisamment stimulante pour que l'on essaie de devenir meilleur de jour en jour afin de tendre vers une bonne relation et un management optimal.

Il n'existe pas de relation sans intimité et entreprendre une telle démarche c'est se confronter à ses propres peurs du contact et à ses évitements. Le travail du coach consiste à favoriser ce contact (durant la séance) et d'inciter le coaché à le déployer en dehors des séances (expérimentation et training). L'intimité c'est du contact dans lequel du personnel, du confidentiel, de l'émotionnel sont exprimés. Elle se mesure à la confiance qu'a l'interlocuteur de pouvoir parler de lui, se « laisser voir » sans craindre de conséquences (craintes fréquentes dans le milieu du travail), de représailles ou de coupure de la relation (abandon).

Dans l'entreprise ce contact est assorti de quelques ingrédients nécessaires pour la réussite : trouver le bon moment et le lieu approprié pour rencontrer l'autre (éviter les horaires à proximité des repas ou des fins de journée – endroit neutre de préférence, telle qu'une salle de réunion si elle est disponible, plutôt que le bureau de l'un des deux interlocuteurs).

4.3. Quelques conseils pratiques pour apprendre à se confronter au lieu de s'affronter[1]

> **Première étape :** définir le problème en termes de besoins et non en termes de solutions proposées. Il est essentiel de clarifier les besoins de chacun. On expose son problème sans blâmer ni juger les autres.
>
> **Deuxième étape :** énumérer les solutions possibles (remue-méninges). On entre sur le terrain de la créativité. La bonne solution n'émerge pas forcément immédiatement et les premières solutions ne sont pas toujours acceptables. Elles peuvent déclencher de nouvelles idées.
>
> **Troisième étape :** évaluer les solutions. C'est la phase d'évaluation des différentes solutions en présence. Il s'agit d'en déterminer les points faibles, les avantages.
>
> **Quatrième étape :** choisir une solution acceptable pour tous. Il ne faut pas exercer des pressions en cas d'hésitation. Une fois adoptée, la solution doit être clairement énoncée voire notée afin d'éviter tout malentendu.
>
> **Cinquième étape :** appliquer la solution. Il est important d'établir un plan d'action aussitôt après avoir conclu une entente. On décide qui fait quoi et quand. La non-application de la solution convenue après un certain délai doit être dénoncée ouvertement et fermement.

---

1. D'après *Communication efficace : par des relations sans perdant*, Linda Adams, Éd. Le Jour, 1994.

Assistance à la résolution des problèmes et des conflits

Sixième étape : évaluer les résultats obtenus. La méthode « sans perdant » implique un processus continu et ouvert. Si la solution adoptée ne produit pas les résultats escomptés, des ajustements doivent être possibles.

5. LES VRAIS ET LES FAUX ENNEMIS

Si le conflit n'est parfois qu'un malentendu, il peut être ou se transformer en véritable cauchemar. Le coaching doit aider le client à discerner les vrais des faux ennemis. En vue d'illustrer notre propos nous allons considérer trois exemples.

5.1. « Les faux ennemis »

Un important organisme du secteur tertiaire nous passe commande d'un séminaire sur la gestion des conflits assorti de séances individuelles de coaching pour les participants intéressés par cette démarche (volontariat). Très vite nous décelons la confusion entre « conflits » et déficience du contact au quotidien.
La participante : *« Mon chef ne m'autorise pas à aller déjeuner à la cantine entre 12h et 13h. Je suis contrainte d'y aller une heure plus tard. Ce n'est plus une heure pour déjeuner ! »*
L'animatrice (surprise) : *« Savez-vous pour quelles raisons il ne vous autorise pas à déjeuner à l'heure que vous souhaitez ? »*
La participante : *« Il dit qu'il faut assurer une permanence téléphonique pour nos clients. »*
L'animatrice : *« Cet argument me semble pertinent. Qu'en pensez-vous ? »*

© Éditions d'Organisation

> **La participante :** « Je pense que ce n'est pas mon problème. J'aime déjeuner de bonne heure car je me lève tôt le matin et n'avale qu'un café avant de quitter mon domicile. C'est injuste ! Pourquoi n'impose-t-il pas cet horaire à une autre secrétaire ? »
> **L'animatrice :** « En avez-vous déjà parlé avec lui ? »
> **La participante :** « Non, je ne lui parle presque plus. Cette histoire m'irrite. »
> **L'animatrice :** « Ainsi la situation n'avance pas. Que pourriez-vous envisager pour l'améliorer ? »
> **La participante :** « Parler à mon chef, lui expliquer que nous pourrions peut-être faire un roulement ou utiliser un répondeur car il y a très peu d'appels téléphoniques à cette heure-là. »
> **L'animatrice :** « Vous sentez-vous prête à entreprendre cette démarche ? »
> **La participante :** « Oui, j'irai le voir encore cette semaine. C'est un peu stupide de ma part de le bouder ainsi, alors qu'il ne sait même pas de quoi il s'agit. »

Dans l'exemple cité, il ne s'agit pas d'un conflit mais plutôt d'un problème de communication du côté de la participante voire de management de la part de son supérieur hiérarchique. Dans cette mission il en ira de même durant les séances individuelles de coaching. De nombreuses situations qualifiées de conflictuelles s'avéreront être des malentendus, des non-dits, des refus d'y voir un problème banal du quotidien.

Dans un conflit nous sommes parfois notre seul ennemi, celui ou celle qui refuse de considérer la réalité de façon plus objective et n'admet pas de faire partie du problème.

La manière que nous avons d'être parfois notre propre ennemi ou de nous punir inconsciemment en étant maladroit et en ne parvenant pas à trouver d'issue dans une situation relativement banale, nous ramène tout

Assistance à la résolution des problèmes et des conflits

droit à ce que nous avons vécu autrefois avec nos parents ou nos professeurs. Dans son ouvrage *Comment gérer les personnalités difficiles*, François Lelord, psychiatre, note sur le thème du rapport au chef :

> « Le rapport au chef n'est jamais simple. Il nous place en effet dans une forme de dépendance, qui donne au chef le pouvoir de nous récompenser, nous punir, nous faire mener une vie facile ou, au contraire, difficile. En cela, cette relation nous ramène plus ou moins consciemment à celle que nous avons connue avec nos parents. On peut donc y revivre les mêmes schémas de réaction émotionnelle, plus ou moins douloureux. »

Le rôle du coach est donc de permettre au coaché de débroussailler les vrais ennemis des faux et aussi de dépasser une histoire personnelle, en la recadrant.

5.2. Une séance de coaching (déficience du contact) : Marc et son coach

Depuis quelques temps, Marc a un ennemi, du moins le pense-t-il de plus en plus fréquemment. Il a perdu la motivation à son travail et déclare à sa femme qu'il vit une situation conflictuelle avec son supérieur hiérarchique. Alors, vrai ou faux ennemi ? Ses séances de coaching lui permettent de débroussailler la situation et de déterminer si son chef est véritablement un ennemi ou si le problème a une autre source !

1) Prise de conscience de la situation

Marc : « Je constate que j'ai un sentiment négatif à l'encontre de mon supérieur hiérarchique. Il ne s'agit pas réellement de lui mais de la figure d'autorité qu'il représente. »
Coach : « Cela évoque-t-il quelque chose pour vous ? »

Marc : « Oui, cela me fait penser à mon père. Il a toujours été sévère et dur avec moi ; pas de compliment, pas d'encouragement. »
Coach : « Comment viviez-vous cette sévérité ? »
Marc : « Avec beaucoup de crainte dans mon enfance. Plus tard j'ai tenté de dissimuler mes pensées réelles et aussi mes actes. »
Coach : « En ramenant ce comportement à l'époque actuelle et avec votre chef, qu'en est-il ? »
Marc : « Je réalise que je me conduis de la même manière : je pars du principe qu'il sera insatisfait de moi et qu'il émettra des critiques sur mes dossiers ou lorsque je prends la parole dans une réunion. Du coup je me replie sur moi-même et... j'agis presque en cachette. »

2) Amorcer un changement

Marc : « Je crois bien que je me suis conduit ainsi avec tous mes chefs... Ils ont dû me trouver sournois ! (il rit). »
Coach : « En prenant conscience de votre comportement, avez-vous encore d'autres choses à préciser ? »
Marc : « Oui, j'ai souvent l'impression de susciter le mécontentement de mon supérieur hiérarchique, de ne pas être « à la hauteur ». Cela me rend agressif ou muet selon le cas. Parfois je crois qu'il me regarde de « travers » mais c'est peut-être subjectif et non fondé. »
Coach : « Ainsi vous reproduisez le même scénario ? »
Marc : « Oui... »
Coach : « Pouvons-nous dire que la situation avec votre chef n'est pas véritablement conflictuelle ? Qu'il s'agit plutôt d'une affaire à régler avec vous-même ? »
Marc : « Oui... »
Coach : « Que pourriez-vous entreprendre pour amorcer un (petit) changement positif dans votre problème ? »

Marc : « J'aurais besoin de rencontrer mon chef, de lui parler de mon travail dans le service, de mes projets, de moi peut-être aussi… »
Coach : « Qu'est-ce qu'une telle rencontre pourrait vous faire découvrir ? »
Marc : « Mon chef n'est sans doute pas tellement mécontent de moi, seulement nerveux en ce moment, il a ses propres contraintes professionnelles – ou stressé par mon attitude négative et peu constructive. Il serait probablement intéressé par les différentes étapes de mon projet, même surpris. »
Coach : « Vous souhaiteriez partager ce projet et son plan d'action avec lui ? »
Marc : « Oui. Cela me semble nécessaire. »

3) Expérimentation et travail sur les comportements ciblés

Coach : « Dans ce cas, racontez-moi comment vous comptez démarrer ce dialogue. »
Marc : « Je dirai à mon hiérarchique : "Je vous remercie de m'accorder du temps car j'ai besoin de vous parler. Voilà ce que je ressens…(il exprime ce qui a été dit précédemment). J'aimerais que nous ayons un meilleur contact ensemble et que je puisse dépasser ses impressions parfois négatives." »
Coach : « Oui. Comment pourrait-il réagir selon vous ? »
Marc : « Il serait surpris. Probablement ne s'attendrait-il pas du tout à ce genre de discours. D'habitude je me plains tout de suite ou je l'ignore. »
Coach : « Auriez-vous des propositions concrètes à lui soumettre ? »
Marc : (il réfléchit) « Il me semblerait nécessaire de faire un point hebdomadairement sur les différents éléments liés au fonctionnement du service. Si nous ne fixons pas un moment précis dans la semaine, nous n'y parviendrons pas. »

4) Fin de la séance / Engagement

Coach : « *Nous venons d'expérimenter comment vous pouvez dépasser ce blocage relationnel avec votre supérieur hiérarchique. Cela correspond-il à ce que vous souhaitiez ?* »
Marc : « *Oui, j'ai compris que le blocage provenait en partie de moi et que ce que je considérais comme un conflit n'était qu'un manque de contact... et aussi de courage pour exprimer réellement de quoi il retournait.* »
Coach : « *Qu'allez- vous entreprendre ?* »
Marc : « *Je demanderai un rendez-vous dès demain ! J'ai bien sûr encore quelques craintes d'exprimer tout cela, mais j'ai vraiment envie et besoin d'y arriver.* »

5.3. Les vrais ennemis ! Tyrannie et harcèlement moral : Catherine et Monsieur P.

Ne nous leurrons cependant pas : les vrais conflits et les véritables ennemis existent dans le monde professionnel.

> *Cadre de 34 ans dans une industrie métallurgique Catherine est une belle jeune femme blonde, à l'allure sportive (elle fait du karaté !), très énergique. Elle entreprend un coaching personnel (en dehors du cadre de l'entreprise et pris en charge financièrement par elle-même).*
> *L'objectif de cette démarche de coaching apparaît immédiatement : elle a un patron tyrannique. Dans ce cas précis le terme de conflit pourrait presque paraître trop faible, il faudrait parler de « guerre », d'abus de pouvoir, de manipulation perverse.*
> *L'histoire que vit Catherine est tellement « incroyable » et la description de son chef (nous allons le nommer Monsieur P.) est tellement ... monstrueuse, que Catherine craint de ne pas être entendue voire crue de son coach.*

Assistance à la résolution des problèmes et des conflits

> « *Vous allez pensez que je suis folle. Ça n'est pas le cas. Enfin pas encore. Ça pourrait le devenir si je n'entreprends rien.* »
>
> *Monsieur P. se comporte comme un tyran. Il ne tient aucunement compte des idées de ses collaborateurs, les dévalorise et les humilie. Son agressivité est telle que Catherine a l'impression de vivre un cauchemar. Elle n'est d'ailleurs pas la seule. Les autres personnes qui constituent le service « somatisent » : l'une d'entre elles suit un traitement antidépresseur, l'autre se plaint d'ulcère à l'estomac.*
>
> *Catherine ne veut pas en arriver là. Et pourtant elle se sent piégée comme un rat, selon sa propre expression.*

Roland Brunner, psychanalyste et vice président de l'Institut de psychanalyse et management, décrit deux sortes de tyrannies[1] :

- **l'abus de pouvoir :** c'est le supérieur qui se prévaut de sa position hiérarchique d'une manière démesurée. Il harcèle ses subordonnés de crainte de perdre son pouvoir ;
- **la manipulation perverse :** elle est le lot de structures psychiques particulières, qui cherchent à écraser les autres pour mieux se rehausser.

> « Le pervers n'a pas de sens éthique ou moral. Il jouit de l'angoisse infligée à son collaborateur qui est placé dès lors en position d'objet et non plus de sujet. C'est un grand séducteur, qui se sert de son pouvoir pour dévaloriser et tenter de démolir un individu choisi comme bouc émissaire. Tout est fondé sur le non-dit, ce qui paralyse la victime et l'empêche de se défendre. »
>
> Roland Brunner.

---

1. Article du *Figaro*, Roland Brunner « Travailler avec un chef tyrannique », pages économiques du 29 novembre, 1999, page 78.

5.4. Quel rôle le coaching peut-il tenir dans la situation évoquée par Catherine ?

- **L'écoute, la compréhension, l'empathie :** Catherine a besoin d'une oreille attentive car elle a beaucoup souffert des non-dits. Elle a beaucoup de choses à dire, à exprimer, à hurler parfois. Cela ne va pas régler le problème mais permet à Catherine *d'exprimer au lieu d'imprimer*. Ses maux de tête sont moins violents et les crispations dans son ventre (« j'ai l'impression que quelque chose me ronge à l'intérieur ») diminuent. Parler du conflit c'est déjà mettre une distance entre les interlocuteurs, c'est déjà apporter une touche d'humanité.

- **La posture du « miroir intelligent » du coach :** qui renvoie à sa cliente ce qu'il a effectivement entendu dans ses propos, dans le ton de sa voix, ce qu'il a vu, dans ses attitudes, ses gestes, ses mimiques, ce qu'il a ressenti : de la colère, de la haine, une envie de détruire aussi.

- **Réfléchir et ressentir de manière différente :** Catherine découvre sa manière de « fonctionner », de se protéger, de lutter. Elle détecte sa logique d'intelligence et d'adaptation ainsi que sa logique relationnelle et émotionnelle – ce qui lui permettra de s'orienter vers un changement et une issue à la situation. Elle décide de cesser d'attaquer directement Monsieur P. en ne lui disant plus : « Vous êtes injuste ! » et envisage plutôt un dialogue en tête-à-tête, programmé et cadré. Elle s'entraîne à garder son calme afin de pouvoir exprimer ses émotions et de ne pas se laisser déborder si son interlocuteur se mettait à élever le ton d'entrée de jeu.

- **Le carnet à spirale :** c'est l'acquisition que fait Catherine dès la deuxième séance de coaching. Elle y note les actes, contradictions et explosions langagières du « boss » en y apposant la date, le lieu et les circonstances précises des faits. Cette technique lui évite d'intérioriser tout son ressenti (elle le note également). Plus tard elle peut en parler sereinement avec son coach et avoir une meilleure analyse du problème. L'idée de devenir folle ou dépressive la quitte définitivement... « Ce cahier me fait beaucoup de bien, dit-elle. Il est mon confident, mon secrétaire, mon allié, le prolongement du coach lorsque celui-ci n'est pas avec moi. À présent j'observe Monsieur P. d'une autre manière. C'est un peu comme si j'étudiais une espèce rare dans un laboratoire d'anthropologie, une espèce un peu bizarre, doté d'un comportement étrange… et donc intéressant. Oui, le comportement de Monsieur P. finit par m'intéresser ! (elle en rit). J'ai cessé d'être la victime, ou l'objet avec lequel on s'amuse pour devenir sujet, actrice. J'ai un rôle dans la partie à présent. Je ne me sens plus persécutée ou harcelée. Je respire à nouveau ! (elle prend une profonde inspiration). »

- **En vue d'une résolution du problème :** ici le coach de Catherine n'a pas le pouvoir de destituer Monsieur P. de son poste de « responsable » (!). Il peut cependant l'aider à trouver ses propres pistes. Catherine hésite entre deux alternatives : demander sa mutation (dommage, car son travail lui plaît) ou alerter la direction générale sur le climat redoutable et l'état catastrophique des troupes dans ce secteur. Dans la réalité elle n'aura à effectuer aucune de ces démarches car Monsieur P. quittera ses fonctions quelques mois plus tard, pour des raisons inconnues à ce jour. Certaines directions générales n'hésiteraient-elles pas à intervenir ou à sanctionner des comportements abusifs et pervers ?

Catherine a progressé grâce à son coaching : elle a compris dès le départ que « se rendre malade » et « s'écraser » ne faisait en rien évoluer les choses. Elle a fini par accepter le conflit en amorçant un changement d'attitude et en s'ajustant autrement à l'environnement. En affrontant le conflit elle a modifié son processus émotionnel (accepter sa colère et s'entraîner à l'exprimer calmement) et a moins de raisons d'avoir peur de ce conflit ou de l'éviter au détriment d'elle-même. « J'ai parfois donné l'occasion à mon chef d'exercer sa perversité sur moi. Il était le bourreau et moi la victime ou la "chose", ce qui est encore pire. C'est une bonne leçon à dégager pour moi car je ne reproduirai plus ce comportement. Dorénavant je gèrerai le conflit, d'abord en l'admettant, en le regardant bien en face pour pouvoir y mettre des mots par la suite.

Puis je chercherai à ce qu'une solution commune en ressorte – à condition de ne pas me trouver avec un interlocuteur doté d'une personnalité trop... pathologique ! ».

6. TOUT SE NÉGOCIE, ENCORE FAUT-IL LE DEMANDER

Le coaching ne vise pas systématiquement à éviter le conflit, comme nous venons de le démontrer. Le conflit peut faire progresser celui ou celle qui l'exprime et le gère correctement. Parfois on a même intérêt à éviter une « pacification prématurée » ; l'amplification d'un problème par un conflit permet de mieux voir et de comprendre la situation et le malaise réels. Aider le coaché à développer ses potentialités diverses, c'est aussi lui apprendre à entrer dans un conflit plutôt que de le contourner d'une manière phobique ou de s'enferrer dans les non-dits ou autres pièges tendus par la partie « opposée ».

« Chez nous, aucun problème, disent certains couples. Nous nous entendons très bien, d'ailleurs nous n'élevons jamais la voix. » Cela signifie que le système est tellement rigide qu'il n'y a plus de contact du tout. Et il en va de même dans l'entreprise.

Diabolisé à l'extrême, le conflit n'en fait pas moins partie de la vie de tous les jours. Accepter le conflit signifie s'accepter tel que l'on est, avec ses qualités et ses défauts, mais c'est aussi admettre l'autre tel qu'il est plutôt que tel que l'on voudrait qu'il soit.

Apprendre à parler du conflit par l'intermédiaire du coaching c'est prendre le recul nécessaire pour diminuer l'investissement émotionnel excessif et infructueux à la longue ainsi que le risque d'escalade des tensions. Le conflit est une tension entre deux pôles au moins. Elle sera réduite par la qualité de synthèse que nous en dégageons. C'est un processus à la fois rationnel et émotionnel. Gérer le conflit, c'est aussi comprendre qu'il y a des droits et des devoirs pour tout le monde dans l'entreprise. Ces droits et devoirs se négocient. Certains ont même recours à un médiateur.

À ce propos, il est intéressant de noter qu'il existe un « Master en médiation » à l'Institut universitaire Kurt Bösch (IKB). Ce troisième cycle européen de formation en médiation à été créé compte tenu de l'augmentation considérable en Europe du nombre de conflits individuels ou collectifs, dans tous les domaines. La formation repose sur l'arrière-plan théorique de la médiation : elle comporte entre autres une réflexion sur la théorie des conflits, sur les formes de la négociation et sur les approches de la gestion des conflits. Cette formation propose également une réflexion sur les règles éthiques, philosophiques et déontologiques qui sous-tendent ses pratiques.

D'autres thèmes conflictuels sont fréquemment abordés dans le coaching tels que :
- apprendre à dire non,
- comment exiger et où placer son niveau d'exigence,
- la négociation et ses différentes phases,
- le court-circuitage du patron,
- la jalousie du collègue de travail,
- comment réprimander un collaborateur,
- etc.

7. COMMENT GÉRER LES PERSONNALITÉS DIFFICILES ?

Le coach est presque toujours concerné, car c'est lui qui est chargé en première intention de remettre sur le droit chemin (et de préférence en quelques heures de coaching !) des personnes perturbées et perturbatrices depuis des années ! Il doit d'abord essayer de les comprendre pour mieux faire face à leurs agressions.

Il ne s'agit pas de réactions agressives passagères, épisodiques ou réactionnelles mais de comportements durables qui s'identifient avec le caractère de la personne en fonction aussi de son type de personnalité (voir page 98).

Le processus est auto-entretenu sur un mode circulaire : l'agressivité verbale ou non verbale (comportement caractériel), va provoquer des réactions d'autodéfense dans l'entourage, des craintes motivées mais aussi immotivées, des réactions de persécution, des retours agressifs qui vont alimenter le comportement caractériel et le justifier : « vous voyez bien qu'on me veut du mal ou qu'on me maltraite, il faut bien que je me défende ».

Recevoir l'agression en entretien, au téléphone, en public, en réunion demande du temps, de l'écoute, de la patience... et de la stratégie, donc de garder la tête froide et de rester bien concentré. Il faut du temps pour laisser l'agressivité s'exprimer, avec des limites bien sûr, pour la « drainer » et la laisser s'épuiser.

Répondre à l'agression par l'agression va à coup sûr déclencher les hostilités et justifier l'agressivité initiale. On peut essayer de comprendre cette agressivité qui répond souvent à une angoisse ou à une motivation inconsciente de l'agresseur.

Souvent l'agressivité avance masquée : ping-pong verbal, mauvaise foi ; culpabilisation ; menaces implicites ; chantage ; guerre froide.

L'agressivité franche se manifeste par la violence verbale, la colère, qui nécessitent d'ajuster finement sa conduite :
– en n'alimentant pas les violences ;
– en gérant les côtés difficiles de sa propre personnalité : ce qu'on ne supporte pas chez l'autre c'est le côté obscur, l'ombre de sa propre personnalité.

Assistance à la résolution des problèmes et des conflits

Ces côtés difficiles sont exploitables (voir les fiches sur les troubles de la personnalité, page 102). Il ne faut pas redouter de se dévoiler, de laisser émerger ses inquiétudes, ses besoins ; de transformer ses émotions en informations ; de dépasser ses peurs ou de les traverser.

Outre les problèmes d'agressivité, il faut aussi apprendre à composer avec les personnalités fragiles, névrotiques ou insulaires…
- Les inquiets et insécurisés.
- Les soumis les dépendants, les assistés, les personnalités enfantines et immatures.
- Les timides, évitants, dépressifs, dévalorisés, abandonniques, autodestructeurs.
- Les opposants, râleurs, les négatifs.
- Les insulaires, inadaptés, bizarres, décalés.

… à gérer les égocentriques…
- Les hyperactifs et dominateurs.
- Les surproductifs et étouffants.
- Les rigides, perfectionnistes, culpabilisateurs.
- Les manipulateurs, provocateurs, malhonnêtes.
- Les narcissiques, séducteurs, exhibitionnistes.

… à préserver son équilibre personnel dans cette cohabitation :
- Négocier le respect de soi.
- Aménager des espaces de sérénité et des temps de sérénité.
- Canaliser le temps consacré aux mangeurs d'énergie.
- Reconstruire son équilibre ébranlé à l'aide éventuellement des techniques de relaxation, de yoga, de méditation simple ou dirigée.
- Les antidotes éprouvés sont l'humour, les discussions franches, le sourire, la mise en chantier de nouveaux projets qui renouent contact et cohésion, et en dernier recours le déménagement qui permet de revoir les organigrammes obsolètes et de muter ou neutraliser les plus toxiques.

Au final il peut être utile d'être agressif à bon escient, de savoir exprimer sa colère, de savoir déclencher un conflit (« la guerre est la poursuite de la politique par d'autres moyens ») et de savoir le terminer.

Sur le thème du conflit il nous a paru intéressant d'aborder deux points de vue scientifiques à ce propos, celui de la *polémologie* « science de la guerre » et celui de la psychanalyse freudienne.

8. LA POLÉMOLOGIE ET L'ENTREPRISE : LA SCIENCE DU CONFLIT

La polémologie est une recherche qui se veut scientifique sur les symptômes, les causes et les effets des guerres. En quoi la polémologie fait-elle avancer dans la compréhension des conflits ? La guerre est la forme extrême du conflit, elle amplifie et dramatise le conflit et donc rend visible ses mécanismes. Il s'agit donc ici, non pas d'une incursion culturelle mais d'un domaine directement utile au coach et à la pratique du coaching.

Les relations de l'entreprise avec son environnement font souvent l'objet de métaphores guerrières, ne serait-ce que de parler de guerre économique, de conquêtes de marchés, de victoires ou de défaites.

Le terme de polémologie a été choisi par G. Bouthoul afin de bien marquer l'orientation qu'il entendait donner à la nouvelle discipline. Le vocable *bellum* s'applique étroitement à la guerre, d'où l'adjectif « belligène » ; celui de *polemos* s'applique à toutes les formes de conflits, même embryonnaires, comme en témoigne le mot « polémique » et ses dérivés.

La polémologie dispose d'une grande variété d'outils (recensements et dénombrements systématiques, recours à l'informatique, utilisation d'indicateurs) prenant en compte l'évolution des facteurs belligènes. Mais, surtout, il fait appel à l'économie, à la démographie et à la psychologie collective.

L'approche économique permet de poser quelques questions essentielles. Quelles sont les conditions économiques favorables à l'éclosion des guerres, et comment peut-on les rapprocher avec les conflits dans l'entreprise et entre les entreprises ?

L'approche démographique permet de mesurer quel rôle joue la pression démographique dans le déclenchement des guerres. Pour G. Bouthoul, la « relaxation démographique » produite par les guerres étaye la thèse selon laquelle celles-ci constitueraient une nécessité fonctionnelle. « La guerre serait ainsi une fonction sociale récurrente » écrit-il dans son Traité, « caractérisée par l'accumulation dans une société d'un capital humain dont une partie, à un moment, est brutalement éjectée. Il semble que l'objet primordial de cette élimination soit constitué par "les jeunes hommes." » Ensuite survient l'arrêt, pour un temps plus ou moins long, et jusqu'à la réapparition d'une « structure belliqueuse », et de la « pulsion belliqueuse ».

L'entreprise connaît aussi de façon analogue ses périodes de restructuration avec licenciements massifs, périodes où le DRH et le coach sont largement sollicités.

Enfin, le polémologue considère comme fondamental de mettre au jour les mécanismes de la psychologie collective, ce qu'il appelle les « complexes belligènes ». D'abord celui d'Abraham : les pères, en accomplissant un « infanticide différé », assouviraient un désir inconscient de voir les fils sacrifiés à une cause flatteuse. Ensuite, celui du « bouc émissaire » : à la suite de difficultés internes, les frustrations, les craintes, les rancœurs sont projetées sur un ennemi extérieur qui n'est pas toujours désigné comme directement responsable, mais auquel sont attribuées des intentions hostiles. En troisième lieu est analysé le « complexe de Damoclès », considéré comme le plus important par ses implications politiques : le sentiment de l'insécurité, parce qu'il est à l'origine de réactions disproportionnées de peur, d'agressivité et de violence, peut déclencher à tout moment des phénomènes incontrôlés de panique et de « fuite en avant » ; en même temps, la prise de conscience, dans une société composite, d'une telle insécurité raffermit la cohésion interne, toujours précaire, des États. Tout cela est facilement transposable au monde de l'entreprise.

J. Freund définit le conflit comme « un affrontement intentionnel entre deux êtres ou deux groupes d'êtres de la même espèce, animés d'une volonté agressive comportant une intention hostile à cause d'un droit et qui peuvent, le cas échéant, pour maintenir ou retrouver ce droit, essayer de briser la résistance par un recours à la violence ». Dans ce cas, une relation sociale non violente peut être conflictuelle, de même qu'une violence purement hétérophobe et irraisonnée est susceptible de se déclencher sans aucune des motivations justificatrices qui caractérisent le conflit ; quant au concept de paix, il s'applique aussi bien à un optimum abstrait qu'à l'état de non-guerre pendant lequel se déroule le processus qui va générer le conflit armé (guerre froide).

Il en sera tenu compte pour maîtriser une conjoncture concrète, en fonction d'un ensemble de données politiques, économiques, psychologiques ; mais dans les moments décisifs où, comme l'a souligné Raymond Aron à propos de la crise de Cuba, « les analystes deviennent acteurs parce que les acteurs pensent en analystes et que les uns et les autres influent sur les conséquences de la crise par l'interprétation qu'ils en donnent ».

Il s'agit là d'un mécanisme **réflexif**, élément supplémentaire d'indétermination où la pensée concernant une situation influe sur la situation, voire la crée[1].

À propos de stratégie militaire, Napoléon estimait que, si la tactique et les évolutions pouvaient s'apprendre dans des traités comme la géométrie, il n'en était pas de même pour la connaissance des « hautes parties de la guerre » (la partie « divine ») : « Il n'y a point de règles précises,

---

1. G. Soros, Le défi de l'argent, Plon, 1996.

déterminées ; tout dépend du caractère que la nature a donné au général, de ses qualités, de ses défauts, de la nature des troupes, de la portée des armes, de la saison et de mille circonstances qui font que les choses ne se ressemblent jamais. » La guerre renvoie pour lui à l'imprévisible par sa complexité.

Un des plus anciens théoriciens militaires dont l'histoire ait conservé le souvenir, Sunzi (VIe siècle. avant. J.-C.), avait déjà évoqué ces difficultés[1]. D'un enseignement oral qui est à l'origine de tout l'art militaire chinois jusqu'à Mao se dégagent les principes suivants encore d'actualité : imposer sa volonté à l'adversaire, l'obliger à se disperser ; agir du fort au faible, et en secret, mais être renseigné en permanence sur l'adversaire ; feindre, car tout acte de guerre est fondé sur la surprise (Mao écrira deux mille ans plus tard : « Tout l'art de la guerre est fondé sur l'art de duper») ; fondre comme l'éclair quand l'adversaire se découvre, car la rapidité de décision et d'exécution est essentielle.

Par contre, Foch s'est attaché à réduire la stratégie militaire à trois principes fondamentaux, qui, par leur abstraction même, peuvent s'appliquer à toutes les stratégies y compris celles des entreprises : économie des forces, liberté d'action, sûreté. L'économie des forces, « c'est l'art de peser successivement sur les résistances que l'on rencontre, du poids de toutes ses forces et pour cela monter ses forces en système », c'est la répartition optimale des moyens en vue de la bataille pour vaincre. Conserver sa liberté d'action, c'est se soustraire à la volonté de l'ennemi, parer à ses entreprises tout en préparant et menant l'action décisive. En bref, « il faut, comme à l'escrime, attaquer sans se découvrir ou parer, sans cesser de menacer l'adversaire ».

---

1. *L'Art de la guerre*, Flammarion, Paris, 1972.

9. LE CONFLIT ET LE COACHING DANS L'AMBIANCE PSYCHANALYTIQUE

La psychanalyse à la différence de la polémologie s'intéresse au conflit à travers des notions psychologiques de base : amour, haine, indifférence, attachement, contact.

Selon Freud, le conflit psychique est une notion qui semble aller de soi. Ainsi il ne saurait y avoir de compréhension des symptômes névrotiques sans la subdivision de la psyché en lieux séparés, dotés de régimes libidinaux opposés. Le conflit est axé sur le problème du plaisir et du déplaisir. Dans la deuxième partie de l'œuvre, la psychopathologie sera caractérisée par le conflit entre les différentes instances psychiques :
– conflit moi/ ça dans les névroses,
– moi/ surmoi dans la mélancolie,
– moi/ réalité dans les psychoses.

Le texte « Pulsions et destins de pulsions», de Freud décrit aussi trois séries d'oppositions dans lesquelles se situe l'amour :
– amour de soi/amour de l'autre,
– amour/haine
– amour-haine/indifférence.

Dans les deux premiers cas, il y a un rapport à l'objet d'amour ou de haine, soit positif soit négatif, tandis que dans la troisième opposition, l'indifférence ouvre sur la disparition de l'objet.

9.1. Haine et indifférence

L'indifférence, en effet, est bien plus radicale que la haine. Celle-ci représente une façon de maintenir un lien, parfois même plus durable que l'amour (la haine dans l'attachement), alors que l'indifférence oppose un déni à l'existence de l'objet. L'affront le plus pénible à notre narcissisme vient de quelqu'un aux yeux de qui nous ne semblons même pas avoir d'existence.

Dans l'opposition amour-haine/indifférence, il n'y a pas conflit, mais fuite, évitement. Cette sorte de « non-conflit » se retrouve le plus nettement dans la clinique des psychoses et des *borderline*. L'autisme en serait la forme achevée. On peut dire que c'est tout l'enjeu des défenses narcissiques que de tenter d'éviter les conflits intra-psychiques.

Faut-il pour autant faire l'éloge du conflit ? La notion de « conflictualité » préserve l'idée que maintenir en conflit, c'est aussi maintenir le contact. Ainsi le conflit est reconnu comme inhérent à la structuration psychique, sans toutefois représenter obligatoirement un état pathologique. La conflictualité se démarque du conflit pathogène en ce qu'elle n'en aurait pas la rigidité.

9.2. Le conflit et la fin du coaching

À l'issue du travail de l'analyse, le conflit lui-même n'est donc pas résolu mais transformé. Idéalement, il est débarrassé de ses aspects rigides, répétitifs, improductifs. Avec la conflictualité nous faisons l'économie d'une vision idéalisée de la psyché émergeant de l'analyse exempte de conflits[1]. Cela est transposable dans le processus d'un coaching de longue durée que nous nommons « de croissance » (voir p. 180). La fin du coaching n'est pas la fin des conflits.

Dans le monde professionnel toujours dans l'urgence et les turbulences, le coaching permet de favoriser et de mettre en place le changement comportemental et relationnel. S'il est nécessaire pour l'individu, il permet aussi à l'entreprise de grandir, d'être plus harmonieuse, de s'élever vers une maturité salutaire.

---

1. D. Scarfone.

Alors, le coaching comment ? C'est ce que nous vous invitons à découvrir dans la prochaine partie, tournée vers l'organisation, la durée, la mise en place et les modalités diverses du coaching.

TROISIÈME PARTIE

Le coaching comment ? Développement, modalités et exemples pratiques

---

Cette troisième partie est consacrée au cadrage du coaching, à ses modalités pratiques, sa durée, ses aspects contractuels et organisationnels. Nous y avons décrit le déroulement-type d'une séance de coaching, avec ses différentes phases. Pour commencer, voici un test que nous vous proposons de remplir et qui vous permettra de vérifier si vous-même faites partie des coachables… ou des incoachables !

Chapitre 1

Les « incoachables » ou les bonnes et mauvaises excuses pour ne pas bouger

Le coaching n'est pas adapté à tous et à toutes les situations de l'entreprise. Il est parfois même dérangeant dans les structures très hiérarchisées qui demandent des exécutants passifs et soumis. Au contraire, il est adapté dans les structures qui valorisent l'autonomie, la créativité, la délégation : ce sont celles de la « nouvelle économie ».

Si certaines structures ne sont pas appropriées pour le coaching, il en va de même pour certaines personnes. À vous de vérifier si vous faites partie des « coachables » ou plutôt des « incoachables » !

TEST : « ÊTES-VOUS COACHABLE ? »

Voilà trente questions : mettez une croix dans l'une des trois colonnes (d'accord, cela arrive, pas d'accord) pour chacune de vos réponses.

———————— Le coaching ————————

Questions	D'accord	Cela arrive	Pas d'accord
1 – On n'est jamais mieux servi que par soi-même			
2 – Je suis un(e) self-made man (woman) et je n'ai besoin de personne			
3 – J'ai certains points faibles			
4 – Ce qu'il me faut, c'est un expert (avocat, comptable, publicitaire, etc.) et non un coach			
5 – Il est impossible de se fier à quelqu'un			
6 – Je me sens capable d'accepter les critiques			
7 – Seuls les paranos survivent			
8 – Je suis le chef, mais je n'ai pas toujours raison			
9 – C'est trop tard, j'aurais dû entreprendre un coaching plus tôt			
10 – C'est trop tôt, j'entreprendrai un coaching plus tard…			

…/…

Les « incoachables »

…/…

11 – Je voudrais analyser mes problèmes en profondeur			
12 – Si je m'engage dans ce coaching, les autres penseront que j'ai des problèmes			
13 – C'est plutôt mon patron qui devrait faire du coaching !			
14 – Je souhaiterais prendre du recul pour mieux évaluer mon travail			
15 – Mon meilleur coach, c'est ma femme (mon mari)			
16 – Le coaching coûte trop cher			
17 – La culture de mon entreprise est favorable à cette démarche			
18 – Avant tout, je suis rationnel(le)			
19 – J'ai peur de devenir dépendant(e) de mon coach			
20 – Je n'ai pas le temps			
21 – Il serait intéressant qu'une personne extérieure me voie en action			

…/…

© Éditions d'Organisation

Le coaching

.../...

22 – Et si la confidentialité n'était pas respectée ?			
23 – Je voudrais apprendre à coacher les personnes de mon équipe			
24 – Le coaching, c'est une mode, ça va passer			
25 – Je ne vois pas ce que le coaching peut apporter			
26 – Le coaching m'aiderait à mieux surmonter certaines difficultés actuelles de mon entreprise			
27 – Je me sens seul parfois			
28 – Le coaching va soulever des interrogations dont je me passerais bien			
29 – Le coaching c'est pour les faibles et les nuls			
30 – Le coaching c'est comme une psychanalyse payée par le patron			

Pour connaître votre profil « coachable » ou « non-coachable », entourez chacune de vos réponses sur la grille de réponses qui suit, puis faites le total des points (d'abord de chaque colonne puis de la somme des colonnes). Reportez-vous ensuite aux commentaires que vous trouverez plus loin.

Grille de réponses

Numéro de la question	D'accord	Cela arrive	Pas d'accord
1	1	3	5
2	1	3	5
3	5	3	1
4	1	3	5
5	1	3	5
6	5	3	1
7	1	3	5
8	5	3	1
9	1	3	5
10	1	3	5
11	5	3	1
12	1	3	5
13	1	3	5
14	5	3	1
15	1	3	5
16	1	3	5
17	1	3	5
18	1	3	5
19	1	3	5
20	1	3	5

…/…

.../...			
21	5	3	1
22	1	3	5
23	5	3	1
24	1	3	5
25	1	3	5
26	5	3	1
27	5	3	1
28	1	3	5
29	1	3	5
30	1	3	5
Total de chaque colonne			
Total général			

Commentaires

Vous avez obtenu entre 30 et 70 points
Le coaching n'est pas fait pour vous ! Vous n'êtes pas coachable.

Vous n'êtes pas coachable ! Pour vous ce n'est ni le bon moment ni la bonne solution de vous lancer dans une démarche de coaching. Le feriez-vous que cela se déroulerait à contre-cœur et vous risqueriez d'aller à l'échec. Vous sentez avoir suffisamment de ressources personnelles et professionnelles et bénéficiez d'écoute attentive autour de vous. Vous êtes capable, dans la période actuelle de votre existence, de vous passer d'un accompagnement individuel.

Les « incoachables »

Vous avez obtenu entre 71 et 110 points
Le coaching, pourquoi pas ? Vous êtes peut-être coachable.

Le coaching vous tente, même si vous n'en êtes pas encore totalement convaincu. Il vous arrive d'avoir besoin de faire le point sur tel ou tel problème professionnel important, mais vous ne le faites pas ou trop vite, faute de temps ou peut-être d'interlocuteur adéquat. Vous vous documentez sur le coaching, vous vous intéressez à sa valeur ajoutée. Vous aimeriez rencontrer des coachs et discuter avec eux…

Vous avez obtenu entre 111 et 150 points
Le coaching les yeux fermés ! Vous êtes parfaitement coachable.

Le coaching est fait pour vous : vous vous sentez prêt(e) à prendre du recul sur votre travail, à bénéficier des apports interactifs d'un coach et à élargir vos potentialités. Il vous arrive de vous dire que vous pourriez faire encore mieux, encore plus, mais un tel projet ne s'envisage pas tout(e) seul(e). Vous êtes décidé(e) à expérimenter le coaching, voire à vous former pour devenir coach à votre tour.

Chapitre 2

Durée du coaching et objectifs : les trois types de coaching

Un coaching a une certaine durée, demandée ou proposée au départ, dans laquelle s'inscrit le rythme de travail entre le coach et le coaché et se met en place un résultat, plus ou moins déterminant et conséquent selon les objectifs et critères qui y sont attachés.

La durée d'un coaching est toujours à l'ordre du jour à l'amont d'un contrat. L'intérêt pour cette question peut être de nature financière s'il s'agit d'un **coaching d'entreprise** dans lequel la budgétisation réglementera le rythme et le temps de l'accompagnement.

Si les budgets alloués à la formation font partie intégrante du département des ressources humaines des entreprises, il n'en est pas de même pour ceux destinés à l'accompagnement individuel des cadres et managers. En France, le coaching est encore considéré comme un luxe et fréquemment utilisé trop tard, en dernier recours, contrairement à d'autres pays où cette démarche s'inscrit dans un contexte préventif.

Coaching d'entreprise	Coaching privé
Il est pris en charge par l'entreprise. Son objectif est l'amélioration du bon fonctionnement relationnel et managérial de l'équipe et de l'entreprise.	*Il est pris en charge par la personne elle-même, à titre privé. S'il est orienté vers les problèmes relatifs à la vie professionnelle, il s'attache essentiellement à la problématique individuelle du coaché.*

Il peut également y avoir un souci de résolution rapide d'un problème :
– « Nous devrions régler cela au plus vite. »
– « Pensez-vous pouvoir nous aider rapidement et comment ? »
– « C'est urgent, je n'ai plus le temps d'attendre ! »

S'il est exact que certaines difficultés peuvent trouver un dénouement rapide, le coach aidant surtout son coaché, dans ce cas précis, à s'extirper de la situation « nez dans le guidon », cet aspect de l'urgence est aussi un fait de société. Tout le monde est pressé maintenant, pour travailler, pour manger, pour se déplacer, donc de manière quasi permanente ! Pourquoi ne pas être pressé pour obtenir un changement sur soi !

La demande relative à la durée du coaching est liée aussi au souci de cadrage clair et précis pour le futur coaché surtout si la démarche de coaching est nouvelle pour lui. Une proposition pour une intervention de coaching lui est remise, définissant un accord tripartite (s'il s'agit d'un coaching d'entreprise) entre l'entreprise qui paie et définit ses objectifs institutionnels, le coaché et le coach. Sont notifiés également les besoins et demandes de chacun, la fréquence et la durée des séances, le lieu de l'intervention et le tarif. Dans le cas d'un coaching privé, l'accord se fera également, mais uniquement entre coach et coaché.

Durée du coaching et objectifs

« Combien de temps va durer mon coaching ? » Cette interrogation étant toujours présente dès les prémisses et dans les négociations du contrat (le précontact étant à soigner tout particulièrement, car sans précontact il n'y a pas d'alliance possible), nous allons développer plus largement les questions posées par la durée du coaching et analyser les facteurs qui influencent cette durée.

1. UNE QUESTION D'OBJECTIF ET DE CONFIANCE

La durée du coaching est variable d'une intervention à une autre et dépend de plusieurs facteurs. Les séances individuelles d'une à deux heures s'espacent d'environ deux à trois semaines chacune. Un coaching d'une durée de cinq mois, par exemple, regroupe en réalité huit à dix séances.

Il est évident qu'un coaching très court, sur trois ou quatre séances, n'aura pas les mêmes ambitions sur le changement relationnel ou organisationnel qu'un coaching long. Ce type de coaching a pourtant une raison d'être, notamment lors d'une demande très ciblée sur la résolution d'une difficulté, à condition toutefois que coach et le coaché en aient bien conscience et que ni l'un ni l'autre ne « s'aventure » dans des investigations dépassant la possibilité du cadre temporel imparti.

De même un coaching de plus longue durée se justifie lorsque la demande exprimée dépasse la résolution d'un problème ponctuel et nécessite une approche approfondie et multidimensionnelle dans le contexte professionnel du client.

L'amélioration d'une compétence précise (savoir s'exprimer devant son personnel, gérer un conflit avec un collègue, préparer un entretien difficile) rentre dans le cadre d'un coaching ponctuel alors que la gestion d'un changement important dans l'entreprise (fusion, restructuration, internationalisation) s'inscrit dans un coaching plus long.

Cette différence fondamentale de l'objectif entraîne également une différence de méthodes, d'outils et d'approche relationnelle entre coach et coaché.

Si la durée du coaching est fonction de son objectif, elle l'est aussi par rapport à la découverte progressive de sa valeur ajoutée pour la personne et l'entreprise : amélioration du climat et de la motivation, diminution de l'absentéisme, productivité accrue, créativité, etc.

Au démarrage d'un contrat de coaching il n'est pas rare qu'il s'agisse d'un coaching ponctuel, prévu sur trois à quatre séances. Celles-ci peuvent être reconduites par la suite, une fois la confiance et l'intérêt de la démarche établis. Il est rare de proposer un coaching plus long – sur quelques mois par exemple – à ce stade de la relation. Cette proposition serait abusive voire présomptueuse, le coaching étant une relation forte à deux qui se met en place avec des ingrédients tels que le contact, le temps et « l'alchimie » de cette opportunité intimiste. Le « déclic » nécessite un engagement relationnel de part et d'autre qui, lorsqu'il n'a pas lieu, laisse la courbe de l'intensité du contact basse et donc inopérante.

> *Est-il normal qu'un coaching dure plusieurs mois voire plusieurs années ?*
>
> 1) Un coaching long se justifie par la situation du coaché (volonté de changement important, souhait de dynamiser le management d'une entreprise, développement personnel en profondeur, etc.) et sur sa propre demande. Un accompagnement individuel qui a souffert d'un « dérapage » (intérêt personnel du « coach », dépendance du coaché et difficulté à rétablir son autonomie, pathologie du post-contact) pose des problèmes éthiques à anticiper et à résoudre en supervision.

2) Le coaching long a existé de tous temps et sous d'autres appellations. Les faits historiques nous révèlent des accompagnements individuels sur de très longues périodes, voire une vie entière.

Dans ce cas, il ne convient pas de régler une difficulté mais de tendre vers la réussite. Le coach est l'explorateur de la complexité et accompagne son client dans un processus permanent et avec complicité.

Par sa durée, le coaching peut-il se référer aux techniques psychanalytiques ?

Dans sa théorie sur le transfert Sigmund Freud disait qu'il y avait trois métiers impossibles : gouverner, enseigner et psychanalyser. S'il avait eu connaissance du coaching, sans doute l'aurait-il rajouté à cette liste. Selon lui, ces métiers sont « impossibles » de par l'importance du transfert qu'ils véhiculent fortement et qui peut présenter un obstacle important dans la démarche. Lorsque J. Lacan reprendra la théorie freudienne du transfert, il définira ce dernier comme étant la propension à ce que le sujet mette l'autre en position de sujet supposé savoir. Roland Brunner[1] souligne que c'est à ce titre que le coach est mis par le coaché en position de sujet supposé savoir. « Savoir quoi ? Une technique peut-être mais aussi savoir qui est l'autre, ce qu'il sait, ce qu'il ne sait pas, ce qu'il devrait faire, ce qui va lui arriver. » Selon lui cette notion transférentielle se met en place dans le coaching et demande au coach de s'interroger sur un certain nombre de points techniques à résoudre – et notamment sur la question de la durée de l'intervention.

---

1. Psychanalyste, auteur de l'article « Psychanalyse et coaching », *Personnel ANDCP*, n° 375 décembre 1996.

Le coaching

> « Le transfert, par ses effets régressifs ça met en route de la parole chez des managers qui ne parlent pas, habitués à être dans le discours, dans la langue de bois et dans la résistance à l'effet sujet. L'espace "intime" et protégé de la relation coach-coaché joue ainsi le rôle de facilitateur de la régression et de la parole. »
>
> Roland Brunner

Transfert : Il s'agit d'une relation particulière qui s'établit durant la cure entre l'analysant et l'analyste et qui est une relation de répétition : le transfert répète quelque chose qui est déjà arrivé. Dans le transfert le patient vit ses relations anciennes comme si elles étaient présentes et il reproduit des situations infantiles qui sont à l'origine de ses conflits psychiques. Les sentiments d'amour ou de haine qu'il avait alors éprouvés sont transférés sur la personne de l'analyste. De la manière dont le transfert est traité dépend le succès de la cure. L'analyste montre et interprète le côté répétitif de cette relation et comment elle s'est reproduite à plusieurs reprises dans la vie du sujet.

Coaching ponctuel, coaching à moyen terme, coaching continu ? Le coach doit être vigilant sur la demande et l'objectif réels du coaché lors de la mise en place du contrat. En effet, même si la plupart des demandes sont centrées sur l'aspect technique et opératoire de l'aide souhaitée, il convient de ne pas négliger la dimension personnelle – toujours présente et latente – dans tout accompagnement individuel. Ces demandes techniques et dans l'urgence sont parfois un mécanisme de résistance du client pouvant révéler un besoin plus profond de travail sur soi, voire de thérapie.

> *Roland est un PDG qui signe un contrat de coaching pour régler au plus vite son départ à la retraite. Son mécanisme de défense et son évitement de la problématique réelle de la situation sont très puissants et lui font dire que même ce*

> *coaching ponctuel de quatre séances lui paraît encore trop long. Durant les deux premières séances, il s'arrange pour arriver en retard et réglemente lui-même l'horaire du départ, soucieux de ne pas plonger dans une relation réelle et donc impliquante avec son coach. Il arrive avec une liste impressionnante de points techniques à « régler » et les fait défiler l'un après l'autre, tel un métronome. Cinq minutes avant la fin de la séance il se précipite sur ses clefs de voiture... et s'enfuit littéralement du bureau. La fin de la quatrième séance – et donc la dernière – le met dans un état euphorique. Ouf ! encore une fois il n'a pas craqué ! Ouf ! encore une fois il n'a pas parlé !*

Afin d'apporter des éclaircissements sur ce qui précède, nous allons étudier trois types de coaching, ayant des durées, des objectifs et des modes d'intervention appropriés à chacun d'entre eux. Il s'agit du :
- coaching ponctuel.......*pour une difficulté,*
- coaching stratégique.......*pour un projet,*
- coaching continu........*pour la croissance.*

2. LE COACHING PONCTUEL (TROIS À CINQ SÉANCES)

Dans ce cas le coach accompagne un professionnel qui cherche à améliorer son potentiel sur un cas précis : il s'agit de traiter une situation à chaud et d'apporter quelques éléments pédagogiques en matière d'outils de management relationnel.

Comme nous l'avons souligné précédemment, l'ambition d'un tel coaching n'est pas et ne peut pas être trop démesurée. Il ne serait pas honnête de la part du coach de prétendre venir à bout d'une situation particulièrement complexe, enracinée depuis plusieurs années, avec des antagonistes multiples et des difficultés de tous ordres. Le coaché, quant à lui, serait frustré de ne pas avoir obtenu le résultat escompté !

Ces précautions préalables prises, il convient d'affirmer cependant que le coaching ponctuel tient une place intéressante. Il peut s'envisager aussi à la fin d'un cycle de formation, permettant ainsi au stagiaire de s'exprimer individuellement et confidentiellement sur sa vie et ses tracas professionnels, à un interlocuteur attentif et expert dans le processus de la relation.

> **Exemple pratique**
> Un séminaire de 2 x 2 jours sur le management relationnel (groupe de 12 personnes)
> + 3 séances individuelles de 1h30 chacune à la fin du séminaire.

La totalité de l'action dans l'exemple ci-dessus se déroule sur environ dix semaines avec un espacement de deux semaines environ entre les deux sessions de formation puis entre chacune des séances de coaching. Ce laps de temps est intéressant dans la mesure où il permet au stagiaire de gérer un changement, de l'assimiler progressivement et de ne pas revenir du séminaire (au bout des quatre jours) en appliquant de manière mécaniciste les concepts appris.

> *Cinq séances de coaching avec Pascal, un jeune ingénieur d'une grande entreprise.*
> *Il vient de terminer ses études et un stage de 6 mois en tant qu'opérateur. Le voilà promu chef d'équipe, à la tête de 32 personnes. Il a suivi un séminaire sur les principaux outils du management et, par l'intermédiaire de ses séances de coaching, tend maintenant à ajuster ses nouvelles connaissances dans sa réalité du terrain : ses connaissances se transforment en compétences.*
> *Il s'agit d'un coaching « parental » et pédagogique. Pascal y apprend les principales ficelles du métier et discute avec*

son coach des situations relationnelles qui lui sont le plus difficiles à gérer. Son coaching lui permet de démarrer sa vie professionnelle du « bon pied ».

« On ne veut pas explorer, on veut un vol en direct ! »

Gérard ne va pas bien ces temps-ci et n'a plus aucune envie de faire un effort supplémentaire dans son travail. En effet, son prédécesseur, Yves, personnage charismatique et extraverti, revient régulièrement dans l'atelier pour prodiguer des « conseils » à ses anciens ouvriers, sapant ainsi l'autorité de Gérard.
Les quatre séances de coaching de Gérard vont lui permettre de prendre conscience du problème et de le préparer à s'entretenir calmement et clairement avec Yves. La situation s'arrange rapidement et Gérard décide qu'il ne laissera plus un état de non-communication avec l'un de ses collègues : la prochaine fois il réagira plus rapidement en instaurant le dialogue. Son coaching lui a permis de résoudre un problème et de mieux comprendre son propre comportement.

3. LE COACHING STRATÉGIQUE OU BREF (DIX À QUINZE SÉANCES)

Ce coaching est centré sur le fonctionnement de la personne et de son équipe. Cette fois, l'attention est plus globale et permet la prise en charge d'éléments organisationnels, relationnels, interactifs sur une période plus longue ainsi qu'un travail en profondeur sur les ressources humaines du coaché.

Même s'il est « bref », (attention ! L'adjectif « bref » est ici employé en référence aux psychothérapies « brèves » de douze à quinze séances), ce coaching pourrait être qualifié également de « confortable » car les quelques mois de son intervention donnent au coaché la possibilité de s'y épanouir avec sérénité, d'intégrer ce qui s'y passe, d'adopter progressivement de nouvelles attitudes sur le plan professionnel.

C'est pour toutes ces raisons et bien d'autres encore, que c'est le coaching le plus usité.

> *Claude est un manager très actif et bouillant d'impatience d'atteindre les objectifs qu'il se fixe. Son entourage professionnel est découragé et au bord de l'épuisement (le comptable menace de donner sa démission et la secrétaire est au bord de la crise de nerf). Claude est toujours pressé, n'entend pas leurs plaintes, ne fait jamais le moindre compliment sur un travail bien fait. C'est un dirigeant « mercenaire » qui excelle dans les situations guerrières du monde des affaires mais s'ennuie profondément en vitesse de croisière. Ici le travail de coaching porte sur la reconnaissance du stress des employés, l'instauration d'une écoute plus attentive et d'une meilleure prise en compte des délégations managériales.*
> *Dans la foulée, Claude travaille son comportement plus global avec lui-même (angoisse de performance, difficulté devant l'inactivité, image hyper-virile...) et revoit l'intégralité de ses méthodes de communication. Ce coaching s'est étalé sur six mois, Claude a eu le temps d'intégrer son changement progressif. Son équipe aussi.*

Dans la pratique, ce coaching stratégique, c'est-à-dire orienté autour de la stratégie d'un projet ou d'une mise en œuvre concrète, pourrait s'apparenter dans certaines de ses formes aux techniques des **thérapies brèves**.

Durée du coaching et objectifs

> **Psychothérapies brèves :** Thérapie avec un contrat définissant le nombre de séances (douze à quinze séances), la durée de chacune des séances (45 minutes en France et 50 minutes aux États-Unis) et focalisée sur un objectif précis (exemple d'un problème œdipien : où en suis-je avec papa/maman ? et leurs successeurs : patron/assistante.)

Dans ce type de coaching, le coach et son client fixent l'ensemble des objectifs à accomplir dans la vie professionnelle, principalement dans le domaine du comportement et de la communication.

> *« Un manager passe 70% de son temps à communiquer. Or, la compétence relationnelle est, par définition, irrationnelle. Ce n'est pas parce qu'on a fait des études qu'on maîtrise le stress et les relations personnelles.[1] »*

Comment expliquer cette vogue des techniques de thérapies et d'interventions brèves ? Autrefois les cures psychanalytiques duraient jusqu'à dix ans, à raison de plusieurs séances par semaine. Aujourd'hui les souffrances sont de l'ordre de l'idéal, de l'image de soi, du manque de reconnaissance ; elles n'ont plus « le temps d'attendre », de s'allonger longuement sur le divan, de se livrer à l'introspection de la source d'anxiété et à la remise en cause...

Le monde change, les gens aussi. Ils ne veulent plus ou n'ont plus le temps de souffrir ou de s'interroger sur un passé lointain et un inconscient si peu conscient et si peu accessible !

---

[1]. Sylvie de Frémicourt, directeur associé chez Bonvalot et pionnière du coaching en France.

L'image et l'affirmation de soi, la confiance en soi (voir p. 235), sont des thèmes très fréquemment abordés dans le coaching stratégique même si leur traitement reste relativement long. L'éducation, l'enseignement, les premières confrontations à la vie professionnelle et sociale dans le monde d'aujourd'hui ont généré des souffrances aiguës, ce qui explique que les personnes aient besoin d'aide rapide et focale.

Le dirigeant, qu'il soit débutant ou confirmé, n'a plus le temps de ressasser longuement un problème, même si celui-ci est déterminant pour le bon climat de l'entreprise. Il vit dans un monde de l'urgence et sa vigilance est orientée vers le marché mondial, la concurrence, les difficultés diverses liées à l'élaboration de son produit ou service.

> *« Je fais du coaching avec mon équipe car nous ne pouvons pas nous payer le luxe d'avoir des désaccords internes. Les problèmes à l'extérieur sont si violents et nous devons être tellement réactifs que nous avons intérêt à nous serrer les coudes, et vite ! » nous confie un coaché.*

3. LE COACHING CONTINU OU DE DURÉE NON DÉFINIE (LE LONG TERME)

Ce coaching correspond à l'image classique du travail de l'entraîneur pour un sportif ou une équipe sportive. Il s'agit d'une recherche permanente de la performance ne visant pas nécessairement à régler un problème ou une difficulté.

Ici c'est la croissance qui est visée. Les demandes visent à :
– optimiser une mise en œuvre (certification qualité ISO, projet de grande envergure ; restructuration d'une entreprise dans sa totalité ; mise en place de produits ou services fondamentalement nouveaux) ;
– développer la performance professionnelle (autonomie, délégation, gestion de la prise de risques) ;

Durée du coaching et objectifs

– obtenir un changement personnel important (différence entre devoir changer et vouloir changer).

La durée de vie moyenne des entreprises en France est de douze ans. Or certaines entreprises peuvent avoir une durée de vie de cinq siècles. Grâce au coaching à long terme, il est possible de tendre vers une entreprise centenaire ! Dans la réalité des pratiques, le coaching sur une plus longue durée s'installe progressivement. Le client démarre avec quelques séances, puis les reconduit contractuellement en fonction de ses besoins.

> *Trois années de coaching avec Jacques et son coach.*
> *Tous les deux sont devenus proches, co-actifs tout en préservant l'intérêt de l'entreprise cliente. Stimulation de la réflexion et de la concentration, méditation sur le mode managérial, élaboration d'une stratégie de carrière appropriée pour Jacques. Cet accompagnement s'apparente à celui de l'entraîneur et du sportif de haut niveau tout en prenant garde au culte du dépassement de soi et du modèle idéal : l'entreprise n'est pas un stade et les managers n'ont pas tous l'esprit des champions.*
> *Et pourtant le démarrage de ce coaching a été laborieux !*
> *Contractuellement, dix séances ont été définies pour aider Jacques. Le contrat sera renouvelé par l'entreprise à la fin de ces séances. Puis Jacques décidera par lui-même d'un coaching personnel qu'il prendra à sa charge.*
> *Durée totale de l'opération : trois ans.*
> *Résultat : Jacques se sent à présent « bien dans sa peau » et a été promu responsable d'un important département commercial dans son groupe.*

> *Martine a 50 ans lorsqu'elle se trouve à la tête d'une agence de publicité. Elle a entrepris deux années de coaching avant sa nomination – elle succédait à son père – puis deux autres*

années, les plus dures sur le plan professionnel : celles du démarrage effectif de sa fonction de dirigeante. Elle s'est beaucoup investie, a fait prendre un virage salutaire de 180° à son agence « qui n'était plus au goût du jour et perdait de ce fait des clients » et a dû convaincre puis soutenir ses employés d'en faire autant. Le coaching se termine tranquillement. Elle ne rencontre plus son coach que toutes les six à sept semaines. Elle se sent plus solide à présent et bientôt prête à affronter toute seule sa mission de dirigeante. Son père, participant à une conférence sur le coaching durant laquelle Martine avait accepté de témoigner sur son vécu de « coachée » est lui-même convaincu de la valeur ajoutée du coaching. Il déclare : « J'ai compris une chose essentielle : C'est un proverbe chinois qui dit : "Ne donne pas du poisson à quelqu'un qui a faim, apprends-lui à pêcher !" »

5. DÉTERMINER LA DURÉE DE VOTRE COACHING

— **Formulez** clairement votre demande de coaching :
  - s'agit-il de résoudre un problème très ponctuel ?
  - souhaitez-vous modifier tel ou tel aspect de votre comportement ?
  - voudriez-vous y voir plus clair dans votre style de management ?

— **Autorisez-vous** à questionner votre interlocuteur sur la démarche proposée, son cadencement, les difficultés prévisibles.

— **Donnez-vous** un temps de réflexion avant de vous engager.

— **Vérifiez** la possibilité d'intégrer les séances de coaching dans votre emploi du temps (durée de la séance, travaux éventuels d'intersession, lieu). N'êtes-vous pas en déplacement professionnel durant cette période ?

Durée du coaching et objectifs

Tous ces éléments d'ordre pratique sont importants dans le démarrage d'un coaching et peuvent conditionner son bon ou mauvais fonctionnement.

Tenez compte des conseils de votre futur coach : en bon professionnel, il vous donnera des indications précises sur le nombre de séances en fonction de votre besoin réel.

Ce n'est pas tant la durée du coaching qui est révélatrice du bon fonctionnement de celui-ci – chacun des trois types de coaching ayant sa place selon les objectifs de ses utilisateurs – mais plutôt la valeur accordée à la notion du temps dans ce démarrage de millénaire !

Le monde du travail est dans le changement permanent. La vitesse et la multiplicité des informations s'imposent à nous et le management évolue vers un partenariat : réduction des échelons hiérarchiques, managers-coachs, engagement au changement, etc. Il en va de même pour la vie sociale et familiale. Les structures bougent, évoluent (en bien ou en mal !). Il faut l'accepter et s'adapter. C'est aussi là que le coaching tient une place importante. Ponctuel, stratégique ou continu, le coaching est une source d'appui incontournable pour le professionnel.

La durée du coaching peut-elle être évolutive ?
OUI, Claire a ainsi démarré par un coaching bref, puis a poursuivi par un coaching stratégique pour terminer sur un coaching continu !

> *En février 1998, Claire découvre le coaching par une série de quatre séances de 1h30 chacune (coaching ponctuel) espacées de deux semaines et proposées par sa direction. Elle se sent fatiguée à cette époque et son coach lui fait prendre conscience de certains dysfonctionnements de sa gestion du temps. Convaincue de l'intérêt de la démarche, Claire demande à reconduire cette action et se voit octroyer dix séances supplémentaires (coaching stratégique) de mars à septembre 1998 (le mois d'août est exclu). À présent, elle*

connaît mieux son coach et parvient plus vite à aller « droit au but » dans l'expression de ses problématiques. À la fin de l'année 1998, Claire a trouvé un meilleur équilibre. Elle ne se sent pas encore prête à renoncer à son coaching mais n'éprouve cependant plus la nécessité de rencontrer son coach aussi fréquemment. En accord avec son employeur et son coach, elle convient d'un espacement d'un mois voire davantage parfois entre les séances (coaching continu).
En septembre 1999, Claire prend la décision de mettre fin à ses séances.

Le coaching continu peut-il s'apparenter à une psychothérapie longue voire à une psychanalyse ?
NON. Le coaching est une technique à part entière, la psychanalyse en est une autre. Si la psychanalyse vise la sphère de l'inconscient, du refoulement et du passé, le coaching s'intéresse quant à lui à la partie consciente du psychisme du coaché, au présent (ici et maintenant), à l'avenir et surtout aux problématiques liées à l'entreprise.

Le coach de longue durée devient-il un gourou ?
NON. Le spécialiste du coaching est au clair avec sa mission. Il ne dépasse pas le cadre fixé contractuellement. Il connaît les limites de son action et de sa durée. Il ne cherche pas à instaurer avec son coaché une sorte de « secte à deux ». Il sait qu'un coaching, même sur une assez longue durée, a une fin, il s'en préoccupe régulièrement et en dialogue avec son coaché. Il ne transforme le coaching ni en rente, ni en cure inachevée pathologique.

> *Coaching long, coaching bref / thérapie longue, thérapie brève ? Combien de temps ?*
> *Sophrologie :* de quelques semaines à un an,
> *Programmation neurolinguistique (PNL) :* de quelques semaines à deux ans,

Durée du coaching et objectifs

Hypnose éricksonnienne : de trois à plus de vingt séances,
Thérapies comportementales et cognitives : moins de six mois,
Psychothérapies analytiques : de quelques mois à deux ans,
Thérapies familiales : de quelques mois à deux ans,
Analyse transactionnelle : de quelques mois à trois ans,
Gestalt-thérapie : de quelques mois à trois ans,
Psychologie analytique jungienne : trois ans,
Psychanalyse freudienne : cinq ans et plus

« Si la psychanalyse accorde au passé une importance prépondérante, les thérapies mettent plutôt l'accent sur le présent et l'avenir » explique Patrice Traube dans la revue *Psychologies*.

et nous pourrions rajouter :
Coaching ponctuel : six à huit semaines,
Coaching stratégique ou bref : six mois à un an,

Coaching continu ou long : deux à quatre ans.

Chapitre 3
Dérouler le processus du coaching

Chaque intervention se déroule suivant un schéma spécifique dont toutes les phases sont nécessaires pour garantir son efficacité. Le coaching est un processus qui nécessite rigueur, professionnalisme mais également confiance, alliance et engagement. Il fonctionne comme le cycle du contact qui décrit les phases que nous suivons lorsque nous entrons en contact avec une personne ou avec un environnement (se référer aux explications relatives à ce cycle, p. 256).

Il convient de préciser que toutes les interventions de coaching ne suivent pas un schéma-type. Le coaching étant essentiellement orienté vers l'humain, il serait abusif de suivre obstinément un schéma si celui-ci ne peut s'adapter à la personnalité et/ou à la problématique du client.

Même s'il nous paraît nécessaire de mettre en avant une technique de coaching et un protocole d'intervention, nous travaillons surtout sur une manière d'être, tournée vers le processus ; toute focalisation « technique » excessive priverait la démarche de son originalité et de son efficacité.

1. LE CONTRAT INITIAL POUR UN CYCLE COMPLET DE COACHING

1.1. Pré-contact : préliminaires – pré-coaching

Formes de pré-contact : les moyens de découvrir le coaching sont « le bouche-à-oreille », les conférences, la presse, les ouvrages spécialisés, les organismes consulaires (chambres de commerce et d'industrie), les organismes et cabinets spécialisés, les DRH, la hiérarchie, les utilisateurs du coaching, etc.

Choix du coach : c'est un choix important en termes de compétences, de qualités et d'affinités relationnelles. Pour choisir son coach, le futur coaché devrait avoir à sa disposition un panel de coachs, aux profils variés, et « cliquer » sur celui avec lequel il se sent des « atomes crochus ». S'agit-il d'un homme, d'une femme, quel pourrait être son âge, son parcours professionnel, son domaine d'activité privilégié ? Il ou elle aurait un profil « psy » ou plutôt « technologie nouvelle » ? Nous avons imaginé douze profils de coachs pour offrir une synthèse de choix multiples à nos lecteurs (page 217).

Première rencontre des clients dans l'entreprise ou le milieu professionnel : dirigeant, cadre, décideur, DRH, responsable de la formation, éventuellement le futur coaché.

Déroulement très « schématique » qui sera bien sûr variable en fonction de la situation, souvent spécifique :
- informations préliminaires par le cabinet de coaching sur les finalités et le déroulement de la démarche
- élaboration de la situation ciblée : ce que le client souhaite obtenir à l'issue de l'intervention. S'agit-il d'un coaching centré sur la personne ou centré sur l'organisation ? (se référer aux objectifs du coaching, page 31).

- accord tripartite entre l'entreprise, le futur coaché et le coach en fonction des besoins et de la demande de chacun : notion de volontariat
- élaboration du contrat ou d'une proposition de contrat.

Le pré-contact est souvent la phase la plus longue et qui demande de la patience, parfois des semaines voire des mois.

1.2. Engagement

Dans le cycle du contact, il s'agit d'une action brève et chargée d'énergie, d'une mobilisation.

Deuxième rencontre du client :
approbation et signature du contrat.
Engagement quant au nombre de séances, à leur durée, leur fréquence, au lieu (cabinet du coach ou dans l'entreprise), à la méthode d'intervention, la déontologie, le tarif.
Engagement relationnel et affectif parfois.

Décision et choix : validation par les partenaires de la faisabilité du changement qui doit être mis en place (disponibilité réelle du coaché, possibilité de mise en œuvre d'un plan d'action, conditions environnantes suffisamment existantes pour la bonne marche de l'intervention).

Orientation vers le coaching.

2. LA MISE EN PLACE DE L'ACTION

2.1. Contact : démarrage des séances individuelles

Interaction et « apprivoisement » réciproque : présentation du coaché (son parcours professionnel, les faits marquants de sa vie actuelle, comment il se perçoit) et présentation du coach.

Prise de contact et contact : ce qu'est le coaching, comment il se déroule, les règles de fonctionnement (voir p. 192). Réponses aux interrogations éventuelles du coaché – clarification de divers éléments.

Description et définition concrète de la situation actuelle, mise à plat du problème, de la difficulté professionnelle et relationnelle, analyse du processus, listing des points forts et des points à améliorer, diagnostic.

Détermination d'objectifs clairs (et relativement simples) et de critères de mesure permettant d'évaluer leur atteinte.

Construction progressive de l'alliance et de la confiance réciproque.

2.2. Plein-contact : travail effectué durant les séances

Techniques du coaching.

Déroulement des séances :
Mise en scène du problème, identification des blocages.
Navette possible avec des situations connues, prise de conscience des ressources et leur mobilisation.
Expérimentation, recherche de pistes nouvelles mise en œuvre du plan d'action en fonction, évaluation des résultats obtenus.
Actions correctives si nécessaire.
Élaboration de trainings intersessions.

Satisfaction (ou non satisfaction : l'inachevé est la règle et cela permet souvent la poursuite du coaching) :
Sur le plan professionnel (objectifs atteints, problème résolu, difficultés surmontées).
Sur le plan relationnel (satisfaction réelle de la réussite de l'intervention, sentiment de bien-être et d'enrichissement de soi et de ses potentialités, épanouissement de la personnalité du client coaché).

3. LE DÉSENGAGEMENT ET LE POST-CONTACT DANS LE CYCLE DU COACHING

Le désengagement
Il prépare la séparation et la fin des séances de coaching :
Confirmation des objectifs ciblés et du plan d'action.
Stabilisation des acquis.

Post-contact : post-coaching
Assimilation des séances, consolidation.
Accompagnement ponctuel ou espacé si nécessaire.

Retrait et disponibilité.

Suivi à moyen terme
Stabilisation des résultats obtenus quatre à six mois après la fin de l'intervention.

4. POUR UN FONCTIONNEMENT OPTIMAL DU PROCESSUS DE COACHING

Pour accéder à ce fonctionnement optimal, il est nécessaire de bien gérer la période de pré-contact et donc de bien démarrer la séance. Nous retrouvons là aussi la notion de l'importance de la « première fois » qui, lorsqu'elle est bien vécue, confère une empreinte positive à l'ensemble du processus et contribue à l'alliance psychologique pour un coaching opérant.

Préparation du coach
Disponibilité psychologique (*awareness*) et organisationnelle (par exemple : débrancher le téléphone ou activer le répondeur) afin d'optimiser les postures du coach.

Préparation du bureau ou lieu d'accueil où se déroulera la séance :
Ambiance confortable et accueillante :
- Deux fauteuils ou chaises
- Une table basse
- Un ou deux tableaux-papier avec des feutres de différentes couleurs
- Une corbeille
- feuilles volantes et stylos
- Une photocopieuse à proximité
- eau minérale, jus de fruits, café ou thé

Préparation du client coaché
Mise à l'aise : l'aider à passer d'un rythme de travail à un autre, de celui de sa vie de manager ou de dirigeant (hyperactivité, hypervirilité, urgence) à celui de sa séance de coaching individuel (intimité, recul, prise de conscience, accroissement de ses possibles).

Clarification des règles de fonctionnement
Même si celles-ci ont été établies dans le contrat et énoncées verbalement en amont du coaching, il est indispensable de les repréciser durant ce premier tête-à-tête et de vérifier la clarté du dispositif :
- respect du client
- confidentialité tout au long de la démarche : seul le coaché peut décider de transmettre des éléments à son responsable hiérarchique ou au donneur d'ordre
- absence d'évaluation destinée à la hiérarchie en fin de mission (style compte-rendu ou bilan final)
- respect du coaché : pas de diagnostic sauvage, ni de jugement, ni de menace ou d'incitation forcée à l'action : pas d'attouchement physique intempestif et non-autorisé par la personne elle-même, même durant une séance de training
- règle du stop : il s'agit des propres limites du coaché. Il dit « stop » lorsqu'il considère que son interlocuteur « va trop loin » pour lui, dans le moment présent, qu'il lui pose une question qu'il ressent être

trop indiscrète ou en dehors du cadre du coaching, ou qu'il n'est peut-être pas prêt à aborder pour le moment. Il vérifie avec son coach s'il ne s'agit pas d'un évitement inconscient (c'est-à-dire d'utiliser la règle du stop pour éviter d'approfondir la situation, de mettre le doigt sur ce qui « ne va pas » et « là où ça fait mal » et enfin de s'empêcher de trouver une solution).
- exprimer ses désaccords et incompréhensions : règle valable pour coach et coaché

Déontologie : à lire page 210.

Il est tout aussi nécessaire de s'intéresser à la phase finale (gestion du désengagement et du post-contact) car des incidents ou problèmes à cette phase annulent rétroactivement ce qui a été travaillé en amont.

Il convient d'éviter une interruption prématurée de la séance : « c'est l'heure », le coach n'a pas bien géré son temps et le coaché se retrouve « à la porte » sans autre précaution, ou encore : le coaché annonce subitement qu'il doit quitter la séance plus tôt que prévu car il est attendu dans une réunion ou chez un client.

Le coaching efficace est une denrée précieuse : il nécessite des ingrédients et un état d'esprit tels que la disponibilité, le bon sens, l'harmonie. Ces ingrédients ne sont pas nécessairement présents dans l'existence du coaché lorsqu'il démarre cette action aussi est-il bon de les préciser et encore plus de les appliquer. Une séance de coaching requiert de l'énergie, aussi ne faut-il pas démarrer la séance complètement épuisé ou en ressortir pour courir immédiatement vers d'autres points d'intérêts forts (valable pour le coaché mais également pour le coach !) Nous demandons au client de prévoir environ une heure de tranquillité ou de repos de l'esprit (désengagement, retrait) à la fin de l'entretien. Ce point descendant de la courbe du contact permet d'assimiler réellement ce qui vient de se passer, de le digérer, de se l'approprier.

La complexité de certaines situations empêche la personne coachée d'avoir une idée claire de ce qui vient de se dérouler : la Gestalt (la forme, la structure) n'est pas encore complète. C'est un mécanisme courant, qu'il convient d'expliquer au préalable. La compréhension, l'assimilation puis la « digestion » d'une idée et d'une solution pouvant engendrer un changement ne se fait pas immédiatement. Sa prise de conscience s'amorce vers la fin du cycle, après le désengagement : c'est le post-contact. C'est une zone de retrait, où l'intensité relationnelle est faible voire inexistante. La personne se trouve alors libre d'absorber ce qui lui convient, ce qui est bon et enrichissant pour elle et aussi d'éliminer ce qui ne lui correspond pas.

> *Il arrive que l'un de nos clients coachés revienne à la séance suivante avec un petit sourire : « Je suis parti dubitatif, l'autre jour. Sans doute l'aviez-vous remarqué. En effet, je n'avais pas bien saisi ce qui s'était passé durant notre entretien et votre feed-back me semblait éloigné de ma problématique professionnelle. J'ai compris le lendemain, dans ma salle de bains. C'était comme une sorte de flash, de prise de conscience soudaine ! C'est à moi de faire le premier pas auprès de mon associé afin de trouver une issue constructive au litige qui nous mine. En arrivant au bureau je suis immédiatement allé vers lui et nous avons discuté pendant une heure. Nous sommes sur le point de trouver une solution gagnant-gagnant. »*

Ces « insights[1] » ne sont pas rares. Encore faut-il les laisser arriver à la conscience, les regarder, les accepter s'ils correspondent à notre ressenti et à notre réalité.

---

1. Insight : terme anglais qui fait référence à un éclair de compréhension globale, une sorte d'illumination permettant d'expliquer et de comprendre l'ensemble d'une situation donnée.

Dérouler le processus du coaching

Le déroulement de ce processus correspond à la vie professionnelle. Il nous arrive de passer trop vite d'une réunion à une autre, d'un entretien au suivant, d'un problème à l'atelier à un problème administratif, sans en rien améliorer la résolution de nos problèmes. La prise de recul nécessaire est souvent inexistante et nous n'avons pas le temps de nous imprégner des leçons à dégager de certains événements.

Chapitre 4
Exemple de déroulement d'une séance de coaching

Pour dérouler la séance, nous allons utiliser le processus du cycle du contact (voir « la boîte à outils du coaching » page 256) qui comprend quatre phases principales à savoir :
- le pré-contact,
- le contact,
- le plein-contact,
- le post-contact.

Chaque phase sera illustrée par un exemple concret : celui du coaching de Julien.

1. DÉFINIR CONCRÈTEMENT LA SITUATION ET METTRE EN SCÈNE LE PROBLÈME

PRÉ-CONTACT : Il s'agit là du démarrage de la séance que nous appelons le pré-contact durant lequel le coach instaure l'accueil et le climat de confiance nécessaires pour faire émerger les besoins du coaché. Il est attentif à l'attitude du coaché et à sa disponibilité pour débuter la séance. Les règles habituelles de fonctionnement seront aussi vérifiées, surtout s'il s'agit de la première ou de la deuxième séance pour le coaché.

CONTEXTE : Julien est conducteur de travaux. Il a du mal à s'imposer avec Marc, l'un de ses chefs d'équipe. Il en résulte des tensions sur le chantier et un mécontentement général.

Julien arrive préoccupé chez son coach. Il a « la tête ailleurs » et se sent découragé. Il s'effondre dans un fauteuil et parle de ses sentiments négatifs. « J'en ai marre, je n'y arriverai jamais avec ce gars ! Nous finirons bientôt par prendre la porte l'un et l'autre ! »
Son coach l'observe : Julien tente de s'exprimer calmement et de ne pas se laisser submerger par ses émotions. Il jette parfois un regard furtif vers son coach, puis continue de soupirer. Ses épaules sont tombantes, il est un peu voûté, comme si la pression actuelle l'écrasait progressivement.

ENGAGEMENT : Un pré-contact chaleureux et sécurisant permet l'engagement de la séance, c'est-à-dire la montée en énergie des deux interlocuteurs durant laquelle s'instaure la motivation pour travailler et aller de l'avant.

Le coach exprime son soutien à Julien et lui demande s'il se sent prêt à travailler sur ce problème en vue d'y apporter un changement salutaire. Julien est d'accord. Il se redresse sur son siège : le voilà prêt à démarrer (mobilisation énergétique).

CONTACT : La phase du contact suit l'engagement. Elle sert à définir concrètement la situation, une fois l'ordre du jour et la priorité pour la séance fixés. L'intensité du contact devient plus forte et mobilise l'énergie pour l'action. Le coach note les difficultés éventuelles qui lui apparaissent et encourage le coaché à aller encore plus loin dans ce qu'il ressent.

Exemple de déroulement d'une séance de coaching

Julien parle de son problème de management avec Marc et de l'attitude désinvolte de celui-ci.

Julien : « Marc est un bon chef d'équipe. Il connaît son travail et sait gérer ses hommes. Le problème c'est qu'il ne supporte pas que je lui donne un ordre sur "son" chantier. Il continue de travailler selon ses idées, faisant semblant de ne pas avoir reçu mes directives. » (Il donne quelques exemples de ses difficultés quotidiennes avec Marc.)

Coach : « Ainsi donc votre chef d'équipe n'obéit pas à vos instructions. Comment réagissez-vous lorsque vous en faites le constat ? »

Julien : (Il bouge nerveusement, retire puis remet ses lunettes, baisse la tête) « Oh ! vous savez, cela arrive si souvent que je ne réagis même plus. La plupart du temps je laisse tomber... »
Un temps de silence puis Julien reprend : « mais je n'en peux plus. Il m'arrive de me réveiller la nuit et d'y penser... »

Le coach note une contradiction entre les faits évoqués et les troubles occasionnés chez Julien. Il travaille avec lui depuis trois séances et le connaît pour son comportement discret et sa volonté farouche de se maîtriser « quoi qu'il arrive ». L'objectif du coaching entrepris porte essentiellement sur des outils de management. Cette fois, Julien semble être prêt à évoquer son tracas de manière plus approfondie. Le coach l'encourage à se livrer davantage, à exprimer ce qui lui fait passer des nuits blanches.

2. IDENTIFIER LES ÉVITEMENTS, BLOCAGES ET RÉSISTANCES

PLEIN-CONTACT : La relation coach/coaché est ici très forte et l'intensité du contact est au plus haut. Le coach invite le coaché à un « jeu de rôles » qui lui permet de mobiliser son corps, ses émotions et ses pensées afin de mettre en lumière la problématique.

Julien : « Le problème est plus grave qu'une simple désobéissance à mes ordres. Il m'arrive de donner des instructions relatives à la sécurité du chantier et donc des ouvriers qui y travaillent (lignes souterraines de haute tension, etc.). Là, c'est pareil. Lorsque je reviens en fin de journée, je constate que Marc n'a pas tenu compte des plans souterrains que je lui ai remis le matin ! »

Coach : « Il s'agit donc d'un élément de sécurité. »

Julien : « Oui, cela pourrait avoir des conséquences désastreuses. »

Mise en scène du problème : Jeu de rôles

Le coach encourage Julien à « jouer » la scène (monodrame, voir p. 228) entre Marc et lui. Il stimule son énergie, la mobilisation de son corps et de ses émotions afin de mieux mettre en lumière ce qui se passe entre les deux hommes. Julien est tour à tour lui-même (lorsqu'il arrive sur le chantier le matin, qu'il s'adresse à Marc sans le saluer pour lui « balancer » rapidement les instructions – en le menaçant au passage si elles n'étaient pas appliquées) – puis il prend le rôle de Marc (il est débordé par ce chantier qui a pris du retard, par ses hommes qui rencontrent des difficultés imprévues tout au long de cette mission et surtout par ce conducteur de travaux qui « en remet une couche » puis repart bien au chaud dans son bureau.)

Identification des évitements, blocages et résistances

Julien et Marc sont bloqués dans leur communication. Leur relation est inexistante et leurs non-dits ainsi que leur mauvaise humeur respective sont autant d'évitements dans le cycle du contact. Après avoir donné ce feed-back à Julien, le coach l'invite à approfondir ce qui se cache derrière ce blocage.

Julien : « Nous nous connaissons depuis longtemps, Marc et moi. J'étais chef d'équipe également, au démarrage de l'activité de l'entreprise.

Nous étions copains à cette époque et lorsqu'il y avait un coup dur, nous étions solidaires. Puis le patron m'a proposé ce poste à responsabilité. J'ai accepté. Ensuite les relations avec Marc se sont dégradées. Je suis devenu son responsable hiérarchique et il n'a pas apprécié ! » (Rivalité) Il y a maintenant de la tristesse dans la voix de Julien. Le coach l'amène à s'interroger sur lui-même et à mieux repérer son ressenti.

Julien : « En fait, je réalise que je me sens coupable d'avoir eu ce poste et pas Marc. Après tout, nous étions aussi compétents l'un que l'autre. Je n'ai pas osé lui en parler au début, et plus tard c'est devenu impossible. »

3. EXPÉRIMENTER ET CHERCHER DES SOLUTIONS SUITE AU PLEIN-CONTACT

Après la mise à plat du problème, il convient de le mettre en scène, c'est-à-dire d'expérimenter, de rechercher des pistes et des solutions et d'organiser la mise en œuvre.

Expérimentation et recherche de solutions

L'expérimentation permet à Julien d'explorer d'autres « possibles », de les envisager en toute sécurité durant sa séance, de « rembobiner la bande » s'il n'est pas satisfait du résultat. Il s'agit d'imaginer une autre voie que la voie infructueuse actuelle et de l'expérimenter en paroles, en gestes, en émotions.

Coach : « Pouvons-nous reprendre la situation sur le chantier ? »

Julien : « Oui, je veux bien. »

Coach : « Souhaitez-vous que je prenne le rôle de Marc ? »

Julien : « Oui. »

Cette fois Julien va tenter d'entrer en contact avec Marc avant de lui donner des instructions et informations relatives au travail. Il le salue, s'informe de l'état du chantier, des difficultés rencontrées. Le coach, dans le rôle du chef d'équipe, répond sobrement afin de permettre à Julien de gérer au mieux leur dialogue.

Ajustement de l'expérimentation

Julien et son coach analysent ensemble *comment* s'est déroulée la scène et conviennent de dire que Julien a encore un comportement trop « expéditif » voire brutal avec Marc.

Coach : « Je vous sens crispé avec lui. Que conviendrait-il de faire pour vous mettre plus à l'aise ? »
Julien réfléchit. Il s'est investit dans sa séance de coaching et souhaiterait trouver une solution efficace.

Julien : « Ce qu'il faudrait faire... peut-être rencontrer Marc au bureau, et pas uniquement à l'extérieur. »

Coach : « Cette idée vous semble-t-elle applicable ? »

Julien : « Oui. Marc est sous pression sur le chantier et il n'a pas le temps de m'écouter. Je me rends compte que c'est difficile pour lui et que cela le rend agressif. »

Coach : « Oui, je comprends. »
Il l'observe et continue : « je vous sens un peu nerveux à l'évocation de cette idée. »

Julien : « Exact ! J'ai quelques craintes à me retrouver face à face avec lui. C'est comme s'il me fallait enfin affronter le problème, sans me défiler. »

Le coach propose une autre expérimentation à Julien. Il s'agit d'un tête-à-tête plus intimiste avec Marc. Julien prend son propre rôle dans un premier temps puis celui de Marc, puis encore le sien. Il s'assied chaque

Exemple de déroulement d'une séance de coaching

fois dans un autre fauteuil, afin d'incarner et de symboliser au mieux son personnage et ses réactions. Il explore ainsi la face cachée de sa rupture avec Marc. Ses mécanismes de défense sont tombés (plein-contact) et il expérimente ainsi une même réalité avec un autre regard.

En mettant en lumière sa culpabilité (avoir eu le poste de conducteur de travaux à la place de son ami), sa peur (des réactions, de la colère de Marc), ses émotions (la honte, la colère), Julien comprend mieux son incapacité à manager Marc et à faire respecter des instructions de la plus haute importance.

DÉSENGAGEMENT : le coach propose au coaché de faire une synthèse de la séance, et annonce également la fin imminente de la séance de travail.

Julien : « En définitive, je n'étais plus ni son ami, ni son responsable hiérarchique. Je n'avais plus de statut du tout. »

Julien procède à une synthèse de sa séance de coaching : ce qu'il en retire, ce qu'il va pouvoir mettre en œuvre rapidement dans son comportement avec Marc, ce qu'il décide de « jeter à la poubelle » (la culpabilité par exemple). À noter : une poubelle est également un accessoire de la plus haute importance dans le cabinet d'un coach !

Le coach invite Julien à exprimer son ressenti du moment : Julien se sent « vidé » par son travail de réflexion, de mise en acte, de lâcher-prise de ses émotions. Il se sent aussi satisfait de ce qui vient de se dérouler et des solutions qu'il envisage de mettre en application. Le résultat ciblé de la séance est atteint et coaché et coach sont prêts à terminer la séance.

POST-CONTACT : c'est la vérification des objectifs qui ont été ciblés pour la séance, la valorisation du travail accompli.

C'est la fin de la séance. Il y a un net abaissement du niveau d'intensité de la relation entre les deux interlocuteurs. Julien est à présent capable de gérer un temps de silence avec son coach, avant de le quitter (courte séance de relaxation). Il se trouve au début de l'assimilation du travail qui vient de s'effectuer et cette assimilation lui permettra d'augmenter ses potentialités humaines globales et d'élargir son champ de conscience.

Le coach a joué un rôle de facilitateur en guidant Julien dans ce processus d'exploration. Le coach n'a pas besoin d'être un expert dans le domaine d'activité professionnelle de son client. Son expertise, c'est de l'accompagner et de se concentrer sur le processus et non sur le problème ou le contenu.

Il utilise pour cela son intuition, pose des questions appropriées, écoute avec *awareness*, aide à clarifier et ramène à l'essentiel. Cet essentiel étant d'aider le client coaché à déterminer ce qui est important pour lui.

RETRAIT : la séance est terminée. L'assimilation se met en place pour les deux interlocuteurs. Le cycle est terminé. Ils sont disponibles pour un autre cycle d'expérience et de contact.

Julien quitte le cabinet de son coach. Il marche un peu avant de reprendre sa voiture…

Exemple de déroulement d'une séance de coaching

4. UNE SÉANCE DE COACHING

(Les durées sont données à titre d'exemple et sont variables selon les situations)

Durée	Phase	Contenu
10mn à 30mn	**Pré-contact de la séance**	Créer le climat, le lien – Sensations – Accueil – Émergence des besoins – Attentes Vérification des règles habituelles de fonctionnement
5mn	**Engagement**	Énergétisation – Motivation – Engagement Rattachement à l'ici et maintenant
15mn	**Contact** *Définition concrète de la situation*	Analyse du travail et du vécu inter-séances : points positifs et points à améliorer. Reprise des objectifs ciblés et critères de mesure Ordre du jour et priorités pour la séance Orientation : problématique pratique Mobilisation de l'énergie pour l'action
45mn	**Plein-contact** **Mise en scène du problème** *Identifications des évitements Expérimentation Recherche de solutions Organisation de la mise en œuvre*	Mise à plat de la difficulté Expérimentations Recherche de pistes et solutions Définition de stratégies et de moyens Plan d'action – Engagement d'un training inter-séances Calendrier des actions Confluence saine – Relation de personne à personne (et non pas de personne à objet) /...

.../		Accomplissement Satisfaction ou constat d'inachevé à gérer à la prochaine séance
5mn	**Désengagement**	Annoncer et préparer la fin de la séance en accord avec le coaché
15mn	**Post-contact**	Vérification des résultats ciblés de la séance Acquisitions ou éléments inachevés à travailler dans les séances suivantes. Ressenti Synthèse de l'entretien Début d'assimilation du vécu de la séance Valorisation du travail accompli Enrichissement de la personnalité Préparation du retrait et de la séparation
	Retrait **Disponibilité**	

Chapitre 5

Modalités du coaching

1. TARIFS

Prix moyen horaire d'un coaching entreprise : de 1000 à 2000 FHT

Prix moyen horaire d'un coaching particulier : de 500 à 1000 FHT

Autres formules forfaitaires en entreprise :
- **Coaching court (formule « Découverte ») : cinq journées sur site, journée au bureau du coach et quatre heures de communication (téléphone, fax, e-mail).**
- **Coaching stratégique (formule « Optima ») : dix journées sur site, une journée au bureau du coach et huit heures de communication.**
- **Coaching long (formule « Gold ») : vingt journées sur site, quatre journées au bureau du coach, communication illimitée pendant la durée du forfait.**

Les journées sur site peuvent être utilisées en journées de quatre heures ou en journées complètes.

2. ASSOCIATIONS, FORMATIONS

Voici une liste indicative de cabinets spécialisés dans le coaching et/ou la formation au coaching :

Paris (classement par arrondissements)

FMK CONSULTING
30, rue Beaubourg, 75001 Paris
Francis Karolewicz
Tél. : 01.43.24.00.64 - Fax : 01.43.24.01.69

LE DOJO
2, square Vermenouze, 75005 Paris
Jane Turner, Bernard Hévin
Tél. : 01.43.36.51.32, Fax : 01.43.36.12.21

INTERNATIONAL MOZAIK
14 bis, rue de Milan, 75009 Paris
Danièle Darmouri, Jacques-Antoine Malarewicz
Tél : 01.53.20.11.94, Fax : 0153.20.09.65

DEXTEAM CONSEIL
70, rue du Javelot, 75013 Paris
Olivier Devillard
Tél. : 01.45.86.29.75, Fax : 01.44.46.26.58

EPG CONSULTANTS
27, rue Froidevaux, 75014 Paris
Tél. : 01.43.22.40.41, Fax : 01.43.22.50.53

SOCIÉTE FRANÇAISE DE COACHING
10, rue de Presbourg, 75016 Paris
Assistante : Sylvie Sorel + conf. liste des membres titulaires et adhérents
Tél. : 01.44.17.18.42, Fax : 01.44.17.18.15

Hauts de Seine

GESTALT-INSTITUT DE NEUILLY
103, Avenue Charles-de-Gaulle, 92200 Neuilly-Sur-Seine
Charles Gellman, Chantal Higy-Lang
Tél. : 01.47.45.27.09, Fax : 01.47.47.49.83

Val de Marne

TRANSFORMANCE
4, Avenue Winston-Churchill, 94220 Charenton
Vincent Lenhard, Brigitte Vallet
Tél. : 01.43.07.77.95

Alsace

CB CONSEIL
12 rue Gounot, 68400 Riedisheim
Cécile de Barbeyrac
Tél. 03.89.65.17.19 – Fax : 03.89.54.97.81

CHIDHAROM Jérôme
6A, rue Principale, 68210 Hecken
Tél. 03.89.25.91.03, Fax : 03.89.25.37.90

DELTA-CONSEIL
6, rue des Tondeurs, 68100 Mulhouse
Chantal Higy-Lang
Tél/Fax : 03.89.36.03.85

SIGRIST CONSEIL
33, rue des Trois Rois, 68110 Mulhouse
Tél. 03.89.36.03.54 Fax : 03.89.36.03.

Gard

PICOULEAU Françoise
24, rue de la Garenne, 30000 Nîmes
Tél/Fax : 04.66.67.13.93

Suisse

IDC-INSTITUT DE COACHING
4-6, avenue Industrielle, CH, 1227, Acacias, Genève
Hélène Aubry
Tél. : 00.4.12.28.23.07.37, Fax : 00.4.12.28.23.07.36

REBETEZ Péan et Eva
Case postale 2350
Saignelegier CH
Tél/Fax : 004.13.29.51.20.12

3. ÉTHIQUE D'INTERVENTION ET CODE DE DÉONTOLOGIE

La majorité des associations professionnelles demandent à leurs membres de signer un code de déontologie. Nous reproduisons avec leur accord dans cet ouvrage le code de déontologie de la SFCoach.

Préambule

Ce code est établi par la Société française de coaching, exclusivement pour la pratique du coaching professionnel. Il est opposable à tous les membres de la Société française de coaching. Il vise à formuler des points de repère déontologiques, compte tenu des spécificités du coaching en tant que processus d'accompagnement d'une personne dans sa vie professionnelle.

Ce code de déontologie est donc l'expression d'une réflexion éthique. Il s'agit de principes généraux. Leur application pratique requiert une capacité de discernement.

Titre 1 - Devoirs du coach

Art. 1.1 - EXERCICE DU COACHING
Le coach s'autorise en conscience à exercer cette fonction à partir de sa formation, de son expérience et de sa supervision initiale.

Art. 1.2 - CONFIDENTIALITÉ
Le coach s'astreint au secret professionnel.

Art. 1.3 - SUPERVISION ÉTABLIE
L'exercice professionnel du coaching nécessite une supervision.
Les titulaires de la Société française de coaching sont tenus de disposer d'un lieu de supervision et d'y recourir à chaque fois que la situation l'exige.

Art. 1.4 - RESPECT DES PERSONNES
Conscient de sa position, le coach s'interdit d'exercer tout abus d'influence.

Art. 1.5 - OBLIGATION DE MOYENS
Le coach prend tous les moyens propres à permettre, dans le cadre de la demande du client, le développement professionnel et personnel du coaché, y compris en ayant recours, si besoin est, à un confrère.

Art. 1.6 - REFUS DE PRISE EN CHARGE
Le coach peut refuser une prise en charge de coaching pour des raisons propres à l'organisation, au demandeur ou à lui-même. Il indique dans ce cas un de ses confrères.

Titre 2 - Devoirs du coach vis-à-vis du coaché

Art. 2.1 - LIEU DU COACHING
Le coach se doit d'être attentif à la signification et aux effets du lieu de la séance de coaching.

Art. 2.2 - RESPONSABILITÉ DES DÉCISIONS
Le coaching est une technique de développement professionnel et personnel. Le coach laisse de ce fait toute la responsabilité de ses décisions au coaché.

Art. 2.3 - DEMANDE FORMULÉE
Toute demande de coaching, lorsqu'il y a prise en charge par une organisation, répond à deux niveaux de demande : l'une formulée par l'entreprise et l'autre par l'intéressé lui-même. Le coach valide la demande du coaché.

Art. 2.4 - PROTECTION DE LA PERSONNE
Le coach adapte son intervention dans le respect des étapes de développement du coaché.

Titre 3 - Devoirs du coach vis-à-vis de l'organisation

Art. 3.1 - PROTECTION DES ORGANISATIONS
Le coach est attentif au métier, aux usages, à la culture, au contexte et aux contraintes de l'organisation pour laquelle il travaille.

Art. 3.2 - RESTITUTION AU DONNEUR D'ORDRE
Le coach ne peut rendre compte de son action au donneur d'ordre que dans les limites établies avec le coaché.

Art. 3.3 - ÉQUILIBRE DE L'ENSEMBLE DU SYSTÈME
Le coaching s'exerce dans la synthèse des intérêts du coaché et de son organisation.

Titre 4 - Devoirs du coach vis-à-vis de ses confrères

Art. 4.1 - UTILISATION ABUSIVE DE L'APPELLATION SFCOACH
Seuls les titulaires peuvent utiliser l'appellation SFCOACH.
Un adhérent ne pourra utiliser l'appellation SFCOACH qu'après sa titularisation.

Art. 4.2 - OBLIGATION DE RÉSERVE
Le coach se tient dans une attitude de réserve vis-à-vis de ses confrères.

Titre 5 - Recours

Art. 5.1 - RECOURS AUPRÈS DE LA SFCOACH
Toute organisation ou personne peut recourir volontairement auprès de la Société française de coaching en cas de manquement aux règles professionnelles élémentaires inscrites dans ce code ou de conflit avec un coach de la SFCOACH.

Cette troisième partie de l'ouvrage a permis de sensibiliser le lecteur à l'importance du cadrage et de la mise en place du coaching (son « setting »), du contrat initial, de sa durée, de son lieu, mais aussi de l'importance d'un déroulement harmonieux et donc plus efficace. Tout cela demande beaucoup de savoir-faire, de professionnalisme et d'expérience.

Dans la partie suivante, nous allons nous attacher à développer les concepts du coaching, et notamment par l'approche d'une méthode psychologique originale : la **Gestalt**, ainsi que les outils nécessaires pour s'entraîner à coacher.

QUATRIÈME PARTIE

Les outils et concepts du coaching

Les outils du coaching sont bien plus qu'un recueil de recettes car, pour nous, ils s'appuient sur des concepts et un ensemble théorique bien pensé. Sans théorie, les faits se présentent confus et inorganisés, même si une théorie n'est qu'un état provisoire de la connaissance, destinée à être complétée ou remplacée.

D'où l'importance que nous avons accordée aux hypothèses de la Gestalt, système psychologique intégré associé à une approche existentielle des phénomènes humains. Cette approche permet aussi de définir des styles personnels de coaching, dont nous donnons une douzaine d'exemples.

Entre stratégie humaniste et art martial, le coaching s'appuie sur l'affirmation de la personne, sa croissance psychique, son épanouissement, par la prise de confiance en soi, l'adaptation créative et fluide aux changements de l'environnement.

À partir de ces principes largement illustrés, la boîte à outils du coach, contient des instruments éprouvés comme l'*awareness* (concentration attentive et conscience de cette concentration), le cycle du contact, les évitements du contact, le travail sur les polarités en opposition (base des logiques de la complexité), l'approche holistique (globale) des problèmes. Cela est détaillé dans les cinq axes de la « relation managériale optimale ».

Cette partie se termine sur quelques petites misères du coaching et les conseils amicaux de coachs aguerris.

Chapitre 1
Douze styles de coaching : à chacun son coach !

DU COACHING DE L'EXPERTISE AU COACHING RELATIONNEL

Les situations auxquelles sont confrontées les coachs sont très diverses. Le tableau ci-après présente douze styles de coaching en donnant à chacun quelques éléments de description.

Le coaching

Type de coaching	Description	Profession
1 – Coaching expertise		
11 – Coaching expert	Analyse et gère les idées – distant et érudit	Commissaire aux comptes
12 – Coaching neutre analytique	Intellectuel – verbe clair et précis	Psychanalyste et consultant en entreprise
13 – Coaching en interne	Bonne connaissance du terrain – aime les faits	Manager et coach en interne
2 – Coaching stratégique		
21 – Coaching négociation/marketing	Aime les idées et les globalise – à l'aise dans les contradictions	Consultant en négociation et médiation
22 – Coaching stratégie	Construction du futur – gestion des conflits – goût du risque	Avocat – spécialiste dans les technologies du Web
23 – Coaching créateur – artiste	Innovateur et intuitif – visionnaire	Illustrateur et écrivain
		…/…

Douze styles de coaching

.../...

3 – Coaching organisationnel		
31 – Coaching management	Méthodologique – organisateur – reste maître de son territoire	Consultant en management et écrivain
32 – Coaching magistral et pédagogique	Ritualiste et minutieux – didactique	Professeur d'université : sciences de l'éducation
33 – Coaching paternel	Conservateur et structuré – prudent	Formateur – manager
4 – Coaching relationnel		
41 – Coaching communication	Image de marque – ennemi du conflit – sensible – ludique	Photographe et consultant – animateur d'effets spéciaux
42 – Coaching maternel	Naturel – spontané – relationnel – sens du contact	Psychothérapeute
43 – Coaching ressources humaines	Connaissance instinctive des foules – relationnel aisé	Responsable des ressources humaines – coach en interne

Chapitre 2

Pour en savoir plus

1. LA GESTALT, UNE APPROCHE PSYCHOLOGIQUE ORIGINALE

Ce chapitre théorique, peut être négligé par le lecteur pressé, soucieux d'informations pratiques sur le coaching. Il s'agit ici d'une introduction aux outils développés dans les chapitres suivants et d'un éclairage pour la compréhension des cas concrets de coaching.

La Gestalt (abréviation de Gestalt-thérapie), est un système psychologique moderne de type intégré. Fritz Perls est son créateur. Longtemps, la référence en psychologie a été la psychanalyse avec ses variantes freudienne, jungienne puis lacanienne. Avec l'expérience, ses limites sont apparues en particulier dans de nombreux domaines qu'il s'agisse de la médecine, de la psychothérapie et de la psychologie individuelle et sociale, en particulier celle de l'entreprise. La psychanalyse reste fascinante mais comme philosophie voire comme esthétique intellectuelle.

Le peu d'efficacité des dérivés psychanalytiques a poussé les thérapeutes à en modifier le cadre et à y associer d'autres techniques : émotionnelles, corporelles, comportementales, groupales. L'association de techniques différentes est souvent un progrès par rapport à un mode de fonctionnement en pensée unique. Cependant, si ces techniques ou outils sont utilisés en dehors d'une prise en charge globale, cela peut conduire à des abords composites ou éclectiques. On peut se retrouver alors avec un patchwork ou un sandwich de techniques, la boîte à outils du coach s'alourdissant dans l'accumulation indéfinie desdits outils. C'est aussi l'émiettement théorique et le risque de perte de sens au profit du faire immédiat.

À l'opposé la Gestalt-thérapie s'intéresse plus au processus unifiant et intégrateur, qu'aux techniques elles-mêmes et elle permet à chaque coach de développer son style personnel dans le champ psychologique. Le meilleur outil c'est le coach lui-même. L'attention (focus) est portée sur ce qui se déroule « ici et maintenant », « maintenant et comment ». Dans un cadre convivial et permissif, il est possible d'expérimenter en paroles, en sensations, en émotions, en imagination et aussi de vivre des régressions. Ces expériences ont des effets correcteurs et réparateurs. Les étapes expérientielles sont suivies d'étapes d'analyse et de réflexion théorique sur les vécus. Pour résumer, l'accent est principalement porté sur *comment changer l'expérience*, plutôt qu'analyser *pourquoi elle dysfonctionne*.

Dans ce chapitre nous envisagerons seulement les concepts principaux mis en œuvre durant les séances de coaching.

Avant de poursuivre, il nous faut remercier Serge Ginger ; nous lui avons emprunté beaucoup, à travers ses livres, articles (voir en bibliographie), et son enseignement oral.

> « *GESTALT* » : *ÉTYMOLOGIE*
> Subst. fém. allemand : « Apparence, manière d'être, état. Constituer, constater, se présenter au regard, diriger sur un objectif ».

> En psychologie « Gestalt » désigne le fait que le tout est plus grand et différent de ses parties, et que la forme est indépendante des propriétés de ses parties.
> Pour Kant on peut considérer le concept de Gestalt comme l'unicité et la cohérence parfaites refermées sur elles-mêmes d'un objet (globalité).

2. MÉTHODES ET CONCEPTS PRINCIPAUX[1]

2.1. « Ici et maintenant » – « Maintenant et comment » ?

La démarche de la Gestalt-thérapie est phénoménologique, et privilégie la description plutôt que l'explication. Ce qui est intéressant n'est plus seulement le « pourquoi » des choses, mais aussi le « comment ». Avec les coachés, on peut utiliser des variantes, parfois mieux comprises. Par exemple : « Là, tout de suite, que ressentez-vous ? que faites-vous ? qu'est-ce-que vous évitez ? » « Quelles sont vos attentes maintenant ? »

Plutôt que de revenir, de ressasser le passé (sur le modèle analytique classique), il est préférable de se centrer sur le présent et l'actualité en sachant que cette expérience de l'« ici et maintenant » est complète, actuelle. Elle concerne l'organisme dans sa globalité. Cette expérience contient aussi les souvenirs, l'imaginaire, les situations inachevées, les anticipations...

---

1. S. Ginger, La Gestalt, une thérapie du contact, Hommes et groupes, Éd. Paris, 1994.

2.2. L'*awareness* ou la conscience attentive de la réalité

C'est un état de conscience spécifique, orienté vers la connaissance, la reconnaissance de l'environnement externe, mais aussi interne. Il y a attention, focalisation, vigilance, conscience immédiate du présent, concentration psychique. Cependant l'*awareness* peut aussi selon les circonstances, prendre la forme de l'attention flottante.

La finalité de cette attitude mentale est phénoménologique : être en prise directe, appréhender sans *a priori* la réalité psychique du moment. C'est un outil important du coach, qui est à la fois concentré sur son client, sur l'environnement, et aussi sur ses propres sensations internes et ses intuitions. L'apprentissage de l'*awareness* est peut-être l'acquisition la plus opérante pour le coaché. Elle lui permettra de faire face aux situations imprévisibles, de s'y ajuster et d'en mesurer les conséquences. Dans les situations de choix l'*awareness* permet par une connaissance intérieure immédiate, de s'engager en fonction de ses besoins réels et non pas en fonction du désir des autres ou de croyances soi disant rationnelles.
La capacité d'*awareness* d'un coaché est un indicateur précieux de ses possibilités évolutives et l'un des critères de réussite du coaching.

2.3. Le processus, le cycle de l'expérience

Le coach et son client sont attentifs et concentrés sur les aléas de la relation qui se déroule « ici et maintenant ». Perls[1] aimait poser quatre questions centrées sur le processus :
   « Qu'es-tu en train de faire maintenant ? »
   « Que ressens-tu en ce moment ? »
   « Qu'es-tu en train d'éviter ? »
   « Que veux-tu, qu'attends-tu de moi ? »

---

1. *The Gestalt Approach,* Bantam Books, N.-Y., 1973.

Cette dernière question nous ramène à l'inévitable transfert et aux projections qu'il véhicule. Ces projections du passé vont être utilisées dans un va-et-vient, une « navette » entre présent et passé, entre le non-verbal et le verbal, entre l'émotion et la prise de conscience.

Toute action individuelle ou interaction relationnelle se déroule en plusieurs phases, constituant le « cycle du contact-retrait » ou « cycle de satisfaction des besoins ». Perls et Goodman distinguaient quatre phases principales : le pré-contact, la prise de contact, le plein-contact, et le post-contact (ou retrait). Cette conception a un intérêt clinique très important : aucune relation d'aide, d'accompagnement ou de conseil n'est possible si le coach et le client ne sont pas dans le contact. Nombre de séances restent dans un pré-contact qui peut s'éterniser faute d'engagement réel. La fin d'une séquence de coaching (le temps du désengagement selon Ginger), n'est pas moins importante et peut être ratée, détruisant de manière rétroactive le travail précédent. C'est la grande originalité de la Gestalt, et aussi une difficulté spéciale pour le coach qui doit rester vigilant sur le processus en cours, le cycle expérientiel et prendre soin de la séparation qui ne se produit pas forcément quand sonne l'heure.

2.4. Gestalts inachevées

Normalement, dès qu'une action (psychique ou comportementale) est terminée, nous sommes disponibles pour une action nouvelle. Lorsque le cycle ne s'est pas déroulé d'une manière complète, la situation peut demeurer inachevée et constituer un élément pré-conscient de pression interne, soit mobilisateur, soit névrogène.

Ainsi, certains managers ne se remettent pas ou très difficilement d'un licenciement qui est vécu comme une blessure indélébile dont ils ne peuvent guérir. D'autres n'arrivent pas à achever les actions ou les créations. C'est le lancement d'un projet qui les passionne et ils laissent à d'autres le soin du développement, de la croissance et parfois de la cueillette des bénéfices !

Que de projets avortés faute d'une attention et d'une énergie suffisante et soutenue jusqu'à l'achèvement complet. Par exemple s'il lui manque un seul mètre, un pont n'est pas un pont ! La volonté de terminer ce que l'on a commencé est un grand facteur de réussite. Le suivi attentif du coach peut être véritablement salutaire.

2.5. La frontière-contact (interface)

Selon Goodman « l'étude de la manière dont l'être humain fonctionne dans son environnement est l'étude de ce qui se passe à la *frontière-contact* entre l'individu et son environnement. C'est à cette frontière que les événement psychologiques prennent place ».

C'est à la frontière-contact que se font les échanges. Les résistances ou perturbations du contact peuvent être considérées comme des problèmes d'interface. En coaching, il est intéressant de centrer son attention sur le point de contact entre l'individu et son environnement professionnel : que se passe-t-il à cet endroit particulier ? Que ressent-il dans cette situation précise et par rapport à d'autres situations de contact.

Dans le coaching vont être étudiées les distances entre les personnes pendant leurs contacts et le retentissement sur leur fonctionnement professionnel. En pratique, le coach constate dans la plupart des cas un déficit de contacts, cause sérieuse de perturbations. Le stress contribue à réduire les contacts y compris dans le champ personnel, comme le coach l'apprend suite à la question : « Combien avez-vous d'amis ? ».

Un autre travail sur les limites du contact est de déterminer à partir de quelle intensité ou proximité un contact devient intrusif, non respectueux, voire persécuteur. C'est tout à fait individuel et différent pour chaque personne qui doit apprendre à reconnaître son fonctionnement dans ce domaine subtil et à savoir dire non ou stop quand il est dans le malaise. La frontière se situe aussi dans le temps : c'est *la transition*, c'est-à-dire la période de temps entre deux états ; exemples : déménagement, changement de poste, restructuration, voyage.

Dans toutes ces situations, le coach est le passeur de frontières essentiel, celui qui repère et accompagne le passage !

2.6. Résistances et mécanismes défensifs

Perls distinguait quatre principales résistances : la *confluence* (excès de contact, fusion), l'*introjection*, la *projection*, la *rétroflexion* (inhibition, somatisations, dépression), concepts empruntés à la psychanalyse.

Depuis d'autres descriptions ont enrichi la clinique gestaltiste : la *déflexion* (intellectualisation, évitement), la *proflexion* (manipulation), l'*égotisme* (narcissisme), l'*invalidation* (égotisme attaqué par les introjections)... Tous ces concepts seront développés dans les cas concrets de coaching étudiés plus loin.

La plupart des personnes dysfonctionnelles sont porteuses d'introjections (« on doit », « il faut », « il ne faut pas », « ce n'est pas bien », « ce n'est pas normal »), venues de l'environnement parental, culturel ou religieux.

Dans les conflits entre personnes dominent les projections, où chacun attribue à l'autre ce qu'il ne supporte pas en lui même.

2.7. La responsabilisation

Chacun est responsable de soi et bien sûr de son coaching, (on sait aujourd'hui que le « facteur client » est le principal facteur de réussite d'un coaching), qui vise à l'autonomie de sa conduite et de ses décisions. Le client n'est pas une personne passive qui subit un traitement, ou une méthode ésotérique pour lui, mais un partenaire, voire un collègue actif.

En Gestalt on propose souvent de remplacer la formulation « je ne *peux* pas » par « je ne *veux* pas » pour souligner cette responsabilisation.

2.8. L'expérimentation

Là où certains travaillent sur le passé, la Gestalt substitue la recherche expérimentale de solutions, par des mises en action métaphoriques ou symboliques. La mise en action favorise l'*awareness* à travers des représentations concrètes expérimentées dans plusieurs versions différentes. Elle n'est pas un passage à l'acte impulsif et défensif, mais une élaboration mentale créative.

L'expérimentation apporte une grande liberté dans le coaching :
- le droit à l'erreur, car l'erreur n'est pas l'échec,
- le droit au tâtonnement, de changer d'avis, de se contredire,
- le droit de créer sa propre approche, son propre style de coaching,
- le droit de faire le contraire, ou autre chose, et d'ailleurs « il y a mille contraires ».

L'expérimentation comporte deux versants : une forme active « expérimenter » et une forme passive « expériencier » (vivre, ressentir une expérience, un vécu par exemple : le rejet ou l'amour). Une expérimentation spécifique en Gestalt est l'exploration des extrêmes, le travail sur les polarités. Dans le dictionnaire Larousse, la Gestalt est définie comme un travail sur les contradictions humaines.

Ces polarités sont variées : introjection/projection, adaptation/création, soumission/rébellion, introversion/extraversion, amour/haine, tendresse/agressivité, frustration/gratification... À travers ces exemples, on se rend compte aussi que le « bon choix », n'est pas forcément le « juste milieu » : se situer entre masculin et féminin, n'est pas le plus confortable. Une position extrême affirmée est souvent préférable : on ne peut être à moitié enceinte.

Le travail sur les polarités s'effectue par la technique du monodrame empruntée à Moreno, où le client joue lui-même alternativement deux ou plusieurs rôles. Pour changer, il faut déjà s'accepter, vouloir être soi-même c'est-à-dire se découvrir, apprendre à se connaître.

2.9. La relation thérapeutique

Le coach gestaltiste est un accompagnant attentif, qui partage avec son client les découvertes de l'aventure thérapeutique. Il n'est pas dans la neutralité bienveillante analytique. Il partage si besoin est ses impressions, surprises, impatiences avec son client, attentif à l'effet produit. C'est l'attitude de « sympathie » de Perls. L'exploitation délibérée du ressenti personnel du praticien, de son vécu de contre-transfert est un outil spécifique de la Gestalt.

La santé et la croissance psychiques dépendent de la qualité de nos relations. On peut identifier huit « besoins relationnels »[1] :
- de sécurité
- de valorisation
- d'être accepté
- de réciprocité
- d'auto-définition
- d'avoir un impact
- de bénéficier d'initiative d'autrui
- d'exprimer l'amour

Ces besoins que l'on pourrait plutôt qualifier d'attentes, car la notion de besoin renvoie au physiologique, sont présents dans toute relation et en fait définissent une relation. Cette évaluation permet au client d'abandonner les vieux schémas (les gestalts fixées) qui furent autrefois protecteurs et qui maintenant sont inadaptés et anachroniques.

---

1. *Beyond Empathy*, Erskine & Moursund's, Brunner-Mazel, Éd. Philadelphia, 1999.

3.0. Approche holistique extensive : « coaching total »

Le matériel psychologique exploré fait une large part au verbal : souvenirs, récits, descriptions, associations libres, rêves. Certaines séances peuvent ressembler à des séances de psychothérapie analytique.

Le travail sur l'imaginaire est important. La résistance typique, est la pauvreté fantasmatique, l'atrophie de l'imaginaire.

Mais le plus souvent l'abord concerne l'individu dans ses cinq dimensions principales (pentagramme de S. Ginger) : dimension somatique (le corps), dimension affective (le cœur, les émotions), dimension rationnelle (la tête), dimension sociale (les autres, la culture, la société), dimension spirituelle (la métaphysique, l'homme, le sens de l'existence, l'universel).

Le dialogue du coaching utilise les langages disponibles : la parole, la posture, les attitudes, les gestes et micro-gestes qui sont autant de signaux codifiant le discours, les émotions, les manifestations végétatives vasomotrices.

La règle de tout dire est élargie à un « tout exprimer » (qui n'est pas un « tout faire » sauvage), par des canaux sensoriels variés incluant le toucher, l'expression émotionnelle (larmes, cris, colère), l'expression artistique (dessins, collages, création d'une œuvre), l'exploitation du cadre (objets métaphoriques).

> **« Loose your head, come to your senses »** (Perls).

L'interaction corporelle est intéressante par exemple dans des exercices de relaxation, de respiration ou de prise de conscience de la dimension corporelle. Le travail sur le contact est nettement facilité. Il y a aussi une déculpabilisation efficace vis-à-vis des introjections négatives courantes concernant le corps et son image, et une meilleure intégration du schéma corporel avec plus de fluidité dans les mouvements et déplacements, fluidité si importante pour le look corporel qui n'est pas seulement dans l'habillement, mais dans toute la gestuelle.

D'autres techniques psychocorporelles, comme la bioénergie (A. Lowen) d'inspiration reichienne mobilisent plutôt l'agressivité dont la gestion a toujours été valorisée en Gestalt. On peut utiliser la confrontation ou la provocation, ou des situations de stress graduées. Cela va mobiliser les ressources énergétiques du client lui permettant de sortir d'états fusionnels ou d'hyperprotection maternante. L'agressivité orale permet la survie de l'individu, comme la sexualité permet la survie de l'espèce. L'accès à la masculinité nécessite enfin une agressivité phallique, sans laquelle le garçon demeure hypomasculin voire féminin.

Le travail psychocorporel facile en psychothérapie, n'est pas évident à mettre en œuvre dans le cadre de l'entreprise, avec des managers en costume-cravate ! Cela nécessite des préliminaires, de la patience et beaucoup d'explications. On peut débuter par des exercices de gestion du stress inspirés des méthodes de relaxation, qui sont en général bien acceptés.

Chapitre 3
Le coaching, entre stratégie humaniste et art martial

1. ADOPTER UNE STRATÉGIE HUMANISTE

« Ce qui rend humain l'homme, c'est le regard humaniste. » La notion de « regard » est tout à fait fondamentale, car s'il est difficile et souvent vain de vouloir changer une personne, il est possible de changer son regard sur elle.

1.1. Le regard humaniste[1]

> L'être humain en tant qu'humain est supérieur à la somme de ses différentes parties.
> L'être humain n'existe que dans un environnement humain.
> L'être humain est conscient.
> L'être humain a le choix.
> L'être humain est intentionnel.

---
1. Abraham Maslow, Carl Rogers, Rollo May et Fritz Perls (à travers leurs œuvres), Source : Encyclopedia Britanica.

La psychologie humaniste a une approche holistique de l'expérience humaine. De ses origines existentialiste et phénoménologique, elle privilégie :
- la responsabilité individuelle,
- la liberté,
- la conscience des besoins actuels physiques et psychologiques de la personne,
- l'importance de l'expérience immédiate,
- le rôle de la personne dans la création du sens de sa vie.

1.2. L'attitude du coach, sa posture

> Approche sympathique.
> Attention au champ total (client, thérapeute, leur relation « quand toi tu…moi je.. », environnement).
> *Awareness* : attention flottante méditative et concentration ; présence sans engagement ni rejet.
> Confiance dans la spontanéité et l'authenticité comme valeurs.
> Position non directive (Kurt Lewin) mais centrée sur le client (Carl Rogers), ses besoins, ses désirs, ses demandes, le respect de son rythme ; et aussi sur ses difficultés.

La position non directive ne peut être tenue de façon intégriste, car il est impossible de ne pas influencer, et après tout c'est ce que recherche le coach qui espère avoir un impact sur le processus du coaché. En fait la position humaniste c'est d'amener le coaché à se prendre en charge lui-même.

La stratégie humaniste à travers tout cela, c'est d'amener à l'existence ; de passer de la survie (« on décide pour moi »), à la vie (« je décide ») et à l'existence (« je vis dans la conscience et l'intensité »).

1.3. Quelques mots philosophiques

Certaines notions philosophiques semblent utiles au point où nous en sommes pour éclairer ce qui précède, en particulier sur la philosophie existentielle.

L'existentialisme est une doctrine philosophique qui s'intéresse à l'existence de l'homme et à sa raison d'être dans le monde. Cette philosophie est centrée sur l'individu et l'orientation de sa destinée. Sur les exigences de notre cœur, de nos sentiments et de nos émotions prime l'explication rationnelle du monde. Engagé dans la société, l'existentialisme n'enseigne ni la fuite ni le repli sur soi. Il encourage l'agir et l'ouverture. L'être humain est liberté. Mais pour la vivre le plus pleinement possible, il doit s'engager dans son milieu en réalisant des projets à l'intérieur d'une communauté humaine.

Les existentialistes rejettent la distinction entre sujet et objet et déprécient ainsi la connaissance purement intellectuelle. La connaissance ne s'acquiert pas par la raison, il faut plutôt éprouver la réalité. Cette épreuve a lieu dans l'angoisse, par quoi l'homme saisit sa finitude et la fragilité de sa position dans le monde, ce monde où il est jeté, destiné à la mort Heidegger.

La réalité nous renvoie ce que nous pensons d'elle à travers introjections, projections et processus réflexifs. Posons alors un regard humaniste sur la réalité.

2. LES RACINES DE LA CONFIANCE EN SOI

> **Définition :** confiance, n. f. du latin *confidentia*, mot de la famille de *fides* (foi, confiance) :
> état d'esprit de la personne qui se sent sûre de ses forces :
> « Un homme plein de confiance ».

> **Les contraires sont instructifs :** « Défiance – Doute – Méfiance – Angoisse – Anxiété – Appréhension – Crainte – Inquiétude – Peur ».

C'est un problème difficile et très fréquent que d'être confronté au manque de confiance intérieur de nos clients en coaching. Si on consulte la documentation existante sur le sujet qui est abondante, on est renvoyé à des explications simplistes « c'est dû à une enfance trop dépendante, aux parents qui n'ont pas su donner l'amour, la sécurité et le support nécessaires », « c'est une défaillance de la société qui est exigeante et stressante, c'est la vie qui amène ses problèmes et ses drames, c'est l'entreprise qui en veut trop et ne renvoie pas assez ».

Le sentiment de confiance est donc par nature fragile car dépendant de l'histoire personnelle et de l'environnement passé et actuel. Pour les psychanalystes, il s'agit de la manifestation du complexe de castration chez l'homme et du désir de pénis chez la femme. En somme l'humain est condamné à l'insatisfaction ; jamais les désirs infantiles ne pourront être vraiment comblés par la réalité.

Pour les philosophes, c'est pire : l'angoisse existentielle est intégrée à notre vie, et même elle nous permet de nous sentir exister face à la finitude et la limitation de nos décisions et actions, et à l'incertitude de l'avenir.

La religion nous promet depuis les écritures, « de gagner son pain à la sueur de son front, et d'enfanter dans la douleur », cela en punition du péché d'avoir goûté au fruit de l'arbre de la connaissance.

Faut-il donc se mortifier ou vivre pleinement l'existence de la société du XXIe siècle ?

La vie adresse sans cesse des défis, mais les ressources nécessaires pour les reconnaître et les maîtriser sont souvent disponibles à tous, et les solutions arrivent parfois de façon insolite. Le challenge du coach est d'aider les personnes et les professionnels à trouver un équilibre entre les contraintes et exigences contradictoires de leur vie professionnelle, familiale, et de leur vie intérieure personnelle. Le véritable changement dans l'entreprise vient de l'intérieur des individus et il est justifié d'intervenir à ce niveau individuel qui mérite le maximum d'efforts : si le coaching est un investissement pour l'entreprise, il l'est aussi pour la personne.

Nous vous proposons ci-dessous quelques outils pour travailler la confiance en soi.

2.1. L'équilibre

Une personne en position debout n'offre que peu de résistance au déséquilibre. Qu'elle se raidisse et c'est pire, quelle que soit sa position : pieds joints, sur deux pieds, pied en fente, une poussée faible suffit pour provoquer le déséquilibre.

Le déséquilibre potentiel est donc la règle, et l'équilibre c'est la capacité à réagir et à évoluer de façon fluide et dynamique. L'équilibre c'est le mouvement dans la fluidité. C'est utiliser le déséquilibre pour revenir ou rebondir. C'est aussi l'attitude d'attente dans les arts martiaux, constamment en petits mouvements et changements d'appui.

> *Exercices d'équilibre et de confiance en groupe*
>
> Vérifier son équilibre debout, la fragilité de cet équilibre, et comment avoir un équilibre plus dynamique et une posture plus fluide, en mouvement permanent.
> Se faire porter par le groupe, puis se faire soulever et porter à bout de bras.

> La toupie : se mettre au centre du groupe (six à huit personnes) et se faire pousser et renvoyer de l'un à l'autre. Cela ne devient ludique que si l'on n'oppose aucune résistance et que l'on donne sa confiance au groupe.

2.2. L'image de soi

L'image de soi peut se travailler devant un miroir, seul, en groupe ou avec son coach. Il s'agira d'identifier les qualités principales et secondaires de son propre corps et d'apprendre à mieux les montrer, les développer, les utiliser.

> Se regarder comme si c'était la première fois qu'on se voyait.
> Dire ou lister par écrit toutes les pensées négatives ou limitatives qui viennent à l'esprit : « je me trouve moche, vieux, fatigué, des rides, des yeux cernés, des boutons etc. »
> Parler en direct à son corps : « tu es trop gros, petit, ... »
> Demander au corps ou ses différentes parties de répondre.
> Chez soi refaire, nu, l'exercice.
> Lister les ressources positives de ce corps qui de toute façon nous a déjà permis de vivre jusqu'à ce jour.

En fonction du contexte privé et de l'entreprise, le coach pourra travailler avec les coachés sur le look vestimentaire.

> Penser le look en terme, de visibilité, de rayonnement, de fluidité des tissus, de symbolisme des couleurs.
> Ne pas hésiter à jeter ou à donner tout ce qui est démodé, abîmé, négligé, vieilli, usagé, inadapté (taille...).

> Soigner les accessoires, surtout pour les hommes qui ont tendance à les négliger (montre, bijoux, cravate, foulard, chaussettes..) qui donnent la touche de confort et d'auto-estime. Vérifier s'ils sont culturellement acceptables.

Après ce travail, le coaché va essayer de dégager des formulations, des résolutions « clés » qui permettront d'aboutir à des actions ou projets auxquels il ne pensait pas consciemment :

« Je dois me respecter plus »

« Je dois prendre soin de moi et de mon corps » « Je vais reprendre le sport, tennis, golf, faire un régime. »

2.3. La sécurité intérieure

C'est un sentiment subtil, et difficile à explorer

> *Exemple d'exercice de type méditatif* sur le thème : « mon sentiment de sécurité intérieure ». Cette séance de méditation de 30 à 40 minutes, peut se dérouler dans le silence, ou avec fond musical de relaxation, ou avec l'assistance du coach qui organise une méditation guidée sur un mode sophrologique. Le coaché ne parle pas pendant la séance mais ensuite il peut s'exprimer, prendre des notes ou dessiner.
> « Je me sens plutôt fragile et vulnérable dans ma sécurité interne ; j'ai tendance à être sur mes gardes ; ma sécurité est fugace ; je redoute les problèmes de santé et j'ai tendance à faire périodiquement des examens médicaux dont les résultats ne me rassurent que quelques mois ; je me sens vieillir.
> En relation avec une personne homme ou femme, cette personne devient source d'insécurité ; que veut-elle (il) ?

> Quelles réflexions plus ou moins agréables voire blessantes vais-je entendre ? Et pourtant j'apprécie la compagnie, l'amitié, la convivialité. »

2.4. Croyances négatives

Ces croyances nées de l'enfance, de l'éducation et des expériences professionnelles passées ont un effet limitatif fort. Elles incitent au retrait, à la passivité, à l'application bureaucratique des consignes et au blocage de toute créativité. En terme technique il s'agit d'introjections. (l'introjection est une croyance non critiquée, un préjugé, quelque chose qui ne m'appartient pas et que j'utilise comme système défensif).

« Je n'y arriverai pas ; je suis incapable ; je suis pessimiste ; je me résigne ; je me sens seul ; je dépends de l'avis des autres ; je suis lent ; je me laisse dominer, mon travail est sans intérêt, sans avenir ; j'ai refusé un poste car je ne parle pas l'anglais... »

Pourquoi s'intéresser aux croyances négatives ? N'est-ce pas dangereux de réveiller de vieux démons ? C'est douloureux. Ne vaut-il pas mieux travailler dans le positif ? L'expérience est très instructive. Travailler uniquement dans le positif ne donne pas de résultat durable ; l'effet de suggestion s'estompe plus ou moins vite et on a l'impression de prier dans le vide et d'être obligé de recommencer sans cesse. Le travail sur les pensées limitantes, plus difficile *a priori*, déblaie les obstacles et permet aux énergies récupérées de se développer. Chaque proposition négative est un réservoir énergétique d'autant plus important qu'il est inconscient. L'objectif va être, non pas de rejeter, de tenter d'éliminer la croyance négative (ce qui relève d'une mission impossible) mais de transformer, de transmuter cette croyance.

> **Exercice**
> Lister par écrit (sur cahier personnel ou *paper board* avec le coach), une dizaine de croyances négatives.
> En choisir une.
> Vérifier son actualité : beaucoup de ces pensées sont périmées et concernaient des situations anciennes qui n'existent plus ou dont les conditions ont changé.
> Vérifier que la pensée négative me concerne et non pas une autre personne.
> Vérifier que la pensée négative a une réalité objective et son degré de réalité.
> Mettre en scène le scénario négatif par un jeu de rôle avec d'autres personnes présentes ou symbolisées, ce qui permet de faire apparaître des éléments imprévus significatifs.
> Demander aux participants du groupe éventuel, leurs commentaires et sentiments.
> Demander aux participants de proposer des solutions.
> Encore plus intéressant : que me fait gagner cette pensée négative, quel est mon profit caché, qu'est-ce que j'évite avec elle, qu'est-ce que je me donne de bon, quelle ressource j'utilise pour maintenir cette pensée ?

Jacques a 28 ans, c'est un cadre informatique au chômage. Pensée négative : « Je manque de confiance. »
Jacques : « J'ai du mal à faire les choses dans mon travail, à prendre des décisions, je dois réfléchir longtemps et à la fin je dis ou je fais n'importe quoi. J'ai du mal à m'exprimer, à dire les choses, à dire ce que j'ai envie de dire, j'ai peur, ça me bloque. »
Coach : « Continuez. »
Jacques : « Je ne sais pas me faire plaisir. »
Coach : « Vous préférez souffrir et faire des efforts, qu'est-ce que cela vous apporte ? »

Le coaching

Jacques : *« Le contrôle. »*
Coach : *« Dans quel domaine ou quelle circonstance votre manque de confiance est-il le plus important ? »*
Jacques : *« Dans la sexualité ; je n'ai pas trouvé mon identité, je n'ai pas le droit d'être, d'exister tel que je suis. »*
Dans la séance de coaching suivante Jacques abordera ses hésitations vis-à-vis de l'homosexualité.
C'est là que son énergie est à la fois investie et bloquée, et qu'il faudra l'aider à vivre cette réalité.

Julie, 42 ans, est cadre comptable. Elle connaît des tensions permanentes avec son chef dont elle reconnaît la compétence mais qu'elle critique sans arrêt. Elle a des pensées négatives : « Je n'ai pas de chance, je me laisse faire, les autres passent avant moi pour les augmentations… ». Dans le travail sur ces pensées, le coach note les qualificatifs suivants concernant son entourage masculin : « menteur, cochon, con, vieux garçon maniaque, tricheur, rapace … »
On conçoit que le contact avec les hommes soit compliqué pour Julie, ce qu'elle conteste !

Exercice :
Exprimer la pensée limitative :
   « Je suis trop vieux »
Se demander quelles sont les émotions, les sensations corporelles associées…
   « je ressens la tristesse, le regret surtout, d'avoir manqué des occasions, d'avoir fait des erreurs »
   « je me sens fatigué, j'ai des douleurs dans le dos, parfois des vertiges »
Identifier le centre énergétique où se situent ces sensations.
   « je pense que les centres énergétiques concernés sont le ventre et le bassin »

> Identifier les croyances associées.
>> « je ne mérite plus grand chose de nouveau, je ne peux plus séduire, je n'ai pas l'énergie pour prendre des décisions, donc je laisse faire »
>
> Enfin, détecter la ressource, l'élément positif nécessaire pour créer la transformation.
>> « j'ai une certaine sagesse, sérénité, pas mal de savoir ; je suis en paix avec moi même, je ne veux plus rejouer les jeunes, je voudrais continuer une démarche spirituelle »

2.5. La confiance en soi au féminin

Elle pose des problèmes spécifiques, bien étudiés par les mouvements féministes qui ont révélé une certaine oppression sociale vis-à-vis des femmes, des salaires plus faibles, des postes à responsabilité difficiles à obtenir, une faible représentation des femmes en politique, l'exclusion de certaines professions, le harcèlement sexuel, etc. Une femme doit souvent montrer plus de compétences qu'un homme à poste équivalent. En compensation, les femmes acceptent plus facilement de se confier à des amies, de chercher un appui masculin, une aide psychologique, un coaching. Parfois les femmes paient la réussite professionnelle d'une certaine perte de féminité que le coaching se doit de gérer et de rétablir.

> *Clara est âgée de 25 ans, elle est ingénieur dans une centrale nucléaire.*
> *Elle est chef d'atelier et dirige une équipe de trente hommes. Pour faire oublier sa féminité et ses « rondeurs », « j'ai trop de fesses, et trop de seins ! », elle s'habille unisexe et se coiffe les cheveux très courts. Son malaise grandissant, elle souhaite faire quelques séances de coaching. Rapidement elle réalise qu'elle a perdu l'image féminine qu'elle avait d'elle auparavant et que son capital de confiance est*

en régression lui aussi : « je me suis déguisée en homme, en être asexué pour cacher à l'équipe ce que je suis ! ». Elle décide de porter jupe et corsage, quand son travail ne la contraint pas à intervenir techniquement dans l'atelier, et elle constate avec surprise que son autorité professionnelle n'en souffre nullement, au contraire : « je suis moins agressive avec eux, j'ai davantage confiance en moi ». Au final, Clara s'est respectée en respectant sa féminité !

2.6. Méditation à thème : « le positif »

> Position assise de préférence à terre sur un coussin, yeux fermés, musique de relaxation ; durée 15 minutes puis 15 minutes dans le silence.
> Noter les associations d'idées.

« je vis dans le positif parce que je vis »
« je vis positif »
« je garde le positif »
« je ne refuse pas les cadeaux de la vie »
« je prends les cadeaux de la vie »
« le positif me fait du bien »
« dans le positif, je suis gagnant »
« dans le positif, je gagne plus que je ne perds »
« le positif me permet de donner »

2.7. L'empreinte du premier travail ou du premier emploi à responsabilité

Il a une importance comme tout ce qui survient pour la première fois, en laissant des traces persistantes dans l'esprit. Un échec laissera des effluves traumatiques, une appréhension, un manque de confiance. Un premier emploi mérite de l'attention ; les petits boulots, les postes intérimaires, les CDD à répétition fabriquent des déçus de la vie professionnelle.

Les jeunes diplômés se voient souvent confier des missions impossibles : manager une équipe, mettre en route un gros projet. Il peut s'agir d'une « patate chaude », que l'on repasse au dernier arrivé, qui n'osera pas contester la mission ; c'est aussi une épreuve initiatique pour tester le nouveau venu et inconsciemment une revanche ou un bizutage par les anciens, pas mécontents de voir le diplômé « se planter ». Exemple, ce jeune ingénieur centralien chargé d'organiser la coordination des feux de circulation dans une petite ville et qui malgré ses connaissances mathématiques à rendu la vie impossible aux automobilistes locaux pendant plusieurs semaines !

Parfois les résultats sont surprenants : par exemple pour ce jeune de 20 ans étudiant en gestion qui lors d'un stage de vacances en entreprise informatique, est envoyé « négocier » un contrat de plusieurs millions de francs en suspens depuis un an et qui obtient la signature dudit contrat suite à une démonstration qu'il juge facile, mais que personne avant lui n'avait pensé à faire.

Le coaching est toujours important dans une phase de démarrage professionnel, tout jeune diplômé devrait pouvoir bénéficier au moins d'un coaching découverte, car maîtriser seul les règles du jeu institutionnel et émotionnel, déchiffrer les codes locaux, est une apprentissage qui peut s'étendre sur plusieurs années et avec combien d'avatars !

2.8. Comment entretenir la confiance en soi du manager et de son équipe ?

C'est une tâche quotidienne :
Par le contact : ne pas s'isoler dans son bureau ou les hauteurs. Fermer la porte de son bureau, fuir son équipe la démotive.

Par la définition d'objectifs :
- cohérents avec l'organisation générale de l'entreprise,
- simples mais stimulants,
- affichés quotidiennement devant tous.

Par l'explication des intérêts et perspectives en jeu.

En étant spécifique et concret dans le détail des applications.

En sécurisant la relation de personne à personne.

En ne fuyant pas la confrontation car il faut se respecter et ne pas accepter n'importe quoi.

En suivant et vérifiant les résultats.

En restant calme, détendu et très patient.

3. S'AFFIRMER POUR S'ÉPANOUIR

La colère et l'agressivité sont des expériences trop souvent méprisées. Assimilées à la violence ou au manque de contrôle, elles font partie des parias de la vie émotive. Pourtant l'agressivité est essentielle à la poursuite de nos objectifs de vie. La colère, émotion au hit-parade dans certaines entreprises, comme toutes les autres émotions, joue un rôle important pour nous informer des obstacles à notre satisfaction. Le coach permet à son client de différencier la colère et l'agressivité, de la violence et de l'hostilité pour trouver la voie de l'affirmation de soi.

3.1. L'agressivité positive

L'agressivité est la force qui sert à vaincre les obstacles à la satisfaction des besoins. Étymologiquement *ad gressere* signifie aller vers l'autre. C'est une énergie éminemment précieuse et indispensable à la vie. Elle est d'ailleurs présente chez tous les êtres vivants. Chez l'animal et chez l'humain, elle prend la forme d'un dynamisme au service des besoins.

Le coaching, entre stratégie humaniste et art martial

C'est grâce à son agressivité que l'animal chasse sa proie et défend son territoire. Pour cela, il mobilise ses forces et les concentre sur l'attaque ou la défense, selon la situation. De la même façon, c'est l'agressivité qui sous-tend les efforts de l'humain pour conserver et entretenir sa vie. Il lui faut se mobiliser, prendre des risques, parfois affronter, parfois fuir, d'autres fois combattre. Avancer, conserver ses acquis ou défendre ce qui lui tient à cœur demande un constant investissement d'énergie. Éliminer l'agressivité de l'homme ferait de lui un être vulnérable et incapable de se charger à la fois de sa protection et de la qualité de son existence.

Dans l'entreprise l'agressivité commerciale est un facteur important de réussite. Il faut savoir l'exprimer.

> *Claude, 33 ans, est directeur des relations humaines. Le consultant dont il a retenu les services lui fournit un travail de mauvaise qualité. Il lui dit fermement sa façon de penser et refuse de lui payer la totalité de ses honoraires.*

Pour vivre une vie satisfaisante, il faut donner sa vraie place à l'agressivité. Elle doit être au service de nos buts, de nos désirs et du sens que nous donnons à notre vie. Elle doit être présente dans nos contacts avec autrui. Tantôt elle prend la forme d'une affirmation tranquille de nos valeurs ou de nos besoins. Tantôt elle se manifeste par une attitude combative pour défendre ce qui nous importe. Dans plusieurs cultures, l'agressivité est dévalorisée. Ailleurs, elle est l'apanage d'un sexe ou d'une catégorie de citoyens. C'est pourquoi un grand nombre d'entre nous avons besoin d'entreprendre une démarche de réhabilitation de notre agressivité pour parvenir à être complets. En fait, c'est aussi notre capacité d'agressivité qui nous permet de nous assumer. C'est en effet en nous portant et en nous exprimant devant les autres qu'on gagne de la solidité comme personne.

3.2. Assertivité : ni hérisson, ni paillasson

Être « assertif », c'est exprimer fermement et tranquillement son point de vue, en défendant ses droits tout en respectant ceux des autres. C'est pouvoir dire « oui » et « non » sans susciter l'hostilité de son entourage ou en assumant cette hostilité. C'est savoir rechercher des compromis réalistes en négociant les désaccords sur la base d'intérêts mutuels.

> - **Négocier** pour obtenir ce que je veux sans léser mon partenaire.
> - **Renforcer mon autonomie** et mon efficacité personnelle.
> - **Assumer mes responsabilités.**
> - **M'exprimer** face à un groupe ou en public (opinions, etc.).
> - **Affirmer** mes besoins, mes droits, mes sentiments.
> - **Faire face aux conflits et à l'agressivité.**

Laetitia, 36 ans, est chef de service dans une PME dynamique. Elle parvient à améliorer son affirmation de soi en acceptant d'intervenir en public à l'occasion de manifestations professionnelles. Son coach utilise la vidéo pour mieux ajuster la gestuelle de Laetitia, puis pour l'aider à poser sa voix. Au départ elle s'est entraînée devant un public restreint puis elle a affronté la grande salle de conférence !
Par la suite avec son coach, elle avoue « s'être fait peur », mais cette peur dépassée, lui a permis de grandir et de s'affirmer davantage dans sa vie personnelle et professionnelle.

4. S'ADAPTER POUR RÉUSSIR, UNE OBLIGATION DANS L'ENTREPRISE : COMMENT ÊTRE BIEN DANS SA TÊTE, SON CORPS, SON CŒUR

Dans l'entreprise moderne la réussite, la réalisation d'objectifs chiffrés ou qualitatifs est le plus souvent assimilée à des métaphores guerrières ; on parle de luttes, de conquêtes, d'abordages, de victoires ou de défaites. Dans la culture japonaise qui a connu huit siècles de guerres civiles du VIIIe au XVIe siècle est apparu une figure héroïque, le Samouraï porteur de traditions martiales et de codes de conduites rassemblés sous le terme de « Budo » la voie du Samouraï. Pourquoi nous intéresser à cette culture japonaise martiale ? C'est parce que le Budo est aussi une philosophie de l'existence du guerrier puisée au début à des sources religieuses et qui au fil du temps est devenue plus importante que l'activité belliqueuse elle même. Le Budo transmet un idéal de sérénité, de confiance dans le destin et de tranquille acceptation de l'inévitable. Dans la pratique il s'agit d'une discipline austère qui favorise le respect des règles, la technique habile de combat, la résistance physique dans l'unité du corps et de l'esprit.

Les Japonais modernes ont hérité de ces valeurs qui jouent un rôle important en formant leurs personnalités. Au Japon moderne l'esprit de Budo est une source d'énergie puissante. L'objet du Budo est de cultiver le caractère, d'enrichir la capacité de faire des jugements de valeur, de discerner la réalité dans son évolution rapide, de stimuler un individu discipliné et efficace, par une formation physique et mentale utilisant les techniques des arts martiaux.

> Un des recueils les plus connus est le « Hagakuré » terminé en 1716 par Jocho Yamamoto, Samouraï devenu moine. Il y conseille de cultiver le dévouement au Maître, l'intelligence, la compassion et le courage.

Le coaching

N'est-ce pas une bonne définition du coaching ? L'actualité de ses conseils et réflexions est surprenante :

« La voie pour découvrir la vérité consiste à s'entretenir avec autrui, car une personne peut donner de judicieux conseils en dominant la situation de l'extérieur comme celui qui dans le jeu de Go a l'avantage d'être spectateur. L'entraînement et le perfectionnement d'un Samouraï est un processus sans fin. »

« Il faut savoir se concentrer sur une seule chose. »

« Si on se préparait mentalement à l'idée d'être trempé on serait peu contrarié à l'arrivée de la pluie. »

« Une décision doit se prendre en l'espace de sept souffles. »

« Un général doit s'adresser souvent à ses soldats. »

« La vieillesse arrive lorsqu'on se borne à faire les choses auxquelles on est enclin. »

« Seule la fin des choses est importante. »

« Lorsque l'eau monte, le bateau fait de même » (face aux difficultés l'esprit s'aiguise).

« L'heure c'est maintenant : se préparer constamment à l'événement imprévu. La disponibilité à agir est la méthode à appliquer pour toutes nos actions. »

« Si on n'a pas su maîtriser son esprit et son corps, on ne peut vaincre. »

Ce dernier aphorisme résume l'importance des éléments personnels psychologiques du succès, et la voie du Samouraï nous impressionne encore par la puissance intellectuelle, morale, et esthétique de sa vision existentielle.

Nous nous sommes attardés sur la Gestalt, une approche psychologique originale, car notre conviction est que le coaching est beaucoup plus qu'un catalogue de recettes ; c'est aussi une culture s'appuyant sur des bases psychologiques modernes post-analytiques.

Nous avons décrit douze styles de coaching (en fait il y en a 1000 !) adaptés à des situations ou organisations spécifiques. Leur point commun est ce que nous définissons comme stratégie humaniste, dont la finalité est d'amener à l'existence. Notre coaching est centré sur la personne qui, par ses qualités et son développement deviendra réellement utile et performante dans l'entreprise et la société.

Chapitre 4

La boîte à outils du coaching

Pour comprendre un comportement ou une situation, il importe non seulement de les analyser mais surtout d'en avoir une vue synthétique, de les percevoir dans l'ensemble plus vaste du « global », c'est-à-dire de la situation et de l'environnement dans tous leurs détails. Les conceptions et outils que nous allons développer le seront dans une perspective unifiante de l'être humain, intégrant à la fois ses dimensions sensorielles, affectives, intellectuelles, sociales et spirituelles. Nous n'avons pas de programme pré-établi durant le coaching. L'outil est utilisé en fonction des attentes et de la personnalité du coaché, du travail en cours avec lui, du moment, du style de coaching (ponctuel, bref ou long), à la différence des méthodes comportementales basées sur des exercices éducatifs planifiés, standardisés, peu individualisés. Notre approche, dans une autre logique, tend vers un contact authentique avec les autres et une relation interpersonnelle **optimale**, c'est-à-dire la meilleure possible (ni dans les excès ni dans les déficits). Nous mettons en relief nos processus de blocage dans le cycle du contact et démasquons nos peurs, inhibitions et illusions. Plutôt que d'interpréter des événements, nous allons favoriser la prise de conscience globale de la manière dont nous fonctionnons avec nous-mêmes et avec les autres.

© Éditions d'Organisation

1. L'*AWARENESS*

Beaucoup de managers ont perdu le contact avec eux-mêmes, ils se sont coupés de leur vécu immédiat pour privilégier les événements passés ou à venir : « Je ne comprends pas quand vous parlez de contact avec soi-même ». Peut-être l'objectif principal du coaching serait de donner au coaché « l'éveil » et la conscience. Pour s'ajuster à une autre situation, nous devons d'abord sentir ce qui se passe en nous. La capacité d'*awareness* est une acquisition fondamentale ; c'est une prise de conscience qui rend à la personne sa liberté par rapport aux mécanismes automatiques des introjections, apprentissages non critiqués, soumissions à la médiocrité environnante et aux réflexes et empreintes archaïques. Elle permet au coaché d'avoir accès à cette conscience immédiate du présent, aussi bien intellectuelle qu'émotionnelle et corporelle. Elle ouvre la voie au changement et à l'engagement.

> ***L'awareness*** c'est être en contact, prendre en considération ce que nos sens nous révèlent, être conscient de ce qui se produit à chaque moment.
> ***L'awareness*** est un état dynamique de concentration, qui conduit vers l'énergie et l'action, oriente vers le stimulus.
> ***L'awareness*** nous informe sur le moment passé, présent et futur – sur l'intérieur et sur l'extérieur.

1.1. Évaluation de votre awareness

Voici douze phases vous permettant d'évaluer votre « awareness ». Mettez une croix dans l'une des trois colonnes (oui – non – je ne sais pas) pour chacune de vos réponses.

	Oui	Non	Je ne sais pas
1° J'ai des difficultés de concentration			
2° J'ai des difficultés d'attention			

3° Je peux écouter sans parler			
4° Je peux regarder une photo une minute et la décrire			
5° Je sais comment mon mari (ma femme) est habillé(e), coiffé(e) aujourd'hui			
6° Je ressens ma respiration – mon cœur – ma chaleur			
7° J'ai eu des émotions aujourd'hui			
8° J'ai eu des sensations désagréables/agréables aujourd'hui			
9° Je suis gêné(e) par des pensées parasites			
10° J'aime lire			
11° J'aime écouter de la musique			
12° Je peux calculer mentalement			

Pour connaître la qualité de votre awareness, entourez chacune de vos réponses sur la grille de réponses qui suit puis faites le total des points (d'abord de chaque colonne puis de la somme des colonnes). Reportez-vous ensuite aux commentaires que vous trouverez plus loin.

N° de la question	Oui	Non	Je ne sais pas
1° J'ai des difficultés de concentration	0	5	2
2° J'ai des difficultés d'attention	0	5	2

3° Je peux écouter sans parler	5	0	2
4° Je peux regarder une photo une minute et la décrire	5	0	2
5° Je sais comment mon mari (ma femme) est habillé(e), coiffé(e) aujourd'hui	5	0	2
6° Je ressens ma respiration – mon cœur – ma chaleur	5	0	2
7° J'ai eu des émotions aujourd'hui	5	0	2
8° J'ai eu des sensations désagréables / agréables aujourd'hui	5	0	2
9° Je suis gêné(e) par des pensées parasites	0	5	2
10° J'aime lire	5	0	2
11° J'aime écouter de la musique	5	0	2
12° Je peux calculer mentalement	5	0	2
TOTAL DE CHAQUE COLONNE			
TOTAL GÉNÉRAL			

Commentaires

Vous avez obtenu entre 0 et 20 points :
votre degré d'*awareness* est faible. Vous avez peu de contact véritable avec vous-même et les autres. Vous vous sentez souvent distrait, ailleurs, inattentif. Il devient urgent de remédier à cet état qui peut vous nuire et nuire à votre entourage.

Vous avez obtenu entre 21 et 40 points :
vous avez un degré de conscience immédiate de ce qui se passe en vous et autour de vous assez bien fourni. Des efforts restent à faire cependant et vous y seriez gagnant !

Vous avez obtenu entre 41 et 60 points : bravo !
Votre awareness, votre vigilance vous informe à tout moment de ce qui se passe à l'intérieur et à l'extérieur de vous. Vous êtes capable de vous fier à ce que vos sens vous révèlent, vous faites preuve d'intuition et de créativité.

1.2. En séance de coaching

Des exercices de concentration peuvent permettent d'améliorer l'awareness. Le coach pourra ainsi demander « De quoi êtes-vous conscient juste maintenant ? », et inciter le coaché à se concentrer sur ses sensations corporelles (respiration, sensations cardiaques, chaleur du corps, du front), sur ses pensées, sur ses images, sur autrui (« Je te vois pour la première fois »).

Il pourra demander au coaché de réfléchir aux points 1 à 12 du questionnaire ci-dessus, lui laisser un temps de relaxation et de silence et l'aider à formuler le ressenti qu'il a de lui, à l'affiner et parfois à le retrouver. L'intérêt de ce travail pour le coaché est de voir son environnement d'un regard neuf. Le coach pourra l'amener à décrire les implications d'une telle prise de conscience sur son équipe de travail.

Cet outil s'avérera particulièrement utile :
- au début d'une séance, lorsque la personne arrive « d'un autre monde », stressée, inattentive à ce qui se passe en elle, dispersée par mille tracas professionnels et personnels,
- pendant la séance : « Que ressentez-vous à propos de…, à la suite de ce que vous venez de dire, de faire, de mettre en acte ? Qu'est-ce que vous évitez ? Qu'est-ce que ça vous apporte ? »,

- à la fin de la séance, pour permettre de mettre en lumière les sensations éprouvées, et aussi pour apprendre à ne pas ou plus se tromper sur ce que l'on ressent (*awareness* perturbé) ou encore ne rien ressentir du tout (*awareness* inexistant).

2. LE CYCLE DU CONTACT

Le cycle du contact suit le déroulement d'une séance de coaching et se structure en quatre phases.

Le pré-contact ou émergence d'une « attente » (attente signifie ici besoin, désir, manque ou demande), est essentiellement une phase de sensations, durant laquelle la perception ou l'excitation naissante dans le corps – généralement face à un stimulus de l'environnement – va devenir la figure (forme, Gestalt) qui sollicite mon intérêt. Ainsi, par exemple, mon cœur se met à battre plus fort à la vue de la personne aimée.

Le contact ou plutôt la prise de contact (« contacting ») constitue une phase active au cours de laquelle l'organisme va affronter l'environnement. Il s'agit ici non du contact réalisé, mais de l'établissement du contact, d'un processus et non d'un état. Généralement cette phase est accompagnée d'une émotion.

Le contact final ou plein-contact est un moment d'échange, de rencontre entre l'organisme et l'environnement, entre le *je* et le *tu*, un moment d'ouverture à la *frontière-contact*. L'action est unifiée, dans l'*ici et maintenant* : il y a cohésion entre la perception, l'émotion et le mouvement.

Le post-contact puis le retrait est une phase d'assimilation, favorisant la croissance. Je « digère » mon expérience. La conscience diminue progressivement et le sujet se retrouve disponible pour une autre action : la Gestalt (forme, figure) est bouclée, un cycle s'est achevé.

La boîte à outils du coaching

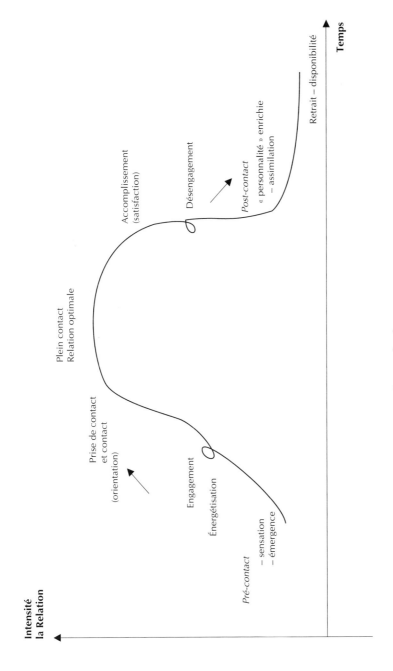

Le cycle du contact

Ce qui nous intéresse ici est le principe même de la succession des phases en plusieurs étapes. Ce cycle ne se déroule pas toujours d'une manière régulière et certains individus s'adonnent de façon chronique à l'auto-interruption. Ces perturbations peuvent constituer des mécanismes de défense appropriés à la situation (par exemple si nous stoppons volontairement la phase précédant le plein-contact avec une personne particulièrement intrusive à nos yeux) – soit au contraire des blocages rigidifiés et automatiques (timidité pathologique, évitements, phobies organisées) attestant une réelle difficulté à instaurer un contact authentique avec l'autre ou les autres.

2.1. En séance de coaching

Le coach pourra demander au client coaché de repérer ses différentes phases et ses blocages sur le cycle du contact. (« Que suis-je en train d'éviter en ce moment ? »). Le coach pourra également apprendre au coaché à repérer ces phases durant une réunion, un entretien professionnel ou même une soirée entre amis.

Cet outil s'avérera particulièrement utile :
- lorsque le client coaché ne comprend pas pourquoi telle situation lui a totalement échappé, pourquoi il n'a pas su établir ou approfondir un contact (tensions – conflits) ;
- lorsqu'il a des difficultés liées au contact en général (évitements – malaises) ;
- pour l'aider à repérer ses blocages, à les expérimenter autrement, à trouver des pistes de solutions ;
- pour lui permettre de parler de certains épisodes de sa vie durant lesquels cette courbe a été « malmenée » :
  - interruption brutale,
  - « suspension » de la courbe,
  - négligence de pré-contact,
  - impossibilité à atteindre le plein-contact,
  - pas de satisfaction – inachèvement – échec.

3. LES ÉVITEMENTS DU CONTACT[1]

Nous avons déjà évoqué les interruptions ou blocages dans le déroulement dit « normal » du cycle. Il convient de souligner le fait que l'inhibition de l'action ne représente pas nécessairement un dysfonctionnement : il peut s'agir, tout au contraire, d'un mécanisme de défense ou d'urgence particulièrement bien adapté à la situation. Ainsi, la confluence avec un être cher fait partie de l'état amoureux et la rétroflexion d'une colère contre mon patron peut me préserver d'un éventuel licenciement. Seuls les mécanismes anachroniques, rigidifiés ou répétitifs traduisent une difficulté relationnelle. Ils doivent être repérés par l'*awareness* dans un premier temps, puis assouplis et transformés.

> Principaux évitements :
> - confluence
> - introjection
> - projection
> - rétroflexion
> - déflexion
> - proflexion
> - égotisme

Ces évitements se retrouvent dans le milieu professionnel et sont, de ce fait, intéressants à analyser durant les séances de coaching.

3.1. La confluence

Dans la confluence il existe une fusion ou au minimum une difficulté à se différencier des autres. Un jeune enfant est en confluence normale avec sa mère (symbiose), de même l'amant avec son amante, mais aussi

---

1. Source : Serge Ginger, « *La Gestalt, l'art du contact* », Marabout, 1994.

l'adulte avec sa communauté. La confluence est en principe suivie du retrait, permettant au sujet de reconquérir sa frontière-contact, de retrouver son identité propre, marquée par la singularité et la différence. Lorsque ce retrait s'avère difficile, que la confluence devient chronique, alors le fonctionnement peut être qualifié de pathologique (névrotique, voire psychotique). On peut en trouver un exemple dans l'inhibition qui interdit toute rupture de l'équilibre établi et toute mise en action responsable. On la rencontre aussi dans de nombreux couples dont aucun des partenaires ne s'autorise la moindre activité séparée, vécue alors comme « trahison ».

> **La confluence dans l'entreprise :**
> Ressembler ou vouloir ressembler à son chef, imiter son langage, ses mimiques, s'habiller dans son style, penser comme lui, confondre nos besoins avec les siens, ne plus être capable de prendre de la distance et d'avoir un esprit critique.

3.2. L'introjection

Elle constitue la base même de l'éducation de l'enfant et de la croissance : nous ne pouvons croître qu'en assimilant le monde extérieur, certains aliments, certaines idées, certains principes... Mais si l'on se contente d'avaler ces éléments extérieurs sans les « mâcher », ils ne sont pas « digérés ». Ils demeurent en nous comme des corps étrangers parasites. L'introjection pathologique consiste à « avaler tout rond » les idées, les habitudes ou les principes, sans prendre la peine de les transformer pour les assimiler. Il peut s'agir, par exemple, de tous les « il faut..., tu dois... » de notre enfance, incorporés passivement sans sélection ni assimilation, dans le cadre de l'éducation judéo-chrétienne traditionnelle.

Voici quelques autres exemples courants d'introjections qui méritent d'être « mastiquées » à tête reposée (!) :

- « Il faut respecter ses chefs. »
- « Avant d'exécuter un ordre, attendre le contre-ordre. »
- « Ici pas de vagues ! »
- « Il faut toujours dire toute la vérité à son banquier. »
- « Il ne faut jamais faire souffrir inutilement son conjoint... »
- « Les 35 heures, c'est pour les autres. »
- « Il faut surtout être soi-même heureux et satisfait pour donner un exemple d'épanouissement à ses collaborateurs. »
- « Soyez spontané. »
- « Le coaching, c'est pour ceux qui ne peuvent pas s'assumer. »
- « Soyez motivé. »
- « Il ne faut pas croire ce que je dis » (exemples classiques de *double bind*).

3.3. La projection

C'est le symétrique de l'introjection. La projection est le mécanisme de l'imaginaire. C'est elle qui me permet le contact et la compréhension d'autrui. Je ne peux, en effet, imaginer ce que l'autre ressent qu'en me mettant, plus ou moins, à sa place. L'empathie se nourrit, dans une certaine mesure, de projection. Quant à mes plans concernant le futur, ce sont aussi des projections de ce que j'imagine moi-même. C'est encore la projection qui alimente la création artistique du peintre, du sculpteur, de l'écrivain qui s'identifie à son œuvre ou à son héros...

La projection *pathologique* est l'attribution à autrui de ses propres sentiments et si elle est *systématique*, elle devient un mécanisme de défense *habituel et stéréotypé*, indépendant du comportement effectif actuel des autres. Cela se traduit souvent par le regroupement arbitraire de ces derniers sous un terme générique : « *vous* ne m'écoutez pas... », « on ne me comprend *jamais*... » – au lieu de « je crois que tu ne m'as pas bien compris *maintenant* », ou encore : « on ne peut *jamais* faire confiance à *personne*... » – au lieu de « j'ai l'impression que tu as voulu me tromper *cette fois-ci* ». La projection est souvent une *externalisation* : les conflits, dommages, malaises sont le fait des autres auxquels on attribue les éléments qui viennent de nous-même.

3.4. La rétroflexion

Elle consiste à retourner contre soi-même l'énergie mobilisée, à se faire à *soi-même ce qu'on voudrait faire aux autres* (je me mords les lèvres ou je serre les dents, pour ne pas agresser) ou encore, à se faire à soi-même ce qu'on voudrait que les autres nous fassent (je me vante moi-même). Bien entendu, la rétroflexion est inévitable : elle signe l'éducation sociale, la maturité et le *contrôle de soi* : je ne puis me permettre d'exprimer de manière spontanée, voire « sauvage », ni tous mes penchants agressifs, ni tous mes désirs érotiques, et la société cultive en moi, à cet effet, des principes de « bonne tenue », ainsi que des sentiments de *culpabilité* qui vont modérer ma colère ou mon désir, sentiments que je vais, en partie, « ravaler ». La rétroflexion *chronique* sera à l'origine, notamment, de *somatisations* diverses : je me donne des crampes d'estomac, voire un ulcère, à force de maîtriser ma colère ou ma rancœur. On connaît les travaux de Laborit sur *l'inhibition de l'action* popularisés par le film « Mon oncle d'Amérique » et ceux des Simonton sur les cancers, lesquels atteignent, dans une proportion significative, les personnes trop contrôlées, qui ne manifestent guère explicitement leurs émotions – ni « *négatives* » (colère, tristesse...), ni « *positives* » (joie, enthousiasme,...), accumulant ainsi des stress et usant les ressources de leurs mécanismes immunitaires. Ces personnes auront ainsi tendance à :
- se ronger les ongles plutôt que d'agresser verbalement leur collaborateur ;
- éprouver de la fatigue chronique dans une situation de harcèlement moral ;
- avoir des maux de tête pendant l'entretien avec le dirigeant par incapacité ou par crainte de s'exprimer réellement.

3.5. La déflexion

Elle permet d'éviter le contact direct en détournant l'énergie de son objet primitif. Il s'agit d'une attitude de fuite, *d'évitement*, de manœuvres inconscientes de diversion. L'humour est une forme adaptée de déflexion. Là encore, certains détours peuvent relever d'une stratégie *d'adaptation* efficace (cf. les « manœuvres » politiques destinées à distraire l'attention du grand public pendant une période de crise), mais la déflexion *systématique* et inappropriée interdit tout contact véritable et peut même, dans les cas limites, évoquer la psychose : le sujet n'adhère jamais à la situation, il parle toujours « à côté », d'autre chose, ou agit indépendamment du milieu extérieur.

Quelques manœuvres d'évitement :
- généralisation
- intellectualisation
- « stabilisation »
- style de dérision, d'humour (même noir !)

3.6. La proflexion

Ce serait une combinaison de projection et de rétroflexion de type manipulatoire : amener autrui à faire ce que l'on voudrait faire. Par exemple, je fais des remarques laudatives sur les vêtements des autres, afin qu'ils s'intéressent aux miens... ou encore « *Parle-moi, j'ai des choses à te dire* ».

> « – *Bonjour Durand. Dites, vous avez bien géré votre dossier hier matin, devant le comité de direction. Bravo !* »
> « – *Merci. Vous vous êtes bien défendu aussi !* »
> « – *Ah ? Vous pensez ? ... Cela me fait plaisir de vous entendre dire cela.* »

3.7. L'égotisme

Tout ramener à soi par auto-centration. C'est l'indépendance, l'autonomie, l'autarcie. Il s'agit là d'un renforcement délibéré de la frontière-contact : *s'intéresser beaucoup à soi-même* et à ses propres problèmes, consacrer de longues heures à s'auto-observer, à se raconter ou à se mettre en scène, à faire des expériences, à sacrifier du temps et de l'argent pour soi et son mieux-être. L'égotisme est adapté s'il se situe dans l'interdépendance vis-à-vis des autres et de l'environnement.

> « – *Cette assurance qualité ne se serait jamais concrétisée sans moi ! J'ai tout entrepris, de A à Z... Et j'y ai passé un nombre d'heures incalculable.* »
> « – *Oui, mais j'ai moi aussi...* »
> « – *C'est rien ça, vous auriez vu comme j'ai réussi à convaincre untel pour la mise en place du manuel qualité etc,.* ».

Voici un tableau récapitulatif des principaux évitements du contact ou « résistances » qui peuvent être étudiés en séance de coaching. Le positionnement de la flèche indique si l'évitement se dirige vers les autres, vers soi-même ou s'il est entre les deux : à la frontière-contact.

3.8. En séance de coaching :

Le coaching devra permettre de repérer par l'*awareness* et l'expérimentation les principaux évitements des coachés dans le domaine professionnel et la vie en général. Le coach pourra proposer au coaché d'identifier à partir de la grille ci-dessous ses propres perturbations et évitements dans le cycle du contact. Il tentera de définir chacun d'eux et de l'illustrer d'un exemple concret tiré de son expérience personnelle ou professionnelle.

La boîte à outils du coaching

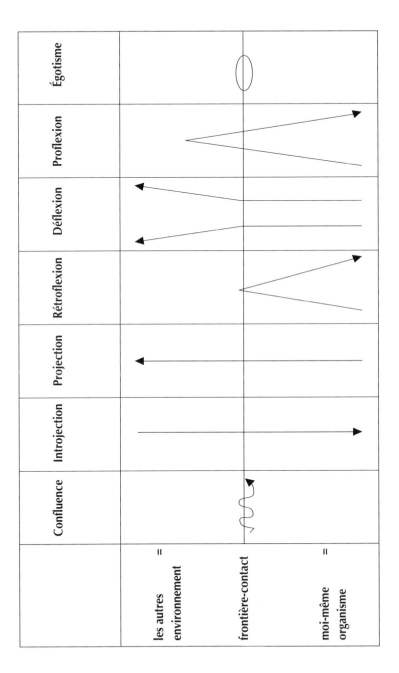

Les évitements du contact

ÉVITEMENTS	EXPLICATIONS	EXEMPLE(S)
Introjection		
Projection		
Confluence		
Égotisme		
Rétroflexion		
Déflexion		
Proflexion		

Cet outil s'avérera particulièrement utile :
- lorsque le coach repère des évitements chez son client coaché (durant la séance de travail ou lorsqu'il évoque ou met en scène des situations problématiques),
- si le coaché ne comprend pas certains blocages relationnels.

4. LES POLARITÉS COMPLÉMENTAIRES

Ce sont les facettes opposées d'un sentiment, d'une attitude ou d'un trait de caractère. Ces facettes ne sont pas en opposition, mais en polarité sur un même axe. Le coaching favorise l'intégration des polarités complémentaires plutôt que l'élimination de l'une par l'autre.

Un manager « masculin », viril, dur, peut apprendre à développer son côté plus « féminin », intimiste, doux et devenir ainsi une personnalité plus complète, plus globale. S'il vit et gère son équipe d'une manière stéréotypée et unilatérale, s'il ne peut être traversé par des sentiments ou des émotions contradictoires, son contact avec lui-même et les autres peut s'en trouver perturbé.

« Le travail sur les polarités consiste à chercher comment diminuer nos zones aveugles, c'est-à-dire que nous refusons, que nous ne voyons pas, ce qui nous fait peur. Qu'y a-t-il de bon dans cette situation, dans ce sentiment, dans cette polarité que nous refusons ?[1] »

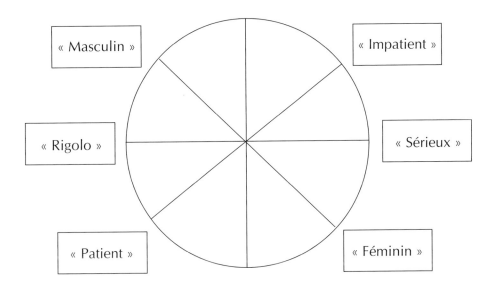

4.1. En séance de coaching

Voici un exercice sur les polarités que le coach peut proposer à son coaché, en traçant au préalable un grand cercle sur un tableau-papier :
Le coaché est invité à énumérer quelques objectifs qui le caractérisent dans son style de travail managérial. Il se qualifie, par exemple, de « sérieux », « d'impatient », et de « masculin ». Ces trois mots sont inscrits sur le cercle et le coché va nommer leurs contraires, qu'il note éga-

---

1. Gonzague Masquelier, *Vouloir sa vie*, Éditions Retz, 1999.

lement, sur l'autre polarité de chaque axe : « rigolo » en polarité à « sérieux », « patient » en polarité avec « impatient » et « féminin » en polarité avec « masculin ». Le coach met ensuite l'accent sur chacun de ces trois adjectifs et propose à son coaché d'explorer ces polarités nouvelles. Par exemple, que se passerait-il si le coaché était parfois « rigolo » au lieu d'être constamment sérieux ? Quelles seraient les incidences sur son équipe ? Quels seraient les avantages ? Et comment s'y prendrait-il ? De même, que se passerait-il s'il acceptait aussi sa polarité féminine pour se réaliser pleinement dans sa fonction ? Etc.

En intégrant l'éventualité d'être « parfois rigolo », « parfois patient », le coaché recherche tous les avantages possibles et aussi les clefs d'accès :

> *« Si j'étais plus rigolo, alors je les ferais parfois rire et je me destresserais... J'aurais peut-être moins de problèmes en rentrant chez moi le soir, je pourrais être plus disponible pour les enfants ».*
> *« Ce n'est pas mon style d'être plus rigolo, mais je pourrais l'être un tout petit peu au début notamment. Voyons ? Je pourrais faire une boutade, à untel ou encore avoir de l'humour dans la réunion du lundi matin ! »*

Ces décisions peuvent améliorer le contact et la qualité de vie du coaché en l'aidant à réduire ses zones aveugles, celles qu'il rejette et qui lui font peut-être horreur dans un premier temps...

Cet outil s'avèrera particulièrement utile :
- en cours de coaching (vers la troisième ou la quatrième séance) lorsque la confiance sera suffisamment instaurée et que le coach pourra proposer au coaché « d'aller plus loin » dans l'exploration de lui-même, de ses contraires, de ses « inverses » ;
- lors d'un conflit du coaché-manager avec un membre de son équipe, par exemple, et qu'il veut solutionner durant le coaching :

Coaché : « Je suis inflexible sur ce coup-là, mon subordonné le sait pourtant. Je n'en démordrai pas ! »
Coach : « Et comment seriez-vous, si vous n'étiez pas inflexible ? Quelle serait la polarité ? »
Coaché : « Flexible ? »
Coach : « Oui, je vous propose d'explorer cette éventualité dans votre attitude avec le subordonné. »

5. L'APPROCHE HOLISTIQUE DE L'HOMME

Cette étoile à cinq branches est une représentation symbolique de l'approche holistique (du grec *holos* qui signifie « le tout ») et multidimensionnelle de l'Homme. Il s'agit de l'approche de l'individu dans sa globalité et dans l'interaction systémique de ses cinq dimensions principales :
– le pôle physique de l'Homme (le corps),
– le pôle affectif : émotions et sentiments (le cœur),
– le pôle rationnel : l'intellect (la tête),
– le pôle social : relation à l'autre et aux autres (le social),
– le pôle spirituel : le sens de la vie, les objectifs (les valeurs).

Ce pentagramme (*penta* signifie « cinq » en grec) ne concerne pas uniquement le développement de l'Homme : il peut être extrapolé à la situation de l'entreprise (voir plus loin « le pentagramme de l'entreprise »), de l'institution, du couple, d'une société.

Le diagnostic proposé lors du coaching, à l'aide de cet outil, permet :
– la lecture multidimensionnelle d'un individu ou d'une situation,
– l'approche systémique et interactive des cinq pôles,
– la détection rapide des carences majeures : (hypertrophie ou atrophie de l'une ou l'autre des branches).

LE PENTAGRAMME DE S. GINGER « L'HOMME »

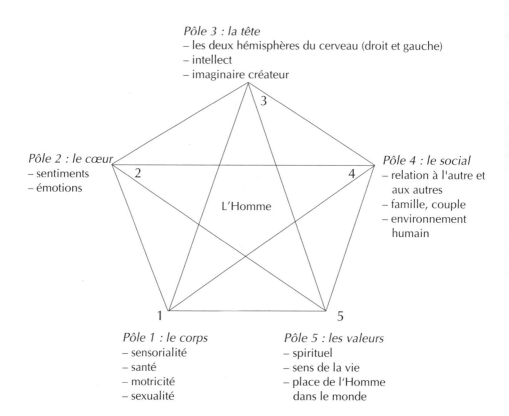

5.1. En séance de coaching

Le coach peut se servir du pentagramme « l'Homme » pour proposer à son client coaché d'établir un diagnostic intéressant sur sa personne et donc analyser les différentes perceptions ainsi que les éventuels dysfonctionnements. Cette approche multidimensionnelle met en évidence les liens entre les différents pôles et leurs interactions.

Sur une feuille ou au tableau le coaché évaluera et dessinera chacun des cinq pôles :

- en hypertrophie (branche trop grande)
- en atrophie (branche trop courte)
- en équilibre (homéostasie)

Pôle 1 : le corps
« Je me sens fatigué ces temps-ci. J'ai trop de travail et ne fais plus de sport. J'ai grossi car je mange souvent au restaurant avec les clients. »
Branche en « atrophie »

Pôle 2 : le cœur
« J'explose à tout moment avec le personnel. Je voudrais être plus détendu, plus calme mais n'y parviens pas. »
Branche en « hypertrophie »

Pôle 3 : la tête
« Je me sens bien dans ma tête. Mes neurones fonctionnent bien et je suis assez créatif. »
Branche en « équilibre »

Pôle 4 : le social
« En dehors de l'entreprise je suis responsable d'un club de football pour des jeunes et ça me prend du temps ! Et j'ai aussi accepté la présidence d'une association... C'est trop et ma famille ne me voit plus le soir. »
Branche en « hypertrophie »

Pôle 5 : les valeurs
« Je sais où je vais dans ma vie, même si je suis parfois un peu découragé. J'ai des valeurs auxquelles je crois et que je respecte. »
Branche en « équilibre »

6. L'APPROCHE HOLISTIQUE DE L'ENTREPRISE

Il s'agit du pentagramme orienté vers l'entreprise. Il reprend les mêmes pôles, cette fois orientés vers le milieu du travail et de l'institution.

Pôle 1 : les moyens matériels
Pôle 2 : l'affectif
Pôle 3 : le rationnel
Pôle 4 : les structures sociales
Pôle 5 : les objectifs et projets

6.1. En séance de coaching

Le coach invite le coaché à avoir une vue d'ensemble de son équipe, de son entreprise, de son milieu professionnel. Cet outil sera diagnostiqué de la même manière que celui orienté vers l'Homme, à savoir :
– En « atrophie » si la branche est trop courte,
– En « hypertrophie » si la branche est trop grande,
– En « équilibre » si tout va bien.

Cette approche est extrapolable de l'individu à un couple, une institution, une entreprise. Ce schéma conserve une valeur diagnostique importante pour localiser les dysfonctionnements et envisager une stratégie d'intervention cohérente.

Cet outil s'avérera particulièrement utile :
– en début d'un coaching pour évaluer rapidement l'ensemble de la situation ;
– en fin de coaching pour évaluer les écarts avec le début, pour établir un diagnostic d'actualité.

LE PENTAGRAMME DE S. GINGER « L'ENTREPRISE »

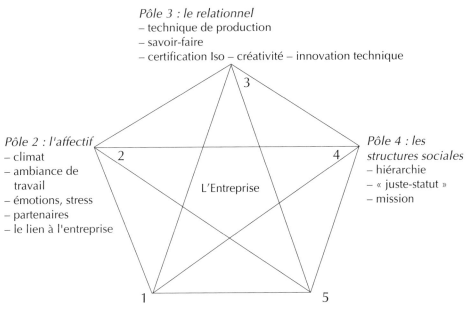

7. LES CINQ AXES DE LA RELATION MANAGÉRIALE OPTIMALE DANS LE COACHING[1]

Il s'agit de cinq axes qui traversent la relation et interagissent entre eux. Chacune de ces dimensions peut être utilisée durant les séances de coa-

---

1. Source : Gilles Delisle, Séminaire « La relation thérapeutique optimale », Montréal, Août 1995.

ching en vue d'optimiser le comportement relationnel et les postures du coach. Le coaché peut aussi expérimenter les axes durant le coaching puis dans sa réalité professionnelle. Il a le droit à l'erreur et agit en fonction de sa personnalité propre (coaching sur mesure) et en ajustement créateur avec son environnement.

Ces cinq axes sont particulièrement opérants dans un coaching didactique, durant lequel le manager ou le cadre apprend à devenir coach à son tour.

7.1. AXE 1 L'intimité – le contact

Beaucoup de managers et de professionnels sont réservés sur le plan humain ; leur développement a été, pour la plupart d'entre eux, cognitif et rationnel. Ils ont parfois des difficultés à être dans le contact, à y prendre quelques risques. Leur comportement à eux serait plutôt de prendre de la distance… Or, dans certains instants de la relation managériale et de la vie professionnelle et notamment durant une séance de coaching, il ne s'agit pas de se dérober au mauvais moment, mais d'affronter ce moment, ce contact. Cette dérobade porte préjudice à celui qui se dérobe et, à long terme, au système organisationnel de l'ensemble de l'entreprise.

L'acte managérial est d'autant plus efficace si le manager (le futur coach) a une bonne connaissance de lui-même, de ses mécanismes de défenses, de ses automatismes relationnels, de ses peurs, de ses désirs. Il est important pour lui de savoir repérer ses zones de vulnérabilité, dans le contexte professionnel dont il est question et également dans le contexte social et personnel.

Cela suppose un investissement dans le développement personnel du futur coach afin que sa pratique repose sur un fondement, une personnalité assise sur une base solide, ainsi qu'un réservoir de connaissances, une sorte de sagesse acquise au fil des expériences, des prises de risques et des élargissements de sa frontière-contact. Le management de la relation humaine est un art : c'est un art long à maîtriser mais dont l'idée est assez stimulante pour que l'on essaie de devenir meilleur de jour en jour afin de tendre vers une relation managériale optimale, ouverte et fluide.

Il n'y a pas de relation managériale sans intimité et entreprendre une telle démarche c'est se confronter à ses propres peurs du contact, ses désirs et non-dits. Le travail consiste à favoriser et à entretenir ce contact jusqu'à le pousser parfois dans le « plein-contact ».

L'intimité, c'est du contact dans lequel du personnel, du confidentiel, du sentiment, des affects sont exprimés. Elle se mesure à la confiance qu'a la personne de pouvoir se dire et se laisser voir sans craindre de conséquences (craintes fréquentes dans le milieu de l'entreprise !), de représailles ou d'abandon au niveau de la relation réelle du quotidien. Il s'agit de l'un des signes les plus forts de la reconnaissance.

Cette intimité est réciproque : le coaché peut réellement se confier, être en contact si le coach se met à sa disposition en acceptant de faire face à ce qui se présente. C'est une ouverture considérable où chacun a une conscience aiguë de ce qui se dit et se passe. Chacun met à l'écart ce qui est en dehors de cet instant et accepte de faire face. Cette ouverture est considérable et peut par exemple permettre de révéler quelque chose qui n'a jamais été dit, d'exprimer ce que l'on ressent, etc.

L'intimité est indispensable et redoutée à la fois. Le coach repère les portes entrouvertes et aide l'interlocuteur à les ouvrir davantage, avec précaution et au bon moment.

Pour favoriser ce contact, il faut au coach un minimum d'audace, c'est-à-dire s'insérer davantage dans le discours qu'on ne le ferait habituellement.

Les débuts d'entrevue (pré-contact et contact) sont souvent des plaques tournantes qui installent le dialogue à venir, le favorisant ou ne le favorisant pas. Le coach doit prêter attention à tout ce qui est de nature à faciliter le passage du niveau mondain et superficiel de communication à celui d'intimité et d'authenticité.

Cet échange pourra progressivement s'intensifier (émergence du contact, contact, plein-contact) et se diriger vers plus de profondeur. Cependant, les attitudes pouvant nuire à l'intimité sont nombreuses ainsi que certaines questions trop « objectivantes » telles celles visant à clarifier des faits (quoi ? qui ? où ? quand ? combien ?).

Toutes les rencontres dans le milieu professionnel ne sont pas intimes et ne sont d'ailleurs pas destinées à l'être, mais celles qui le sont (séances de coaching, management par le coaching) laissent aux partenaires le reflet d'un moment fort et important.

Si le coach a une équipe et qu'il souhaite diriger celle-ci avec un esprit d'initiative et l'énergie vitale nécessaire pour affronter un entourage et un environnement parfois hostiles, sa maîtrise de soi et sa confiance doivent être profondément ancrées en lui.

L'intimité optimale a deux polarités :
– par l'excès (l'intrusion dans la relation),
– par l'insuffisance (la froideur, la distance).

Elle est donc une affaire de rythme. Pour la favoriser il faut un minimum d'audace et du doigté.

LA CONNAISSANCE DE SOI, L'IDÉE CLÉ
Mieux se connaître c'est se sentir plus fort, inattaquable, inébranlable, mais c'est aussi repérer ses propres limites, ses peurs, ses désirs sans obligation de les masquer ou de les déguiser.

Être à l'écoute des autres, être fort dans le quotidien et dans la tourmente avec un seuil de tolérance et de frustration élevé ne se met pas en place par incantation. Cette dimension humaine passe avant tout par le coach.

Pour allier le mode de fonctionnement de l'individu avec celui de l'entreprise et inversement, il conviendrait d'imaginer une symbiose, une interaction qui leur donneront accès à une relation managériale...

L'INTIMITÉ – CONTACT DANS L'APPRENTISSAGE DU FUTUR COACH

Le coaching s'apprend de deux manières, indissociables et complémentaires :
- la formation au coaching : par des séminaires donnant accès à l'apprentissage et à l'utilisation des concepts, outils et postures du coach ;
- par des séances individuelles de coaching pour le futur coach qui ont un double objectif : permettre à la personne d'explorer ses zones de difficultés et de blocage pour son futur rôle de coach et aussi de vivre et d'expérimenter réellement des séances successives de coaching.

Cette deuxième partie, trop souvent négligée, voire inexistante dans certaines formations de coaching, est d'une importance capitale. Elle donne au futur coach la dimension exacte de la démarche et de l'acte de coaching. Toutes les théories relatives à « Qu'est-ce qu'un bon coach ? » et « Ce que le coach n'est pas » se mettent en place à ce moment-là.

> « Je ne veux plus qu'on me nomme coach jusqu'à nouvel ordre » déclare Albert après ses deux premières séances individuelles de coaching. Je viens de découvrir le véritable travail d'un coach, c'est plus profond et plus implicant que je n'aurais pu l'imaginer. Je n'ai pas envie d'être un "simili-coach" dans mon entreprise. Aussi vais-je poursuivre mon séminaire sur les outils du coaching et surtout mes séances individuelles, avec mon coach ».

Lorsque l'on pousse le dialogue à cette période-là en demandant aux personnes ce qui fait la différence entre celui qui a un véritable savoir-être et savoir-faire de coach, c'est souvent la notion d'intimité et de contact qui apparaît.

> « Ce qui m'a frappé dès le départ, c'est ce contact authentique et fort que le coach a progressivement instauré entre nous. Jamais je n'aurais pensé "aller aussi loin" dans une séance. J'ai pu me livrer en toute confiance, sans me sentir contraint ni abusé. Parfois lorsque je pense à certains de mes entretiens professionnels avec mes subordonnés, je me dis que je me trompais sur le degré d'intimité que je proposais. Je pensais honnêtement être dans le contact avec l'un ou l'autre de mes collaborateurs. Ce n'était qu'un début de contact... parfois même l'illusion d'un contact (pseudo-contact). L'entretien était vrai, il existait, mais la relation n'y était pas. On en prend conscience durant son propre coaching, j'en ai été véritablement troublé. Je comprenais par la même occasion certains de mes échecs de management. J'avais appris à écouter, mais cela ne suffisait pas. Il me fallait maintenant apprendre à écouter plus loin, plus vrai ! C'est plus qu'un nouvel apprentissage, c'est une philosophie de vie, un revirement à 180 degrés.
> J'ai démarré mon practicum d'intimité et de contact à la maison, avec mon épouse et mes fils. Au début, ma femme était un peu étonnée, elle m'a demandé si j'allais bien, si j'étais sûr de ne pas avoir de problème... Je lui ai raconté que j'avais entamé une démarche de coaching didactique et cela l'a vivement intéressée. Nous avons parlé du contact en général mais très vite cela nous a amené à parler du contact de notre couple et avec nos enfants. J'ai apprécié cette conversation avec elle.
> Ce coaching m'apporte plus que je ne l'espérais. J'y cherchais des outils (encore et encore) et je m'y suis découvert, moi ! »

7.2. AXE 2 La focalisation

La focalisation est la dimension la plus chaleureuse et la plus précieuse dans la relation humaine. Il est difficile de l'évoquer sur le plan théorique. Le coaching peut être une passion en plus d'une pratique professionnelle. Cette activité humaine a pour enjeu la conjugaison de l'affectif (empathie, intégrité, compréhension, humanisme, bien-être du managé, souci de la règle du jeu commune) et du savoir (connaissance de la culture de l'entreprise ou du système organisationnel, connaissance du produit, du service, capacité didactique).

La focalisation est la capacité d'être absorbé et pleinement attentif à la personne en face de nous ; c'est la vigilance par rapport à ce qu'elle dit ou semble dire, par rapport à ce qu'elle est ou semble être. Dans un monde d'urgence et de perturbations de tous genres, cette focalisation est précieuse !
Cette expérience humaine complète est reprise durant les séances de coaching : la focalisation du coach commence à agir quand son regard s'élargit et qu'il commence à regarder son interlocuteur d'une façon autre. Les personnes de notre entourage peuvent se ressembler au niveau d'un regard banal, d'un regard endormi que nous leur portons. Mais une qualité de regard éveillé fait s'estomper les ressemblances et augmente le relief des individus, leur conférant ainsi une autre dimension.
Si le manager-coach pose sur une personne un regard qui lui permet d'exister dans sa singularité, cette personne pourra se détacher des autres et être reconnue pour ce qu'elle est réellement. Lorsque nous parlons d'attention, cela signifie à peu près le contraire d'être blasé. Être blasé c'est regarder l'autre comme si on le connaissait, comme si on « savait déjà ». C'est regarder une personne comme si elle ne nous offrait plus de surprise. Or la focalisation est une opération humaine complète : s'oublier, être absorbé par la dynamique personnelle de l'autre, maintenir le lien affectif tout en gardant en vue le lien plus théorique du savoir et de l'objectif à atteindre ensemble.

LA CAPACITÉ D'ÉCOUTE ET D'ATTENTION, L'IDÉE CLÉ

Pour des cadres interrogés lors d'enquêtes, la capacité d'écoute constitue une qualité de base essentielle alors que c'est celle-là qui fait le plus souvent défaut. Écouter l'autre implique de reconnaître qu'il est différent de nous dans sa personnalité comme dans sa situation. « L'état d'esprit » n'est pas seulement à prendre en compte comme donnée psychologique mais comme résultante de la situation de travail dans laquelle l'individu se trouve placé. La reconnaissance de l'autre concerne sa personne, mais également la différence de position, d'activité de travail et d'environnement. Tel est précisément l'un des principaux points aveugles du management. D'où également le vif intérêt du coaching en interne.

« Il faut savoir décrypter l'autre » dit-on volontiers. En fait il ne s'agit pas d'un décryptage au sens strict du terme, d'un décodage dont on pourrait fournir les clés et les étiquetages. L'écoute apparaît plutôt comme une activité permettant une compréhension globale de l'autre ; cette compréhension est d'ordre intuitif et synthétique.

Les contraintes et le stress ne sont pas favorables à l'écoute. Celle-ci est difficile à mettre en pratique lorsque le manager se trouve absorbé dans une logique d'action qui tend à instrumentaliser l'autre au plus vite. Or il n'existe pas d'écoute sans effort personnel de détachement à l'égard des contraintes et des soucis immédiats. De plus, pour réduire l'écart qui nous sépare de l'autre, un minimum d'attitude de bienveillance et d'attention à son égard est nécessaire.

LA FOCALISATION DANS L'APPRENTISSAGE DU FUTUR COACH

> « Être focalisé sur l'autre a été difficile pour moi, dans un premier temps, témoigne Anne, cadre dans une grande entreprise et en formation de coaching dans l'un de nos séminaires. Je me suis interrogée pour comprendre cette difficulté et la réponse m'est apparue clairement, un dimanche

après-midi, alors que je rendais visite à mes parents. Je me souviens que je leur racontais avec enthousiasme le déroulement de mon stage de rafting, avec moult détails et anecdotes passionnantes. Mais elles ne devaient être passionnantes que pour moi car je m'aperçus soudain qu'ils m'écoutaient distraitement, presque poliment. Cette attitude de passivité et de manque d'intérêt pour ce que je leur racontais pouvait être mise sur le compte de leur âge, on ne s'intéresse peut-être plus à un sport comme le rafting à 60 ans... Dans la voiture, en rentrant chez moi ce jour-là j'ai fait le rapprochement avec mon propre problème de capacité d'attention et de focalisation. Si j'avais ce genre de difficulté, c'est que je n'avais pas de MODÈLE. Personne n'avait en fait été focalisé et attentif à moi durant mon enfance, et je n'avais pas la "clé" d'accès pour en être capable à l'égard d'autrui.

J'en ai parlé avec mon coach. C'est sa capacité de "fascination" pour moi et sa vigilance pour ce qui se passait chez moi qui m'ont permis de ressentir du bien-être et du réconfort dans ce type de situation relationnelle. Enfin quelqu'un qui était totalement présent, indulgent avec moi, curieux de moi. Je sais que j'aurai encore quelques problèmes pour être complètement à l'aise dans ce contexte de focalisation sur l'autre, mais je fais des progrès considérables. »

Exercice sur la focalisation :

Exercice de démonstration avec deux personnes au centre du groupe : un client et un coach.

Dans un premier temps, le coach reçoit « large » puis essaie de percevoir les singularités, les particularités de son client. Il reste bien attentif à lui, sur le fond et la forme.

Il est aussi attentif à ce qui se passe en lui-même (voir l'intégrité, page 291).

7.3. AXE 3 La prise de risque

> « S'amuser à tout réussir »
> « Oser entreprendre et réussir »
> « J'ai toujours vu que pour réussir dans le monde il fallait avoir l'air fou et être sage[1] ».

Prendre un risque c'est oser. Oser se tromper et oser réussir. Tout ne se maîtrise pas et l'intuition (le flair) nous fait parfois aller plus loin que prévu.

Le coach et le coaché doivent avoir peur, sinon la prise de risque est banale. Si l'intimité incarne les valeurs féminines et maternelles, la prise de risque incarne les valeurs masculines et paternelles de la relation.
Il arrive que le coach « porte » trop son coaché : celui-ci aura l'expérience de la destination et non du trajet. Or il n'y a pas de contact sans nouveauté, sans risque. Il faut de la sécurité et de la stimulation à la nouveauté. Il en va de même pour la relation durant les séances de coaching.

- Excès d'applaudissement et de stimulations : le coaché se complaît dans la facilité et le narcissisme. Mais deviendra-t-il un jour autonome ?
- Insuffisance de stimulations (plus fréquent dans nos entreprises...) : cette fois le coaché n'est jamais reconnu. Il vivra toujours sur la pointe des pieds, deviendra hyperactif, combatif par manque permanent de satisfaction et de gratification personnelle.

Il s'agit de trouver une sorte d'équilibre : l'encouragement doit être proportionnel car il maintient une tension de développement.

---

1. Montesquieu.

RÉUSSIR, OSER – POURQUOI ? QUESTION VITALE POUR UN COACH DÉBUTANT !

Nous pensons tous avoir envie de réaliser nos ambitions. Et pourtant c'est faux. Nous sentant coupable de réussir, nous nous débrouillons pour échouer (il nous arrive aussi d'atteindre notre seuil d'incompétence : se référer au principe de Peter). Réussir, chacun en rêve, pourtant le succès peut rendre malade. C'est un constat fréquent de la part des coachés.

Masochisme ? Besoins chroniques d'insatisfaction ou d'invalidation de la réussite ? Qu'est-ce qui nous fait si peur ? En quoi le succès, ou tout simplement la réalisation de nos vœux ou de nos ambitions professionnelles peuvent-ils nous paraître insupportables dans la réalité ? Dès que nous sommes arrivés au but ou sur le point d'y arriver, notre état d'esprit change, notre énergie baisse, notre motivation aussi, nous devenons tristes, moroses. Nous avons perdu notre proie…

LA CULPABILITÉ

Dans la théorie freudienne, le névrosé est un grand enfant qui refuse de grandir par peur de perdre l'amour de sa mère (pour Perls l'on devient névrosé par accumulation d'expériences inachevées).

Or un patron peut représenter l'image d'autorité pour notre inconscient. Être meilleur(e) que lui, vouloir secrètement le dépasser est interdit et nous culpabilise. Ainsi nous échouons pour nous punir d'avoir osé vouloir prendre sa place (complexe œdipien). Pour certains, ne rien entreprendre, refuser les projets, éviter le contact et résister au changement reste encore la meilleure solution pour ne jamais échouer.

Notre culpabilité est le fruit de notre imaginaire et de notre système de valeurs et de croyances. Il nous faut oser conquérir notre liberté pour entreprendre nos rêves les plus modestes mais aussi les plus fous. Cette notion d'oser donc de prendre des risques est largement travaillée en coaching. En effet, un manager ne peut demander à ses subordonnés « de foncer, d'y aller » si lui-même n'y est pas préparé.

Avoir des idées, les exploiter finement dans sa tête pour en faire un projet ne suffit pas. Il faut les faire suivre par l'action qui mène à la réalisation concrète du projet à son suivi et donc à sa réalité. Bien souvent, cette action ne se fera pas sans un minimum de prise de risques émotionnels, relationnels, organisationnels, et autres encore.

OBSTACLES ET RÉSISTANCES AU CHANGEMENT

Sans vouloir en faire une liste exhaustive, il est certain que de nombreux obstacles ou résistances sont possibles dans le cadre d'un management de projet, dus notamment à l'histoire culturelle d'un groupe, d'une organisation, d'une entreprise, d'un individu et également aux habitudes et mentalités en place.

LA PRISE DE RISQUE DANS L'APPRENTISSAGE DU FUTUR COACH

La prise de risque, c'est le cœur du coaching. Le futur coach doit savoir repérer chez son coaché ou dans son entourage un conservatisme ambiant, l'attachement à des acquis, des avantages, des routines, des procédures ou encore sa tendance à esquiver, à faire « profil bas » ou ne pas oser endosser certaines décisions ou responsabilités. Nous sommes là dans le royaume de l'angoisse d'anticipation, de prise en charge, de l'engagement.

> *Jeanne coache Marc depuis quelques semaines. Il n'a cessé de lui parler de son travail actuel qui ne lui plaît plus et dans lequel « il a fait le tour de la question ». Jeanne constate que son coaché reste bloqué dans un système de plaintes et de lamentations qu'il décrit parfaitement en la prenant à témoin. Dès qu'elle tente d'amorcer une piste pour l'amorce d'un changement, le plus petit soit-il, Marc dévie du sujet (déflexion) et reprend sa litanie. Il lui arrive même de conseiller à Marc d'entreprendre telle ou telle démarche, de s'informer sur les autres créneaux possibles de son*

département, etc. Elle devient son conseiller : et cela ne marche pas ! Marc invalide toutes ses propositions en affirmant que pour tel poste il n'est pas assez compétent et que pour tel autre il connaît le chef en place et ne veut surtout pas travailler sous ses ordres.

La réalité est que Marc a peur, il n'ose pas affronter le changement et se sert de son coach pour se prouver qu'il a raison. Jeanne expose son cas durant l'une de ses supervisions (en groupe) de coaching et découvre le rôle que Marc lui fait jouer. Elle prend conscience aussi de son attitude maternelle avec Marc depuis le démarrage des séances (« Il me fait penser à un petit garçon lorsqu'il raconte ses misères et je pense sincèrement que cela lui a fait du bien de pouvoir m'en parler »).

Jeanne a raison de croire que sa relation d'intimité et son attention ont fait du bien à Marc mais il lui faut à présent trouver une issue, une solution au manque de courage de Marc pour affronter le changement.

Elle réussira à aider son coaché à franchir le pas, à prendre des risques, à avoir l'audace nécessaire pour quitter son service dans lequel « il ne se faisait plus peur » et où il se sentait « bien au chaud » pour se lancer dans un nouveau poste de travail, plus insécurisant car empreint de nouveautés et d'imprévisibilités !

Exercice de prise de risque dans un groupe :
Se regrouper en triades et explorer la prise de risque : un coach en formation, un coaché et un observateur. Le coaché prend le risque de dire à son coach ce qu'il pense de lui et travaille essentiellement sur sa relation avec lui. Le coach tente de gérer ce qui arrive en faisant également preuve d'intégrité et de traduction assimilable pour le client.

7.4. AXE 4 La centration

La centration peut se définir par la capacité à prendre appui sur quelque chose pour mener à bien une action. Lorsque la personne n'est pas centrée, elle se retrouve un peu en état d'apesanteur ou de déséquilibre, ce qui a pour conséquence que son mouvement peut partir dans n'importe quelle direction.

Nous pourrions nous référer à la pratique des arts martiaux (voir page 248) pour éclairer davantage cette notion de centration. Dans ces pratiques, une grande importance est accordée à la posture ; celle-ci doit permettre d'allier deux impératifs dont l'importance varie avec les circonstances : mobilité et stabilité. La démonstration peut se faire sur le plan physique : telle posture autorise des mouvements mais n'est pas très stable, telle autre permet d'être enraciné mais rend alors le déplacement difficile. Par ailleurs une posture dynamique permet de nombreux mouvements mais elle est peu enracinée.

La centration c'est une expérience personnelle du coach qui allie capacité d'enracinement, de contact au sol et capacité de mouvement. S'il se trouve en face d'un interlocuteur dans l'opposition ou le conflit, sa position psychologique doit rester stable et enracinée pour absorber la confrontation, voire le choc. Le principe essentiel étant de rester en contact avec l'autre. Si l'énergie de l'interlocuteur est trop forte, le coach doit apprendre et expérimenter de s'enraciner pour recevoir cette énergie soit l'esquiver. Voilà le sens de la centration.

Il est évident que la plupart d'entre nous sommes parfaitement capables d'être centrés quand nous sommes seuls ou en situation de « paix ». La présence d'une ou plusieurs personnes et d'une éventuelle désapprobation rend cette centration plus méritoire.

Là encore la centration du coach est d'autant plus facile qu'il a une bonne connaissance de lui-même, de ses mécanismes de défense, de ses automatismes relationnels.

Cela suppose un fondement, une personnalité assise, « centrée » mais aussi un apprentissage de la centration.

La capacité à se centrer ou se recentrer au cœur des turbulences, de l'incertitude et de l'imprévisibilité de l'existence repose aussi sur la bonne estime de soi. Centration et confiance en soi génèrent de la bonne énergie. La centration est liée à la plus ou moins grande quantité d'affection et de confiance que nous nous portons. En nous centrant nous élargissons la capacité de voyager dans un terrain inconnu, de naviguer dans une existence par définition imprévisible. Le coach doit pouvoir faire confiance à sa spontanéité, à ses réflexes, à son intuition mais aussi à son organisation et à ceux et celles qui la composent. S'il vit des règles du jeu contradictoires sur le plan professionnel (par exemple : la difficulté de la mise en place d'un coaching en interne est d'appliquer les règles déontologiques) il sera rapidement confronté à la confusion et à des paradoxes évidents. C'est peut-être là que commence la démotivation, tellement évoquée dans nos organisations...

La capacité de centration est variable dans la vie d'un individu (difficulté de vie, problèmes professionnels ou de santé, etc.) Dans certains moments privilégiés coach et coachés s'aident mutuellement à se centrer : la meilleure centration de l'un améliore celle de l'autre ! (Qu'est-ce qu'il se passe pour moi ? Qu'est-ce que je suis en train de faire ? Pourquoi je le fais ? – et le dire à l'autre).

AGIR, L'IDÉE CLÉ
Nous agissons pour achever et ne plus être accablés par l'inachevé et les retards, sources de dépression.

Nous sommes nés pour agir. L'esprit d'entreprise des enfants est tel qu'il bouleverse et perturbe le monde rangé des adultes. Les enfants ont une curiosité innée, à la fois motrice, intellectuelle, sensorielle.

Comment faire pour qu'ils conservent cette aptitude naturelle, la cultivent, la fassent fructifier ?

Plus tard, lorsqu'ils entrent dans le monde de l'adolescence, ils sont de plus en plus confrontés au problème du temps : l'école, les loisirs, la musique, les activités diverses. Leurs parents ont parfois l'impression qu'ils finissent par ne plus avoir envie de rien. L'accumulation d'activités n'est pas l'action. L'action comporte un sens, une stratégie.

LA CENTRATION DANS L'APPRENTISSAGE DU FUTUR COACH

> *Philippe se réveille tous les matins sur un mode actif, frais et dispos, et saute de son lit comme une fusée. Il prend sa douche puis son petit-déjeuner et le voilà prêt pour la journée. Il déborde d'énergie et est toujours prêt à accepter de nouvelles missions dans son usine : et notamment celle du coaching en interne dans un secteur voisin du sien.*
> *Cet extraverti plein de bonnes intentions se heurte rapidement à la jeune femme qu'il coache, Clémentine. Clémentine a besoin de temps pour réfléchir, elle est plutôt artiste (d'ailleurs elle peint pendant ses heures de loisirs) et l'activisme de son coach réveille de l'anxiété chez elle. Le coaching en pâtit et Philippe sollicite l'appui d'un coach extérieur pour l'aider à mieux gérer cette problématique. Il entreprend des séances de relaxation et de méditation, apprend à explorer une autre polarité : le calme, le silence. Curieusement ses palpitations cardiaques ont diminué, son agressivité s'est modérée et sa perpétuelle excitation s'est normalisée. Il est d'humeur moins excessive et se montre plus patient avec Clémentine. Leur coaching n'est plus une scène de théâtre où ils se contentaient de jouer chacun leur partie.*

> **Exercice de centration :**
> Le coach en formation s'exerce à dire à son coaché :
> - ce qui se passe pour lui, coach
> - ce qu'il est en train de faire
> - pourquoi il le fait
> - « que penses-tu que ça me fait quand tu me dis ça ? »
>
> Méditation en position debout, et en mouvement sur fond musical.

7.5. AXE 5 L'intégrité

L'intégrité, c'est la capacité à ressentir ce qui est vrai pour soi et à l'exprimer de façon claire et assimilable à l'autre.

Il s'agit de cette honnêteté profonde qui nous fait dire, à des instants privilégiés, la vérité mais pas nécessairement toute la vérité. Quand on se croit tenu de dire toute la vérité on parle d'intégrisme. C'est là toute la différence, et elle est de taille.

L'intégrité est un apprentissage progressif de la sobriété en matière relationnelle. Le coaché s'entraîne à trouver les mots justes (exemple : je suis déçu), à éviter les superlatifs (je suis très déçu) et à se placer dans la possibilité de ressentir une palette large d'émotions à l'égard de l'interlocuteur.

L'intégrité, c'est la capacité de maintenir le lien avec l'autre tout en restant soi-même en équilibre dans les moments de crises éventuelles et en lui fournissant un modèle de stabilité.

Dans le domaine du coach, c'est ainsi que les aspects désagréables et les phases de tension de la relation manager/managé peuvent être dépassés et que s'installe une consolidation du sentiment de confiance et d'authenticité entre les deux partenaires.

L'axe de l'intégrité est celui avec lequel nous avons sans doute le rapport le plus trouble, même s'il nous est difficile de dire « je ne suis pas intègre ». En effet il existe un lien entre l'intégrité et l'angoisse d'abandon et d'envahissement. Ce sont les deux angoisses fondamentales dont nous nous protégeons en construisant des défenses pathologiques. Le manager-coach qui a peur d'être envahi n'a pas confiance en sa capacité d'intégrité. Il croit qu'il va disparaître en entrant dans une relation aussi intime. Quant à l'angoisse de perte d'objet elle est rattachée à l'idée que si le coach est intègre, il va perdre l'autre, ce qui est inacceptable.

C'est la contradiction entre amour et liberté : si j'aime je ne peux pas être libre, si je suis libre je ne peux pas être aimé.

LE « COURAGE DE DIRE LES CHOSES »

On parle beaucoup d'éthique dans le coaching et la véritable éthique serait encore d'avoir le courage de se dire les choses. Or ce courage de dire les choses ne va pas de soi en regard du souci de sa propre carrière (difficulté du coaching en interne), de la peur du jugement négatif, de la culture ambiante sur le plan de la communication.

Courage de se dire les choses, savoir dire non, défendre son équipe auprès de sa propre hiérarchie, prendre le contre-pied d'une idée émanant de la direction générale, etc... voilà bien des soucis fréquemment rencontrés dans l'entreprise.

Or ce courage-là est important pour éviter tout malentendu. Nous avons appris qu'il fallait « tourner sept fois la langue dans notre bouche avant de... etc. » ; en fait il existe souvent un manque de spontanéité, une peur, une frilosité devant l'autre. Oser dire à quelqu'un que l'on n'apprécie pas son comportement dans le coaching, le travail ou les résultats d'une activité, c'est de l'intégrité... et cela s'apprend. Cette franchise n'exclut d'ailleurs pas le tact et le choix du bon moment.

Si la manipulation n'est pas de mise, il est important de savoir argumenter et de trouver le contact dans un ajustement créateur du moment.

LA RÈGLE DU JEU

Tout rapport humain est médiatisé par des règles et des codes qui permettent de définir les comportements et états d'esprit dans lesquels les personnes vont travailler et être en relation. La règle du jeu permet d'enraciner une morale commune et de légitimer les éventuelles sanctions prises lors des hors-jeu du comportement.

Cela est nécessaire pour faire connaître et appliquer les droits, devoirs et valeurs de l'équipe, de l'entreprise.

Un projet, par exemple, nécessite un code de fonctionnement entre les membres de l'équipe, une mise en place progressive des règles générales valables pour tous et une méthodologie connue et acceptée par chacun.

L'INTÉGRITÉ DANS L'APPRENTISSAGE DU FUTUR COACH

Durant nos séminaires de formation au coaching nous nous servons d'exercices ayant trait à la notion d'intégrité :

> **Exercice pour le développement de l'intégrité : être capable de dire à l'autre**
>
> *Inviter les participants à se placer par deux. Pendant que A parle à B de six points du déroulement, B reste muet en essayant de faire le moins de gestes ou mimiques possibles et en se centrant sur ce qu'il ressent. A, quant à lui, s'entraîne à parler avec honnêteté et intégrité à son partenaire en essayant de prendre conscience de ses diverses pensées, émotions et sensations pendant le déroulement de l'exercice.*
>
> **Déroulement :**
> Voilà comment je te perçois.
> Voilà comment je me perçois par rapport à toi.
> Ce que j'apprécie chez toi...
> Ce que je n'apprécie pas chez toi...

Ce que je te demande comme changement.
Ce que je m'engage moi-même à introduire comme changement.

Consignes et durée :
10 minutes pour A (B reste muet pendant que A lui parle)
10 minutes pour B (A reste muet pendant que B lui parle)
10 minutes d'échanges entre A et B.

Exploitation :
La difficulté du plein-contact et de l'intégrité.
La lourdeur de certains silences.
Ne pas pouvoir dire à l'autre ce qui ne nous plaît pas chez lui.
La peur de briser un lien.
La subjectivité de la perception.
Le manque de prise de risques et parfois d'imagination pour introduire un changement dans une relation (stéréotypes, habitudes, tabous, normes, résistances au changement)

Exercice sur l'intégrité dans un groupe :
Les personnes notent sur un papier les divers moments où elles ont eu des difficultés à gérer l'intégrité envers les autres membres du groupe et cela depuis la première journée :
– identifier ces moments,
– en déterminer le motif (souvent en rapport avec des problèmes personnels),
– comment s'exprimer avec intégrité.
Durée : 15 minutes.

Chapitre 5
Ce qu'il faut encore savoir...

OU
LES ERREURS ÉVITABLES ET LES MISÈRES DU COACHING, CONSEILS D'AMIS... COACHS

1. Et si nous parlions des rendez-vous manqués, annulés, déplacés, oubliés ?

Qu'il s'agisse de coaching interne ou externe à l'entreprise, coach et coaché sont tenus de fixer ensemble une date, un heure, une durée pour la séance. Si celles-ci peuvent revêtir un caractère logique et rationnel (« Nous nous verrons donc lundi 21 février de 15h à 17h à mon bureau. »), elles ne le sont plus autant dans la réalité car de nombreuses séances sont ajournées, décalées, retardées, avancées ou tout simplement ...oubliées.

> ***Au téléphone :*** *« C'est Albert, votre coaché ; je vous appelle pour le rendez-vous de la semaine prochaine, lundi 21 février de 15h à 17h. L'horaire prévu ne m'arrange plus du tout car j'ai une réunion importante avec ma direction qui m'est tombée dessus (la réunion ou la direction ?). Cela vous ennuierait-il de me recevoir plus tard, entre 18h et 20 h ? »*

Sur le répondeur du coach : « Bonjour, c'est Adrien. Ma secrétaire vient de me rappeler que nous avons rendez-vous aujourd'hui, ce matin je crois bien. Je saute dans la voiture et j'arrive. J'aurai probablement un peu (beaucoup ?) de retard. »

À la fin d'une séance : « À propos, nous avions défini trois rendez-vous consécutifs en avril/mai. Je viens d'apprendre que je dois me rendre au Mexique à cette époque-là. L'un de nos clients a un pépin sur des machines que nous lui avons installées. Pouvons-nous reporter ces dates ? »

Message sur Internet : « Salut, c'est Sophia. Je suis vraiment désolée pour notre séance de coaching (en interne) de cet après-midi. Mon patron a décidé de supprimer cette action, il veut que je m'inscrive à un cours de japonais en intensif. »

Et encore ... « Nous avions un rendez-vous vendredi soir ? Êtes-vous bien sûr que c'était ce jour-là ? En tout cas je ne l'ai pas noté dans mon agenda. »

Certains manquements se passent parfois de commentaires, sans appels téléphoniques ni e-mail et dans ce cas-là le coach attend, attend...

Conseils d'amis...coachs

Faites preuve de vigilance sur le cadre établi en amont du coaching dans lequel figurent le lieu du coaching, les dates, horaires et autres modalités pratiques.

Établissez une règle de fonctionnement précise avec votre coaché et le donneur d'ordre. Par exemple, toute séance annulée une ou deux semaines avant la date prévue est due.

―――――― Ce qu'il faut encore savoir… ――――――

2. Qu'en est-il des contrats non-respectés, résiliés, délicats à contester sur le plan commercial ?

Lorsque le contrat a été établi et signé par les deux parties, le coach et l'entreprise, il doit être exécuté et respecté. Il est à conseiller de rendre contractuel aussi le coaching en interne, où les dérapages sont fréquents.

Il arrive que certains contrats ne soient pas respectés : le donneur d'ordre décide de suspendre une action de coaching, de la reporter à l'année suivante voire de l'annuler.

Le consultant-coach est mis dans l'embarras : s'il contraint son client à respecter ses engagements contractuels, par exemple à payer les séances annulées, il prend le risque de perdre définitivement ce marché.

Conseils d'amis …coachs
Il est primordial de stipuler ces situations éventuelles dans le contrat. Que se passe-t-il en cas de désengagement du coaché ? du décideur ? Les séances de coaching sont-elles dues dans ce cas-là ? en partie ? totalement ?

3. Trois séances et un miracle au bout !

Si nous constatons qu'un coaching ponctuel de trois à quatre séances peut s'avérer efficace dans un cas où le problème est bien ciblé et que les objectifs à atteindre sont réalistes et clairement définis, il n'en va pas de même pour certaines demandes qui relèvent davantage du miracle ou de la magie.

> *Un chef de service faisant appel à un coach (externe) : « Il s'agit de coacher Michel. Comme vous le savez, nous n'avons pas les moyens d'étendre ce coaching au-delà de trois séances. Vous ferez votre possible pour arriver à des*

> *résultats convaincants, je n'en doute pas. Alors, voilà : Michel a de tout temps souffert de sérieux problèmes d'affirmation de soi, il est d'une timidité presque maladive, assortie d'ailleurs de compétences professionnelles obsolètes. Il endure toute une série d'humiliations dans ce service et notre big boss le méprise devant les collègues. Nous envisageons de promouvoir Michel à un poste d'encadrement où il lui faudrait aussi quelques basics de management. Bref, nous comptons beaucoup sur ce coaching qui, je le pense, lui permettra de résoudre tous ses petits tracas. »*

Conseils d'amis... coachs

Le coach a une obligation de moyens, c'est-à-dire de faire de son mieux avec toutes ses compétences mais il n'a pas d'obligation de résultat.

4. La formation de coaching... en deux jours

> *Jacques et Sylvie veulent augmenter leurs compétences managériales. Ils s'inscrivent à un séminaire de deux jours sur le « manager-coach ». En ressortant de cette formation, ils constatent qu'elle n'a pas suffi à combler leurs nombreuses lacunes et interrogations sur le thème.*
> *De surcroît, leur entreprise a dressé une liste de coachs internes afin de répondre à la demande grandissante de coaching dans les différents services. Ayant participé au stage, Jacques et Sylvie se trouvent inscrits « d'office » sur la liste des coachs internes.*

Conseils d'amis...coachs

Le coaching peut aussi s'apprendre « sur le tas ». Un coach motivé et responsable va se perfectionner, participer à d'autres stages, entreprendre un développement personnel. Les situations qui peuvent être rencontrées sont multiples et souvent inattendues.

Ce qu'il faut encore savoir...

Morceaux choisis dans un groupe de supervision de coachs (débutants et sans formation psychologique particulière) :
Bob : « Je lui ai posé une question anodine et elle s'est effondrée en larmes. Je ne savais plus quoi faire... Alors j'ai fermé la porte du bureau et lui ai expliqué que tout cela n'était pas grave...et qu'il fallait qu'elle sèche ses larmes au plus vite. Que pouvais-je faire d'autre ? »
Henri : « Il me parle souvent de son père qui est mort lorsqu'il était encore tout petit. Cela a sans doute un rapport avec sa soumission à l'autorité. Mais je ne suis pas son psychanalyste. Dans ce cas je le recentre sur ses objectifs initiaux. »

Rien de tel que d'être confronté aux réalités du coaching pour avoir le désir de devenir un coach complet. C'est le meilleur départ dans une profession où les dix premières années sont les plus difficiles !

Ainsi concepts, méthodes et outils du coaching sont au service du futur coach ou de celui qui souhaite se perfectionner dans l'exercice de cet accompagnement. Pour aider le lecteur à mieux s'imprégner de ces techniques, nous allons présenter trois cas concrets, détaillés, commentés et analysés au travers d'un vécu réel entre coach et coaché.

CINQUIÈME PARTIE

Cas concrets

Après avoir développé les concepts et les outils du coaching, nous invitons à présent notre lecteur à parcourir trois cas concrets, relatifs aux trois modalités de durée et d'objectifs de l'accompagnement :
- coaching ponctuel
- coaching stratégique
- coaching continu

Dans chacun des cas, nous préciserons quel est le profil du coaché, et la préoccupation principale l'ayant amené à s'engager dans un coaching et nous décrirons en détail le déroulement de toute l'action.

Chapitre 1
Un coaching ponctuel

Fabienne, 25 ans, ingénieur, est responsable développement de nouvelles technologies dans une PME de quarante personnes. L'entreprise est en plein essor et vient de décrocher des contrats importants pour plusieurs années. Le PDG est lui-même un jeune ingénieur, qui a décidé de prendre une année sabbatique dans l'Himalaya, laissant les responsabilités de l'entreprise à son associé et à Fabienne. Sa formation au management est nulle. Quand elle a des difficultés elle prend conseil auprès de la comptable et de la secrétaire et correspond par e-mails avec son patron. Elle a elle-même demandé le coaching car elle se sent dépassée sur le plan relationnel.

QUELQUES PRÉCISIONS

Fabienne est gentille, serviable, un peu timide, peu sûre d'elle.
Ses principales préoccupations lors de la première séance sont au nombre de trois :
Comment quitter sa PME pour un groupe international ?
Prévoir son avenir professionnel.
Comment gérer ses relations avec le PDG ?

PISTES POUR LE COACHING DE FABIENNE
Aspects « développement personnel »
- Diminuer l'angoisse de performance qui l'oblige à « être toujours meilleure ».
- Prendre en compte les sensations ; elle s'anesthésie pour ne pas pleurer.
- Sentiment de culpabilité envers ses parents et sa famille, ayant été la seule à faire des études supérieures et une grande école d'ingénieurs.

Aspects « développement managérial »
- Ses attentes de carrière professionnelle.
- Sa place dans l'équipe où elle remplace le patron sans en avoir le titre.

SEXE, MENSONGES ET COACHING…
Surprise dès la première séance de coaching, car Fabienne parle du problème qu'elle juge le plus important : sa liaison amoureuse et sexuelle avec son patron Bernard. Celui-ci est marié, et il est parti dans l'Himalaya avec sa femme pour ressouder son couple en péril. Cependant, il a prévu de revenir tous les deux mois en France pour gérer son entreprise et continuer sa relation avec Fabienne, avec laquelle il pense vivre plus tard. Ayant emporté un ordinateur portable et un téléphone satellite, il reste en contact quotidien avec Fabienne, échangeant informations techniques et amoureuses. Fabienne vit tout cela dans un étrange climat d'angoisse et de passion. Elle est gênée par le fait que la secrétaire qui a aussi accès à la messagerie électronique est au courant de tous les messages entrants et sortants.

En tant que coach, je garde une attitude neutre et me garde de porter le moindre jugement sur cette situation à risques. Je lui conseille seulement d'ouvrir une messagerie à son domicile pour recevoir les messages intimes de Bernard chez elle, et non pas au bureau. Elle n'y avait pas pensé et trouve que c'est une bonne suggestion.

Un coaching ponctuel

À la séance suivante, elle est en larmes et très tendue. En ouvrant le courrier de l'entreprise, elle a lu une lettre d'une jeune femme irlandaise, adressée à Bernard, où elle lui reproche de ne pas répondre à ses lettres et ignorant manifestement qu'il n'est pas en France. En effet Bernard est associé dans une entreprise sous-traitante en Irlande où il se rendait périodiquement.

Le lendemain Fabienne prend au téléphone une autre femme du midi de la France qui semble aussi avoir une relation assez proche avec Bernard. Désemparée Fabienne se confie à la secrétaire qui lui confirme que Bernard a des relations dans chaque port où il fait escale, ce qu'elle ne veut pas croire : Bernard lui a tant fait de discours amoureux et de promesses !

Vers la fin de la séance je lui propose quinze minutes de méditation pour s'ouvrir au sens de toutes ces révélations, se recentrer sur elle-même et sur l'avenir de sa carrière d'ingénieur. Elle me révèle ensuite que Bernard revient la semaine prochaine, qu'elle repousse sa prochaine séance de coaching pour ce motif et que de toute façon elle ne lui résistera pas.

Deux semaines plus tard Fabienne a plutôt bon moral ; Bernard lui a donné beaucoup d'explications qu'elle a acceptées avec scepticisme. Elle est satisfaite de leurs relations sexuelles, mais est lucide concernant l'avenir ; ce n'est pas l'homme de sa vie.

Elle a également décidé de quitter la PME et de chercher un poste, de préférence à l'étranger pour s'éloigner de Bernard. En attendant elle a accepté de travailler dans une autre PME de la région bordelaise qui souhaite l'embaucher immédiatement. Les conditions de travail ne sont pas enthousiasmantes : elle doit s'engager « moralement » pour sept ans, le logement de fonction qu'on lui offre est à quarante minutes du lieu de travail, et elle ne connaît personne dans la région. En fait, sa famille fait pression pour qu'elle prenne ce poste « qui est mieux que rien, en période de chômage ». Elle a accepté le travail « ne sachant pas quoi dire ».

Je lui conseille d'attendre, de ne pas s'engager n'importe où, car avec ses diplômes et ses compétences, elle va intéresser des entreprises beaucoup plus importantes et où elle pourra s'affirmer et évoluer. Fabienne reste dubitative ; elle ressent fortement la crainte du vide, de ne pas retrouver de travail. Pendant toute la séance elle tergiverse. Finalement je lui propose de mettre en scène son problème de choix avec les avantages et contraintes de chaque éventualité, et surtout d'aller vers ce qui lui semble juste pour elle, et non pas pour ses parents ou pour son coach.

Avec de l'émotion elle décide de prendre le risque d'attendre une proposition réellement intéressante et d'annuler la proposition bordelaise.

À la séance suivante deux semaines plus tard elle est satisfaite d'annoncer qu'elle est engagée dans une multinationale, à un très bon salaire, dans un service de recherche où elle sera la seule femme au milieu de vingt-neuf ingénieurs masculins. Cela ne l'inquiète pas trop ! Nous décidons d'arrêter là cette tranche de coaching.

UN COACHING DE CRISE

Il s'agit d'une intervention de coaching dans une situation de crise. Fabienne est super diplômée mais avec une expérience de la vie très faible, une immaturité et une grande vulnérabilité. Ayant mélangé le travail, l'amour et la sexualité avec un patron séducteur et indisponible, elle s'est trouvée dans une situation intenable, où la bonne décision était de partir, ce que le coaching lui a permis d'assumer. Le coaching lui a permis enfin de ne pas s'engager trop vite dans le premier emploi offert, de différer sa décision suffisamment malgré ses angoisses, jusqu'à la bonne opportunité professionnelle.

Le coaching n'est pas magique, nous l'avons souvent répété, mais dans les situations de crise, il permet de prendre le recul indispensable au rétablissement, et d'éviter des désastres prévisibles sauf pour l'intéressé.

Dernier point pour les dirigeants d'entreprise : pas de relation sexuelle avec vos subordonnés. Freud le disait déjà : « Si vous couchez avec votre cuisinière, il vous faudra apprendre à faire la cuisine » !

Chapitre 2

Un coaching stratégique : douze séances

Bruno, 43 ans, self-made man, est directeur d'usine dans un groupe français. L'effectif humain de l'entreprise est de 450 personnes et son équipe, de sept personnes. L'usine a connu d'importantes difficultés économiques durant les trois dernières années. Bruno a acquis sa formation au management sur le terrain. Il a lui-même demandé le coaching au motif de : « soigner » son équipe, de la « remettre en selle ».

QUELQUES PRÉCISIONS

Bruno est hyperactif, il délègue très peu, ne compte que sur lui, adopte un comportement « viril » et rigide. Il considère comme inadmissible que « les gens ne travaillent pas douze heures par jour ». Les principales préoccupations qu'il évoquent lors de la première séance sont :
- *La psychosomatisation de son équipe.*
- *Le fait qu'il est un manager « mercenaire » et s'ennuie rapidement dans les vitesses de croisière.*

— *Sa vie personnelle très dégradée (il vient de trouver une nouvelle compagne après deux divorces).*

PISTES POUR LE COACHING DE BRUNO
Aspects « développement personnel »
- Diminuer l'angoisse de performance qui oblige à « être toujours le meilleur ».
- Prendre en compte les sensations, le ressenti (« les héros sont fatigués »).
- Instaurer l'écoute et la prise de conscience de lui-même et des autres.
- Adopter une attitude détendue mais vigilante. Lâcher l'hypervirilité.

Aspects « développement managérial »
- Structuration des réunions et des entretiens
- Team-building : cohérence de l'équipe, projets communs
- Réparer une faute managériale.

PUISSANCE, VIRILITÉ ET COACHING
« Je crois que je suis un patron tueur me déclare ce supérieur hiérarchique. » Que pouvez-vous faire pour moi, ou plutôt pour eux ? Mon chef du personnel est absent pour un triple pontage, le directeur financier sombre dans la déprime et mon assistante souffre de psoriasis ». Quant à lui, cheveux en bataille, l'œil vif, cigarette au bec, il arpente nerveusement les interminables ateliers de son usine, toujours à l'affût de la moindre anomalie et du plus petit indice de perte de productivité.

Les hommes dans tout ça ? « Tous des mauviettes ! Ils se plaignent pour un oui, un non. J'ai demandé à un ami, qui a fait ses études avec moi, de venir pour me donner un coup de main. Il s'occupe du commercial. Depuis qu'il est arrivé, c'est moi qui vais mieux. Il a du tonus comme moi ». Je les observe tous les deux, sorte de gamins délurés, à discuter

Un coaching stratégique : douze séances

très fort dans leur bureau encombré de téléphones, de fax et de toutes sortes de matériels informatiques. Au fond, je les aime bien. Ils ont du courage, ils sont forts dans une période où il ne s'agit pas de baisser les bras. Leur look est viril, un peu cow-boy et cet esbroufe d'apparat est sans doute nécessaire pour faire face à la tourmente tous les matins et jusqu'à tard le soir. Je les connais. Je suis le coach du patron.

Bruno tient son entreprise à bout de bras depuis deux ans, face à une concurrence âpre et sans relâche. Il vient de boucler son second divorce et sa vie privée se rétrécit comme une peau de chagrin. Son allure de beau gosse est ternie par un vieillissement prématuré, une usure évidente due au manque de sommeil, au stress, à la mauvaise hygiène de vie, aux décalages horaires. Il ne s'assied pas dans sa voiture, il se jette dedans ; et lorsqu'un de ses chefs d'atelier annonce qu'il quittera l'usine exceptionnellement à 18 heures (motif : rage de dent…) il lui répond du tac au tac : « Ah ! vous prenez votre après-midi ? ». Le chef d'atelier est partagé entre la culpabilité et le ras-le-bol… Il sort en rasant les murs, l'air penaud.

Qui suis-je ? Au choix : le gourou du patron, son éminence grise, son conseil, son coach. Il n'a pas besoin de moi pour avoir des idées mais je l'aide à les formaliser, à les vivre différemment. Il lui est difficile de parler avec les membres de son comité de direction pour certains points sensibles. Il ne parle jamais librement, ni avec ses collaborateurs les plus proches, ni avec ses actionnaires et encore moins avec ses banquiers. Il lui faut un partenaire pour échanger avec confiance. Je suis ce partenaire… qui lui donne le sentiment profond qu'il va y arriver !

La tâche est délicate. Il a l'habitude de se débrouiller tout seul, de ne faire confiance qu'à lui-même, d'être réactif, de croire avant tout en lui. Sans doute a-t-il raison, sans doute ces comportements lui ont-ils permis d'en arriver à ce stade de responsabilité.

Au démarrage de la rencontre, il manifeste des traits de méfiance à mon encontre. Il me soupçonne de vouloir faire « du social », de ne rien

« piger » aux rouages de son entreprise, d'oublier la productivité, la concurrence, de négliger les cours de la Bourse, l'impact des partenaires sociaux et j'en passe.

Ma mission consiste à l'aider à être bien dans sa peau, bien dans sa tête, en gardant les pieds sur terre, mais sans tuer le brin de mégalomanie qui fait de lui un grand manager dans la tourmente.

Sur sa demande, nous nous lançons dans une tournée de visites d'ateliers, de réunions, d'entretiens, de négociations. Je l'observe, discute avec lui, j'étudie les interactions avec ses partenaires, ses ruptures de contact. La confiance s'instaure progressivement. Il a de sérieuses difficultés à communiquer, à entrer dans un contact ferme et efficace. À force de voir grand et vite, il voit trop grand et trop vite (« hypertélie »). Et laisse les autres en rade, loin derrière lui et complètement épuisés. Il dépasse les limites. En fait, il ne connaît même pas les siennes...
Nous entamons des séances de coaching individuel de deux heures, tous les quinze jours.

C'est durant la troisième séance que Bruno me fait part de ses difficultés personnelles. Il a rencontré une jeune femme qui lui plaît beaucoup mais son désir sexuel est très affaibli. En me confiant ses problèmes il n'a d'autre ambition que de se libérer en m'en parlant et ne fait pas encore le rapprochement entre cette difficulté sexuelle et sa « puissance » professionnelle. Ensemble, nous décidons de ne pas dissocier arbitrairement les « deux mondes » et de les considérer dans leurs complémentarités et leurs interactions.

L'histoire de mon client est assez « classique ».

Bien avant sa scolarisation, les adultes de son entourage l'interrogent sur « ce qu'il veut devenir quand il sera grand ». Très tôt, il est averti du fait qu'il est le reflet de ce qu'il entreprendra. L'école puis l'enseignement supérieur lui apprennent qu'il y a des gagnants et des perdants. La combativité du guerrier se met en place. Le premier emploi et la première expérience sexuelle représentent tous deux le rite de passage de l'homme contemporain. Si l'empreinte professionnelle est sous le signe de la virilité, il en est de même pour l'empreinte sexuelle : être puissant et viril avant toute chose. Il apprend que la vie est exigeante à tous points de vue…

DÉROULEMENT DU COACHING : UN RETOUR AU CONTACT ET À L'ÉMOTION

Bruno a pris conscience de la situation, il en a une représentation plus claire qui lui permet de mieux la structurer, de lui donner une forme, une Gestalt.

Cette prise de conscience ne suffit pas pour provoquer un changement réel et durable. Nous passons à la phase suivante du coaching qui consiste à intégrer du contact, de l'intimité, de l'émotion et de la lenteur ! dans son développement managérial et professionnel. Il s'agit de qualités essentiellement féminines et il est important de soulever le blocage de crainte d'homosexualité de mon client.

Être un homme signifie l'être dans sa plénitude et sa globalité en intégrant aussi bien la logique que l'intuition, la rigueur et les émotions, la force et la tendresse.

Progressivement il peut acquérir la satisfaction d'un travail bien fait et ne pas en entamer un autre dans la foulée, manifester moins d'impatience envers les personnes qui ont d'autres priorités que le travail, jouer avec ses enfants autrement que dans un esprit de compétition, cesser de contrôler ses émotions dans le domaine sentimental, envisager une autre forme de relation sexuelle avec la jeune femme qu'il aime, dans le contact et l'échange réel.

Chapitre 3

Un coaching continu : vingt séances et plus

Nicolas, 36 ans, maths sup., maths spé + grande école, est chef de service dans une usine :
- *manager de dix cadres,*
- *département Recherche & Développement,*
- *responsabilité de l'export.*

Il a acquis sa formation au management en suivant des stages et connaît les principaux outils. Le coaching a été demandé par le comité de direction, motivé par le fait que Nicolas est « en quarantaine » : une usine entière le rejette d'un seul bloc. Il manque de « communication » et il réagit par de la bouderie.
Nicolas est mal dans sa peau, il a tendance à être introverti, passif, agressif, n'a pas de plaisir dans la vie, et se sent exclu. Il trouve inadmissible qu'on veuille le rendre « bon communicateur » alors qu'il n'est pas le seul à avoir des difficultés. Sa principale préoccupation évoquée lors de la première séance est que s'il « continue » il va perdre son travail.

Lors de de la quatrième séance, il évoque :
- Son histoire personnelle, qui est compliquée.
- Le fait qu'il est « grillé » auprès de certains de ses collègues.

PISTES POUR LE COACHING DE NICOLAS
Aspects « développement personnel »
- Provoquer un changement : donner une forme (Gestalt) à son histoire.
- Développer le contact, ses capacités relationnelles.
- Établir un diagnostic global de sa problématique (pentagramme).

Aspects « développement managérial »
- Changement de son image : urgence.
- Se refaire une « image » – À l'extérieur d'abord.
- Sortir de la quarantaine à l'intérieur.
- Psychothérapie (avec un thérapeute qu'il choisit dans son secteur géographique).
- Histoire personnelle – Débloquer la résistance émotionnelle.

IMAGE DE MARQUE ET COACHING

Nicolas a 36 ans lorsque je le rencontre. Il travaille depuis quelques années dans une grande entreprise et c'est le PDG qui me demande d'intervenir. L'entourage professionnel de Nicolas est à bout de nerfs et souhaite ardemment « un changement rapide » dans son comportement actuel. Dans ce cas, Nicolas n'est pas le demandeur, ce qui rend la situation plus délicate. Il se passe en coaching ce qui se passe souvent dans les couples et les familles en thérapie : c'est l'entourage qui demande de l'aide, le principal intéressé ne se sentant pas concerné.

Il est ingénieur et chef de service : il dirige une équipe de dix collaborateurs d'un niveau bac + 2 et est également responsable d'une importante démarche d'assurance qualité ISO. C'est dire que le travail ne manque pas. Là n'est d'ailleurs pas le problème. Nicolas s'investit fortement dans l'exercice de ses deux missions professionnelles. Son comportement, en revanche, se dégrade de jour en jour avec la plupart de ses interlocuteurs : aussi bien les personnes qu'il manage, que ses collègues et supérieurs hiérarchiques. Il devient si « caractériel » que son chef hésite à l'envoyer en relation clientèle voire à rencontrer des fournisseurs à l'extérieur de l'usine.

Que lui reproche-t-on ? Le directeur de l'usine, qui me reçoit dans un premier temps, m'assure que Nicolas est « un chic type dans le fond », qu'il a des idées intéressantes, mais que son problème de communication est tel que personne ne le supporte plus dans l'entreprise.

La difficulté de communication de mon futur coaché s'exprime constamment et de manière parfois indirecte :
- Il est intelligent et a un véritable talent pour trouver le point faible des autres, en le leur faisant comprendre par allusions, parfois en public.
- Il discute de manière exagérée les moindres détails durant les réunions, critique les figures d'autorité, quitte la salle en claquant théâtralement la porte.
- Il fait la tête pendant plusieurs jours à la suite d'un pseudo-conflit avec une personne.
- Il se plaint d'être incompris, injustement traité, mal rémunéré, peu considéré par rapport à l'énorme tâche qui lui incombe.
- etc.

En résumé, son image de marque est tellement dégradée qu'il est en quelque sorte mis en quarantaine par une entreprise entière !

J'avoue que la détermination du directeur me gêne un peu lors de notre premier entretien. Il est pressé de constater un changement chez Nicolas et me donne dans le même temps des signes d'impuissance devant la situation qu'il juge désespérée et désespérante.

DU COACHING À LA THÉRAPIE INDIVIDUELLE

La première séance d'accompagnement est laborieuse. Nicolas n'a pas le comportement d'un adulte se voyant proposer un coach par son responsable hiérarchique ; il arrive en enfant boudeur, traînant les pieds et résigné.
« Il paraît que j'ai des problèmes pour communiquer ! Et "eux" s'imaginent qu'ils n'en ont pas... ».

Il a un air juvénile, un léger strabisme me semble-t-il, un pull bleu marine d'écolier modèle, une mèche de cheveux sur le front. Son patron arrive dans la salle de réunion et ensemble nous évoquons les objectifs de la démarche, nos attentes respectives, la durée du coaching (initialement fixée à dix séances). Ce premier contact est délicat. Nicolas ne s'exprime presque pas et semble se soumettre passivement à la volonté de son chef et à celle du coach qui lui a été octroyé. Un doute s'installe en moi : celui de la réussite de cet accompagnement téléguidé !

Plus tard, au fil des séances individuelles, mon coaché aura des difficultés à s'investir dans un changement, aussi minime soit-il. Il restera bloqué longtemps (c'est mon sentiment), privilégiant une attitude de passivité à un contact réel.

« D'accord, puisqu'il faut s'améliorer, améliorons-nous » lance-t-il parfois. Il parle beaucoup, entre dans des circonvolutions professionnelles inextricables, se perd et me perd dans un dédale touffu de détails et de faits inutiles et infructueux. Je tente de l'arrêter, de recentrer l'entretien, de lui faire prendre conscience des évitements qu'il met en place avec moi (déflexion, généralisation, introjection) mais en vain. Il sort hirsute et fatigué de nos séances, moi aussi !

C'est à la troisième séance que je lui fais part de mon découragement face à cette situation sans évolution aucune et lui propose de convenir ensemble des modalités pour arrêter nos entretiens. C'est un échec pour moi, mais cette décision me paraît la plus appropriée et la plus honnête.

Un coaching continu : vingt séances et plus

Paradoxalement, c'est le déclic pour Nicolas. Il est renvoyé à ses tentatives classiques de mise en situation d'échec, avec une différence cette fois : il va pouvoir en parler, il va en devenir conscient. Lui si boudeur et désinvolte habituellement se met à parler, à me parler. Son œil s'allume, il s'anime et s'autorise pour la première fois à me démontrer qu'il est intelligent, sensible, touchant. Cette séance et les suivantes sont d'une grande richesse.

Nicolas a été gravement malade lorsqu'il était tout petit et sa mère, avec laquelle il entretenait des rapports chaleureux, avait craint pour sa vie. Plus tard, le petit garçon traversa la rue en se rendant à l'école et se fit renverser par une voiture. Cet accident le plongea dans le coma pendant plusieurs heures. L'enfant devint alors taciturne, méfiant (la vie est pleine de dangers), frondeur avec les camarades de classe. Sans amis, se sentant mal dans sa peau, différent, il développa alors ce que les autres n'avaient pas l'air de posséder autant que lui : ses capacités intellectuelles. Il passa son bac brillamment, réussit des écoles préparatoires et fut admis dans une école d'ingénieurs. L'entente avec son père n'était pas des meilleures et lorsque celui-ci mourut, Nicolas se sentit coupable de ne pas être parvenu à établir un meilleur contact avec lui.

Il évoque pour la première fois cet événement douloureux. Il décide d'entreprendre quelques séances de thérapie individuelles chez un thérapeute de sa ville afin de travailler et de mieux comprendre cet épisode de sa vie personnelle. Ce type de travail ne peut évidemment pas se dérouler durant le coaching professionnel ; il peut y être évoqué.

Les séances de coaching bénéficient de cette nouvelle ouverture psychologique. Nicolas prend la décision d'améliorer son image de marque au sein de l'entreprise : description d'une situation et détermination de la cible : exemple : améliorer son contact avec les participants de la réunion de lundi matin – analyse de son processus – prise de conscience de ce qui se passe réellement – recherche de pistes nouvelles et correctives (stopper le mécontentement et la colère systématique, développement du contact, comportement constructif au lieu de destructif) – expérimentation durant la séance de coaching – répétition de phases importantes et assimilation – training intersessions.

Nous vivons parfois des moments de rechute, où tout va mal, où il se sent à nouveau étriqué au fond de lui, dans un doute absolu. Il cesse de dire qu'il fait tout cet accompagnement sur la demande de son patron et pour « paraître » un ingénieur et chef de service modèle. Il est conscient cette fois que cette évolution est bénéfique pour son entreprise, son équipe de travail, mais aussi pour lui. C'est là un tournant fondamental. Il est en train de grandir véritablement...

Trois ans plus tard...

Nicolas et moi nous rencontrons encore deux heures par trimestre pour un coaching très ponctuel, il nous arrive aussi de nous téléphoner pour un problème que Nicolas juge important et urgent à traiter.

Certains verrons de la dépendance là où il y a en réalité du bon sens, celui de pouvoir dialoguer en toute confiance (et aussi en toute vitesse) avec un coach qui connaît bien Nicolas, ses difficultés personnelles, mais aussi son évolution personnelle et professionnelle.

En effet, Nicolas a remarquablement bien progressé. S'il a grandi dans la structure hiérarchique de son groupe, il a aussi grandi dans son for intérieur et ne se sent plus « le vilain petit canard » du début de nos entretiens.

Entre coach et coaché s'est instauré un profond respect et une certaine complicité..

En résumé de cette partie, il semble important de souligner à quel point chaque coaching diffère d'un autre coaching tout comme chaque coach ou coaché diffère d'autres !

Même si la méthode, le fil conducteur et les outils sont sensiblement les mêmes car issus des mêmes concepts, l'accompagnement sera chaque fois ajusté au client-coaché, à sa problématique toujours individuelle, à sa personnalité, à sa manière de réagir au fil des séances. C'est ce qui fait la puissance du coaching.

Conclusion

Au travers de nos développements conceptuels, théoriques et pratiques ainsi qu'avec l'éclairage de certains exemples ciblés, nous constatons que la pratique du coaching nécessite des compétences, des qualités, des talents aussi bien rationnels et organisationnels que humains, voire humanistes. Le métier de coach est un métier à part entière et, comme tout métier, il s'apprend, se « peaufine », s'expérimente.

Présent dans le monde de l'entreprise et du travail, le coaching le sera toujours davantage en raison des éléments de stress grandissants, des fusions, des perturbations de tous ordres, mais aussi de la solitude de certains dirigeants et de leur difficulté à vivre une interaction réelle et fructueuse avec leurs proches.

C'est un métier noble, extraordinaire, une pratique de l'extrême comme on le dit de certains sports (trois heures d'intervention peuvent générer 180 millions d'euros – exemple personnel) ; nous le vivons au quotidien et sommes fiers de le pratiquer. Notre conception du coaching est tournée vers l'individu car il est à la fois l'objectif et « l'outil » principal dans cette démarche.

Entreprendre un coaching pour aider un dirigeant à mieux se connaître, à repérer ses limites, à s'accepter, se vivre tel qu'il se sent et qu'il est, lui permettre de développer ses potentialités pour grandir et faire grandir ses équipes, son entreprise (et son bénéfice !), l'accompagner pour réaliser ses projets et pour se réaliser, gagner avec lui, voilà les motifs fondamentaux de la démarche.

Pour le futur coach, cela passe nécessairement par l'acquisition d'un bagage psychologique, même s'il pratique le coaching en interne (et sans doute surtout s'il le pratique en interne). Les managers-coachs auront ainsi une possibilité de travailler avec du contact réel, d'oser la prise de risque, mais aussi la centration et l'intégrité. Regarder l'autre véritablement, l'écouter sans *a priori* sans être troublé soi-même par ses propres doutes ou angoisses (ou encore jalousie, rivalité, etc.), l'accompagner dans sa mission en restant conscient de ses limites personnelles et institutionnelles, voilà les « incontournables » du coaching.

Nous privilégions une progression d'apprentissage adaptée à chaque futur coach afin qu'il puisse assimiler progressivement une manière de faire et surtout d'être. Il est par ailleurs important qu'il expérimente lui même le coaching pendant et après sa formation : il pourra ainsi vivre les différentes étapes, repérer les différentes postures du coach, profiter pleinement de cette démarche individuelle, originale et source de changements profonds.

Pour le chef d'entreprise, le conseil d'administration, les leaders, le coaching s'inscrit dans un contexte entièrement récent, celui de la « nouvelle économie », et parmi les tâches à venir du coaching la principale sera d'adapter les dirigeants à notre monde contemporain. Contrairement à ce que beaucoup pensent encore, la nouvelle économie n'est pas une simple mode, une flambée boursière sans lendemain, un phénomène typiquement américain inexportable ailleurs. La nouvelle économie est une combinaison sans précédent dans l'histoire, d'innovations technologiques, d'ouverture des marchés, de déréglementation administrative, de mesures monétaires (en particulier l'euro qui a unifié les marchés en Europe), qui génèrent une croissance soutenue sans inflation et avec une diminution du chômage.

L' Internet met la technologie, les innovations, à portée instantanée de chacun et partout dans le monde. Ce phénomène économique nouveau est encore incertain pour nombre de dirigeants qui ont pourtant intérêt à prendre les bonnes décisions, et pour cela à lever la tête hors du guidon

Conclusion

s'ils ne veulent pas que leur entreprise s'embourbe et périclite faute d'anticipation et de proactivité. Le manager pourra ainsi grâce au coaching affronter sa frilosité face à la modernité, sortir du confort douillet mais anesthésiant des rentes de situation, des traditions locales ou régionales, des corporatismes de tous ordres.

Comment alors éviter d'aggraver la fracture sociale et d'augmenter le nombre de laissés-pour-compte, que tout cela peut entraîner ? Comment le manager pourra-t-il affronter les conséquences des licenciements économiques après fusion ou, délocalisation, gains de productivité après changements technologiques ? Comment pourra-t-il gérer les subordonnés ou employés réfractaires à l'Internet ? Lui-même est-il prêt à cette mutation dont il ne voit pas les conséquences à long terme et qui l'oblige à une mise à niveau laborieuse en compagnie de jeunes diplômés excités ?

L'entreprise n'est ni bonne ni mauvaise, elle est complexe, et l'esprit du dirigeant obligé de gérer le quotidien n'est pas préparé à voir seul les aspects multiples des choses et des situations, les contradictions, les schémas bipolaires ou antagonistes.

Pratique encore élitiste, le coaching dans l'intelligence, l'émotion, la créativité est fait pour le nouveau manager, en route vers ses nouveaux territoires.

Annexes

Foire aux questions

Le coaching est-il un phénomène de mode ?
Oui : C'est un phénomène de mode. De nombreux ouvrages en langue française sont en vente actuellement et plusieurs dizaines le sont en langue anglaise. Quotidiennement des articles paraissent sur ce thème : aussi bien dans les journaux, que dans les revues spécialisées en management voire dans certaines revues féminines. Une recherche Internet sur le mot « coaching » aboutit à près d'une centaine de réponses. De nombreuses conférences en France et sur le plan international traitent ce thème. Cependant au-delà des aspects médiatisés du coaching, celui-ci répond véritablement à des besoins d'individualisation et d'accompagnement d'une personne dans son milieu professionnel.

Non : Ce n'est pas un phénomène de mode. Il suffit de se référer à l'historique du coaching qui remonte aux temps bibliques et que l'on retrouve à chaque époque.

Non : Nous rencontrons des personnes n'ayant jamais entendu le terme de coaching.

Quel est le prix global du coaching ?
Séances individuelles :
- entre 1000 à 2000 F HT de l'heure (150 à 300 €) pour un coaching réglé par l'entreprise

Le coaching

- entre 500 et 1000F de l'heure (75 à 150 €) pour un coaching réglé par un particulier
- prix de journée : 8000 à 12000 FHT (1220 à 1800 €)
- prix global pour un coaching « découverte » (4 séances de 2 heures) : 8000 à 16000F HT (1220 à 2440 €)
- prix global pour un coaching « stratégique » (12 séances de 2 heures) : 24000 à 48000F HT (3700 à 7400 €).

Comment évaluer les résultats du coaching ?
- évaluation financière en fonction des objectifs réalisés en comparant avant et après le coaching (exemple : combien la personne ramène-t-elle de chiffre d'affaires à son entreprise avant et après son coaching ?),
- évaluation du nombre de jours d'arrêts de travail dans l'équipe ou l'entreprise : avant et après le coaching,
- évaluation du nombre de journées de grève avant et après le coaching,
- cours de l'action en Bourse,
- enquête de satisfaction qualitative,
- étude comparative : évaluation de la promotion et de la carrière professionnelle de personnes ayant fait du coaching avec un groupe témoin de personnes de mêmes âge et niveau n'ayant pas fait de coaching – possibilité d'étudier le nombre d'années nécessaires pour l'obtention d'une promotion avec des personnes ayant fait du coaching et d'autres n'ayant pas effectué cette démarche,
- évaluation par questionnaire de satisfaction.

Comment puis-je inciter l'un de mes collaborateurs à faire du coaching s'il n'est pas motivé par la démarche ?
- explications théoriques sur le coaching,
- brochures, lectures, articles, documentation sur le thème,
- conférences,
- séminaire,

- démonstration de coaching sur un cas concret dans un séminaire ou au sein de l'entreprise (coaching en interne),
- coaching « découverte » de trois à quatre séances avec un engagement minimal,
- exemplarité du supérieur hiérarchique : il croit au coaching et en fait en en a fait lui-même,
- incitation financière.

Dans quelle mesure les entreprises françaises ont-elles recours au coaching ?

La démarche de coaching en est à ses débuts. Actuellement le coaching est davantage curatif que préventif. Il intervient encore trop souvent dans des situations catastrophiques quand le coaché est au bord du gouffre. Cependant lorsque les entreprises auront intégré que le coaching leur offre un véritable développement des compétences, qu'il est opérationnel et que dans un temps court le coaché parvient à changer ses perceptions, son comportement et sa relation face à la situation qu'il vit, alors le coaching aura acquis ses lettres de noblesse.

Le coaching interne est-il compatible avec un rôle de management ?

Le propre du coach est d'être positionné à l'extérieur du système du coaché : c'est ce qui fait sa force et sa réussite. Il existe actuellement une tendance à proposer aux managers de coacher leurs propres collaborateurs. S'il est en ligne directe, le manager peut être un soutien, un leader, un facilitateur mais difficilement un coach. Il n'a pas ce regard neuf et neutre de l'extérieur et se trouve lui-même impliqué dans la vie professionnelle et la carrière de son subordonné.

Le coaching interne peut se faire en transverse, lorsque le coach interne accompagne une personne qui n'est pas directement rattachée à lui. Dans ce cas la situation est plus claire, même s'il subsiste bien sûr la question des enjeux divers au sein de l'entreprise : politiques, économiques, financiers et autres.

Quels sont les effets indésirables du coaching ?
- dépendance au coach,
- confusion entre psychothérapie et coaching,
- révolte à la soumission à l'autorité,
- le coaché « grandit », pas son chef,
- le poste devient trop « étriqué » pour le coaché,
- le clan des coachés et celui des non-coachés.

Qu'est-ce que le coaching à distance ?
Il s'agit d'un coaching où coach et coaché ne sont pas directement en face à face : lorsqu'ils communiquent par téléphone voire par e-mails avec parfois utilisation d'une caméra (Web Cam, vidéo-conférence). Cette pratique est très répandue aux États-Unis et au Canada (comme l'est aussi le coaching) car elle permet de concilier emplois du temps et distances importantes à parcourir pour se rencontrer.

Nous considérons toutefois qu'il est nécessaire d'établir un contact réel dans un premier temps (pré-contact et contact) c'est-à-dire quelques entretiens en face à face, permettant de démarrer la relation du coaching et de faire connaissance « humainement » de part et d'autre. Par la suite il est plus facile de se parler au téléphone ou de s'adresser un e-mail : on se connaît déjà.

Ne soyons cependant pas dupes, les situations virtuelles n'ont jamais supplanté les situations réelles... jusqu'à ce jour.

Peut-on utiliser le coaching en cas de crise ?
Dans ce cas, le coach a pour objectif prioritaire d'aider le dirigeant (et éventuellement son équipe) à réduire les risques de dérapage liés à l'insuffisance de préparation à une telle circonstance. Cette aide débute par une prise de recul et une évaluation rapide avec le manager, de l'impact émotionnel de l'événement et des capacités des ressources humaines : degré de disponibilité physique et psychologique. L'intervention du coach a aussi pour but de permettre au manager, en perte de

repères, de retrouver sa puissance pour faire face à la situation (limiter les dégâts) tout en réduisant la part incontournable de stress liée à la crise.

Une fois sorti de l'urgence, la mission du coach pourra se prolonger par un accompagnement à moyen terme centré sur la reprise et la reconstruction.

C'est dans les situations de crise que se révèle l'efficacité du coaching humaniste dans la créativité et l'ajustement fluide, par rapport aux logiques comportementales préfabriquées, liées à des outils rarement adaptés à la situation unique et concrète.

Systèmes en proximité du coaching

À toutes les époques et dans toutes les cultures humaines, des rituels ont été utilisés pour gérer les malaises, souffrances psychologiques et les problèmes relationnels. L'interprétation des rêves (oniromancie) remonte à la plus haute Antiquité.

Le premier psychothérapeute (*psyché* signifie âme) moderne pourrait être **Antiphon le Sophiste** qui avait boutique sur l'Agora à Athènes, dont l'enseigne indiquait : « on traite les douleurs avec la parole ». Né vers 470 avant J.-C, on a retrouvé de lui un ouvrage sur l'interprétation des rêves, et « L'art d'échapper à l'affliction ».

Sophiste en grec ancien, désigne une personne pourvue d'une habileté : conducteur de char, pilote de navire, expert sage, augure. Les sophistes grecs du Ve siècle avant J.-C, seraient donc les premiers « coachs » **professionnels** de l'histoire (nous rappelons que coach dérive de cocher), car, fait remarquable, ce qui définit le sophiste « est le professionnalisme et la rémunération[1] ».

---

1. *La philosophie grecque,* PUF, Paris, 1998.

Antiphon fut le contemporain de **Socrate** qui a critiqué sévèrement cette pratique car « *demander de l'argent pour enseigner un savoir (l'art de la parole et de la persuasion, la rhétorique), c'est aliéner sa liberté, se prostituer intellectuellement* ».

Plus près de notre époque, la pratique de la confession catholique joue encore pour beaucoup le rôle de psychothérapie. Cependant le véritable ancêtre des systèmes thérapeutiques occidentaux est l'hypnose apparue comme technique au XVIIe siècle.

LES TECHNIQUES HYPNOTIQUES

Il est souvent fait un amalgame entre la suggestion hypnotique utilisée dans les spectacles, et l'hypnose thérapeutique telle qu'elle fut utilisée en médecine.

Déjà au XVIIIe et XIXe siècle, Messmer et Braid, puis plus près de nous, Bernheim et l'École de Nancy, Charcot à La Salpêtrière, avaient mis au point des modes d'intervention thérapeutique. L'hypnose était alors la seule psychothérapie que Freud utilisait, comme ses contemporains. Il était d'ailleurs venu en France l'apprendre auprès de Charcot et Bernheim. Ce fut un échec thérapeutique avec une célèbre patiente qui le conduisit à inventer la psychanalyse, tandis que ses collègues, Ferenczi notamment, en conservèrent l'utilisation.

L'hypnose classique utilise les techniques d'induction avec fixation d'un objet, du regard, focalisation sur des mots (inductions verbales).

Il est important de savoir que l'état hypnotique est un état banal dans lequel nous entrons et évoluons plusieurs fois par jour spontanément. Il peut s'agir d'un état de rêverie : lecture passionnante, émission de télévision, voyage, film. Le sujet se déconnecte de la réalité environnante, tout en étant présent ici, mais aussi ailleurs.

Ce phénomène est utile, il permet au thérapeute d'utiliser chez le patient cette faculté spontanée à entrer en hypnose. C'est cette modification de l'état de conscience que l'on appelle « état hypnotique », le terme « transe hypnotique » étant celui qui fut utilisé en premier. Il s'agit, sans suggestion intrusive, et en le respectant d'aider un sujet à trouver des solutions à un niveau préconscient.

Cette nouvelle hypnose, dont Milton H. Erickson, psychiatre américain fut l'initiateur, permet aussi d'aborder et d'agir sur la composante psychosomatique de bon nombre d'affections. Pour Milton H. Erickson, l'inconscient est avant tout un réservoir d'apprentissage, un lieu de ressources et de sagesse. Il dispose de son propre langage et représente la plus grande partie de notre potentiel. En ce cas, l'hypnose peut prendre de nombreuses formes, y compris conversationnelles.

Erickson est aussi considéré comme le fondateur du courant des thérapies brèves.

> **Les thérapies brèves :** thérapies analytiques brèves, thérapies comportementales et cognitives, thérapies humanistes : analyse transactionnelle (Éric Berne), Gestalt (Fritz Perls), Bioénergie (Alexandre Lowen) et cri primal (Arthur Janov).

La méthode ericksonienne a produit des dérivés : hypnose permissive ; thérapie stratégique (Paul Watzlavick), familiale (Jay Haley), orientée sur la solution ; programmation neurolinguistique – PNL – (John Grinder et Richard Bandler).

Actuellement les chercheurs considèrent que l'hypnose est un état situé entre la veille et le sommeil, soit un état qui n'est ni veille ni sommeil, état appelé : État de Conscience Modifiée (ECM).

F. Roustang dans *Qu'est-ce que l'Hypnose*, situe cet état non pas entre la veille et le sommeil, mais comme un état de « veille paradoxale » dans la mesure ou le sujet n'est pas endormi, (sinon la parole du thérapeute serait sans effet) Le corps semble en sommeil mais il existe une activité psychique intériorisée, en raison de l'état de concentration, tandis que les stimuli extérieurs ne sont plus intégrés à la conscience...

D'autres pratiques entraînent un état proche de l'hypnose, notamment des pratiques traditionnelles à visée transcendantale : le chamanisme, la méditation zen ou bouddhique, l'oraison qui est la méditation occidentale, mais aussi la sophrologie mise au point par Alphonso Caceydo à partir du yoga, du bouddhisme et du zen. Le training autogène de Schultz permet à terme, de déboucher sur l'auto-hypnose ; il s'agit par un apprentissage progressif de se concentrer sur des sensations corporelles et de trouver un état de relaxation.

LA PNL – (DE JOHN GRINDER ET RICHARD BANDLER)

La programmation neurolinguistique (PNL) est une approche pragmatique de la communication et du changement à partir de l'analyse des professionnels de la communication les plus performants. « Nous ne nous intéressons pas à ce que disent les gens, mais à ce qu'ils font vraiment, puis nous construisons des modèles de ce que nous avons observé ».

Programmation
Nous sommes tous, qu'on le veuille ou non, programmés. Par notre environnement, notre milieu, notre famille, notre éducation, nos proches, notre culture, nos expériences, les croyances que nous nous forgeons.

Neuro
Nos neurones, notre ordinateur central (cerveau) dirige le tout. Nous avons les capacités de réorganiser ou de désactiver nos « programmes » de pensées et de comportements.

Linguistique
Notre pensée peut être transmise à travers notre langage.
Notre pensée structure notre langage et à l'inverse notre langage structure notre pensée.

La programmation neurolinguistique est un ensemble de modèles descriptifs des structures de la subjectivité de l'expérience humaine. C'est en fait une nouvelle approche du comportement et du psychisme humain. Elle se situe au carrefour de la psychologie, des neurosciences, de l'anthropologie, de la cybernétique et de l'intelligence artificielle. L'idée essentielle est que l'humain n'opère pas à partir des propriétés objectives de son environnement, mais bien à partir de représentations de cet environnement.

La PNL apporte :
- un modèle de la façon dont le cerveau fonctionne ; comment une personne pense, ressent, apprend, se motive, et peut changer ;
- un modèle de la façon dont un humain construit son expérience de la réalité ;
- un ensemble de grilles qui permettent d'identifier ces structures et d'intervenir ;
- une technologie et une méthodologie qui favorisent la communication efficace et le changement, une organisation pour définir des objectifs atteignables.

L'ANALYSE TRANSACTIONNELLE (AT)

L'analyse transactionnelle a été fondée par le docteur Éric Berne, psychiatre américain, dans les années 60.

Qu'est-ce l'AT ?

C'est une théorie précise concernant le fonctionnement psychique humain et les relations sociales, ainsi qu'un ensemble de techniques concrètes qui en découlent. Pour l'AT toute relation est négociation et transaction.

Les principaux outils qui la caractérisent sont les suivants :
1) **Lecture de l'individu : trois états en une seule personne.**

Les états du Moi : mon Moi est dans tout ses états quand je me vois tour à tour agir et sentir comme Parent, comme Adulte, comme l'Enfant que j'étais autrefois.

L'enfant : par le mot Enfant nous entendons : les émotions spontanées, l'intuition, l'expression de nos sentiments ;

L'Adulte : par le mot Adulte : la pensée rationnelle, l'objectivité, l'esprit d'analyse et de déduction ;

Le Parent : par le mot Parent : les valeurs morales, nos jugements, préjugés et croyances.

2) **Les transactions :** si je suis trois états du Moi et l'autre en face également, nous sommes six à communiquer !
Des repères s'imposent....
Les relations sont une combinatoire des états du Moi qui peuvent être :
- des transactions complémentaires où une remarque de type parent induit une réponse du type enfant,
- des transactions croisées où une remarque de type parent entraîne une réponse de type parent (relations souvent conflictuelles),
- des transactions camouflées (complémentaires ou croisées) mais où chacun présente un masque de son état du moi qui ne correspond pas à son état intérieur. Ces transactions donnent lieu à des relations complexes et piègeantes source de malentendus.

3) Lecture de la vie en commun : les **stratagèmes** involontaires.
Exemples : les stratagèmes persécuteurs, sauveteurs, victimes.

4) **Les positions de vie,** la relation avec l'environnement : l'arrogance, la passivité, l'infériorité, le constructif.

5) **Les scénarios de vie :** Est-ce que j'écris ma vie comme un film de Godard, un conte de Perrault, une tragédie de Racine ou.... ?

L'AT traite des problèmes quotidiens. Ce qui caractérise cette approche, c'est la perspective optimiste de la nature humaine, et la croyance en la nécessaire authenticité dans les relations humaines. Elle présente des repères précis qui facilitent l'acquisition d'une compétence relationnelle réelle. Grâce au bon sens de ses concepts et de son vocabulaire délibérément simple, les modèles d'analyse de l'AT ont un caractère universel.

L'APC (APPROCHE CENTRÉE SUR LA PERSONNE)

Carl Rogers met au point, en 1951, une méthode psychothérapeutique fondée sur le non-directivisme (la **psychothérapie non directive**) qui vise à mettre en évidence les sentiments confus du patient et à les clarifier. Le psychothérapeute garde toujours une attitude neutre et s'abstient de toute interprétation, il se contente d'encourager le patient à s'exprimer en reformulant, les sentiments essentiels manifestés pendant la cure. Ainsi, Carl Rogers met l'accent sur les aspects affectif et émotionnel des problèmes plutôt que sur l'aspect intellectuel. Le but de cette méthode est de permettre au client de renforcer son moi, de l'aider à trouver son chemin et de relancer le processus de maturation affective, enlisé dans les résistances névrotiques.

Carl Rogers, partant du postulat que chez tout être humain il y a une tendance à l'actualisation de ses potentialités, définit les trois attitudes qui facilitent la croissance humaine : **la compréhension empathique, l'authenticité ou congruence, et l'acceptation inconditionnelle positive de l'autre.**

Cette orientation abandonne tout *a priori* de jugement, de soutien et de contrôle. La non-directivité qui en résulte comporte une attitude de compréhension qui laisse au client le choix de son itinéraire, de son langage et de ses décisions. En complément, l'« aidant » apporte sa spontanéité créatrice au projet d'autonomisation de son client.

LES SCIENCES DE LA COMMUNICATION

Les sciences de la communication se sont constituées récemment à partir de différentes disciplines telles que la linguistique, la sémiologie, la psychologie et la psychologie sociale. Leur champ n'est donc pas strictement défini. Pour Bateson (1977) est communication « tout événement qui déclenche une réaction de la part d'un organisme ».

La sémiotique

Enseigner est aussi communiquer. La **sémiotique** a par définition vocation à s'intéresser aux différents langages : le langage verbal, certes, mais aussi les langages cinématographique ou photographique, les représentations scriptovisuelles, les graphiques, les schémas et les dessins, etc. En cherchant à comprendre le fonctionnement de diverses représentations matérielles, la sémiotique s'articule à la psychologie cognitive qui s'intéresse aux représentations mentales et à la façon dont est codifiée l'information en mémoire.

Une meilleure compréhension des rapports entre les représentations matérielles et mentales devrait permettre de préciser la conception de l'homme comme animal symbolique et donc le système cognitif est principalement un système conçu pour produire du sens et des différences (Groupe µ, 1992).

La pragmatique du discours

La pragmatique étudie principalement les effets du langage et les situations d'énonciation. Toute communication comporte un contenu et un aspect relationnel. Celui-ci s'exprime essentiellement par les formes analogiques de la communication : intonation vocale, mimiques, regards, attitudes posturales, déplacements dans l'espace et indices proxémiques, rituels divers, etc[1]. De plus, la structure des échanges verbaux – dialogique ou conversationnels – implique une régulation qui répond à des règles implicites[2] et à de nombreuses procédures de « désambiguïsation »[3]. Enfin, parmi les conditions qui permettent

---

1. Palo Alto, Gofman, 1974.
2. Grice, 1979.
3. Anscombre & Ducrot, 1983.

d'assurer la réussite d'un acte de communication, il faut encore compter la construction d'un contexte ou d'une culture de référence commune aux interlocuteurs, d'une représentation de l'autre, des rôles de chacun des interlocuteurs, etc.

> ***Liste alphabétique (non exhaustive) de méthodes psychologiques (« nouvelles thérapies ») et de leurs créateurs[1]***
> Analyse transactionnelle (AT), *Éric Berne*
> Approche centrée sur la personne (APC), *Carl Rogers*
> Bioénergie, *Alexander Lowen*
> Cri (la thérapie par le cri), *Daniel Casriel*
> Gestalt-thérapie, *Friedrich Perls*
> Haptonomie, *Frans Veldman*
> Hypnose, *Hippolyte Bernheim*/Hypnose ericksonienne, *Milton Erickson*
> Primale (thérapie), *Arthur Janov*
> Programmation neurolinguistique, *Bandler et Grinder*
> Psychodrame, *Jacob Moreno*
> Psychologie existentielle, *C. Rogers, I. Fromm, A. Maslow*
> Rebirthing, *Leonard Orr*
> Relaxation, *J-H. Schultz, Eugène Jacobson*
> Sexologie, *Masters et Johnson, Charles Gellman*
> Sophrologie, *Alphonso Caycedo*
> Thérapies brèves, *S. Ferenczy*
> Thérapies comportementales, *Skinner, Pavlov, Miller*
> Thérapies familiales, Approche systémique, *École de Palo Alto, Watzlawick*
> Visualisation, *Carl et Stéphanie Simonton*

---

[1]. Edmond Marc « *Le guide pratique des nouvelles thérapies* », Retz, 1995, Paris.

Bibliographie

ALBERT Éric et EMERY Jean-Luc, *Au lieu de motiver, mettez-vous donc à coacher !*, Éditions d'Organisation, 1999.

BERNE Éric, *Que dites-vous après avoir dit bonjour ?*, Sand, 1999.

BERGERET Jean, *La personnalité normale et pathologique*, Dunod, 1996.

BUBER Martin, *Je et tu*, Aubier, Paris, 1992.

DELISLE Gilles, *La relation d'objet en Gestalt-thérapie*, Centre d'études gestaltistes, 1998.

Dictionnaire de psychologie, Norbert Sillamy, Larousse, 1998.

Dictionnaire étymologique du Français, Jacqueline Picoche, Robert, 1997.

FREUD S., *Inhibition, symptôme et angoisse*, PUF, 1997.

FREUD S., *Abrégé de psychanalyse*, PUF, 1998.

GELLMAN Charles. *Sexo-Gestalt, Une thérapie extensive des sexoses psychogènes*, Cahiers de Sexologie Clinique. Vol. 23, N° 134, pp. 34-43, 1997.

GESTALT, revue de la Fédération française de Gestalt, Paris, Morisset, n° 1 à 7, 1990-1995.

GINGER Serge, *La Gestalt, un art du contact*, Marabout, Paris, 1995.

GINGER Serge, *Vingt notions de base – Vingt ans après*, Gestalt revue de la SFG, n° 1, pp. 43-60.

GUILLAUME Paul, *La Psychologie de la forme*, Flammarion, 1979.

HALEY Jay, *Un thérapeute hors du commun : Milton H. Erickson,* Éd. Hommes et groupes, 1985.

HALL-T. Edward, *La Dimension cachée,* collection Essais, Le Seuil.

HIRIGOYEN Marie-France, *Le harcèlement moral : la violence perverse au quotidien,* Syros, 1998.

KAROLEWICZ Francis, *L'expérience, un potentiel pour apprendre,* L'Harmattan, 2000.

LELEU Pascal, *Le développement du potentiel des managers,* L'Harmattan, 1995.

LELORD François, *Comment gérer les personnalités difficiles ?,* Odile Jacob, 1996.

LENHARDT Vincent, *Les Responsables porteurs de sens,* INSEP Éditions, 1992.

LONGIN Pierre, *Coachez votre équipe,* Dunod, 1998.

MACQUARRIE John, *Existentialism,* World Publishing, New-York, 1972. p. 105, p. 114, p. 144.

MARC Edmond et PICARD Dominique, *L' école de Palo Alto,* Retz, 2000.

MARC Edmond, *Le guide pratique des nouvelles thérapies,* Retz, Paris, 1995.

MASQUELIER Gonzague, *Vouloir sa vie,* Retz, 1999.

PERLS F., *Le moi, la faim et l'agressivité,* Tchou, Paris, 1978. (éd. originale Durban, 1942).

PERLS F., HEFFERLINE R., GOODMAN P., *Gestalt-thérapie,* Stanké, 1977 et 1979. (original USA 1951).

PERLS F., *The Gestalt Approach,* New York, Bantam Books, 1973.

RADON Pierre, *Le coaching : la méthode du dragon,* Presses du management, 1999.

Bibliographie

ROGERS Carl, *Le développement de la personne,* Paris, Dunod, 1996.

ROUSTANG François, *Qu'est-ce que l'hypnose ?,* Les Éditions de Minuit, 1994.

SARTRE Jean-Paul, *L'Être et le néant,* Gallimard, pp. 451-477, 1976.

SARTRE Jean-Paul, *L'Existentialisme est un humanisme,* Éditions Nagel, 1970.

SICARD Geneviève et MAISONNEUVE Jean-Louis, *L'Entreprise sur le divan,* Image, 1991.

SOROS Georges, *Le défi de l'argent,* Plon, 1996.

THINES Georges, Gestaltisme, Encyclopedia Universalis, pp. 435-439.

WATZLAWICK Paul, *Faites vous-même votre malheur,* Le Seuil, Paris.

ARTICLES

Journal *Libération* : « La femme coach mise à mâle », 8 septembre 1998.

Revue *Psychologie* : « Self-Management ».

Journal *Le Figaro,* pages économiques, Source : « Organisme de formation : permis de jouer », 28 juin 1999.

Journal *Le Figaro,* pages économiques, « Management : zéro conflit », Bruno Le Prat, pages 29 à 31, 28 juin 1999.

Journal *Le Figaro,* pages économiques, « Travailler avec un chef tyrannique », Roland Brunner, page 78 - 29 novembre 1999.

Journal *Libération* : 31 Mai 1999, Cécile Daumas.

Le généraliste : n° 1885, Harcèlement moral, 29 Sept. 1998.

Personnel ANDCP : n° 375, Psychanalyse et coaching, Roland Brunner, Déc. 1996.

Index

A

Absentéisme 38–39, 172
Abus de pouvoir 145
Accroissement du leadership 34–35
Adaptation 77–78, 249
Affirmation de soi 33, 35
Agressivité 133, 231, 246–248
  ~ positive 246
  gérer l'~ 150–151
Analyse transactionnelle (AT) 43, 48, 339
Angoisses existentielles 121–122, 235
Approche centrée sur la personne 341
Aron (Raymond) 154
Arts martiaux 237, 249, 288
Assertivité 118, 248
Associations 208
Attitude prospective 81
Authenticité 23, 55–56
Autonomie
  apprentissage de l'~ 127, 227
Awareness 116, 204, 224, 228, 234, 254–255, 257, 261, 266
  évaluation de l'~ 254
  ~ inexistant 258
  ~ perturbé 258
AXA 83

B

Berne (Éric) 86
Bernheim 336
Besoins relationnels 229
Bioénergie 231
Bouddhisme 338
Bouthoul (G.) 152–153
Braid 336
Brunner (Roland) 145, 173
Budgets 169
Budo 249

C

Capacité d'écoute et d'attention 56
Carrière
  réorientation de ~ 124–127
Centration 288–289
Champ (penser en termes de ~) 82–83, 234

© Éditions d'Organisation

Changement 10, 28–29, 37, 74, 79, 142, 171–172, 286–287
Charcot 336
Clarification des valeurs professionnelles 33
Coach
   ~ et connaissance de l'entreprise 46
   ~ femme 58–61
   choix d'un ~ 188, 217
   définition du ~ 42
   devoirs du 211–213
   qualités et compétences du ~ 45–52
Coaching
   ~ à distance 332
   ~ continu/de croissance 180–182
   ~ d'entreprise 169
   ~ de crise 306
   ~ de l'expertise 218
   ~ en interne 128–131, 218, 297, 331
   ~ et travail psychocorporel 230–231, 237–238
   ~ ponctuel 175–177
   ~ stratégique ou bref 177–180, 218
   ~ total 230–231
   définition de la Société française de coaching 7
   douze styles de ~ 217–219
   effets indésirables du ~ 332
   langages du ~ 230
   ~ organisationnel 219
   ~ parental 176
   préliminaires au ~ 188–189

~ privé 170
règles de fonctionnement du ~ 192
~ relationnel 219
valeurs ajoutées mesurables du ~ 39
Coaching Club 12
Cochage 8
Coche 10–11
Cocheur 8
Code de déontologie 62, 210–213
Cohésion d'équipe 36–38
Colère 246
Compétences et qualités du coach
   ~ managériales 51
   ~ méthodologiques 52
   ~ relationnelles 51
Complexe
   ~ d'Abraham 153
   ~ de Damoclès 153
   ~ du bouc émissaire 153
Complexité 74–75
   ~ des logiciels et systèmes informatiques 75–76
   ~ et complication 75
   ~ et incertitude des estimations 77
   ~ et perte de contrôle des dirigeants 76
   ~ et stratégie 78
Compromis 133
Confiance en soi 32–33, 35, 180, 235, 237
   ~ du manager et de son équipe 245
   ~ au féminin 243

Index

Confidentialité 63–64, 192, 211
Conflit(s) 36–37, 57, 131, 154, 227
    ~ et faux ennemis 139–144
    ~ et maladie relationnelle 135
    classification des ~ de Bruno Le Prat 135
    lexique du ~ 133
    progresser avec le ~ 148
    résolution du ~ par le coaching 136
    science du ~ 152–155
Confluence 103, 227, 261
Connaissance de soi 84, 114–118, 121–122, 278
Conseiller 20–24, 26
Contact (démarrage des séances) 189–190, 198, 205, 225, 258, 278
    amélioration du ~ 34
    déficience du ~ et conflit 139
    déficiences du ~ 226
    déficit de ~ 83–84
Contact avec soi 54–55, 57, 116
Contrats non-respectés 297
Contrôle de soi 76, 85, 242, 246, 264
Croyances négatives 240–241
Culpabilité 285
Cycle contact-interaction-relation/ cycle du contact 128, 187, 197, 258
Cycle de l'expérience 224

D

Déflexion 227, 265
Déni 133
Dépendance 102
Dépression 102, 109, 121
Descartes 117
Désengagement (dans le cycle du contact) 191, 193, 203, 206, 225
Développement managérial 316
Développement personnel 32, 44–45, 48, 62, 86, 119, 310, 316
    ~ du coach 47, 276
    définition du ~ 45–46
Domination 102, 110

E

Écoute 146
    capacité d'~ 282
Effet-miroir 57–58, 115, 125–126, 146
Égotisme 227, 266
Engagement (dans le cycle du contact) 189, 198, 205, 225
Enracinement (capacité d'~) 288
Entraîneur sportif 16, 180
Équilibre 237
Équipe 36–37, 57, 128
    ~ relations de confiance avec le manager 38
Erickson H. (Milton) 337
Éthique 292
Évaluation des résultats 330
Évitement(s) du contact 117, 136, 261
    identification des ~ 200–201
    tableau récapitulatif des ~ 267

© Éditions d'Organisation

Excitation 102, 108
Existentialisme 121, 235
Expérience du manager
~ et gestion dans un environnement imprévisible 80–81
Expériencier 228
Expérimentation 79, 137, 143, 201–202, 205, 228, 266

F

Facteur client 227
Fausse résolution 133
Finitude 85, 121, 122, 235–236
Focalisation sur l'autre 9, 56–57, 281
Foch 155
Football américain 17–18
Formation 43, 62, 63, 149, 208, 279, 298
Freud (Sigmund) 156, 173, 336
Freund (J.) 154
Frontière-contact 78, 226, 258, 262, 266
Frustration 133

G

Gates (Bill) 77
Gestalt 43, 48, 75, 194, 213, 221–223, 227–231, 258, 313
Gestalts inachevées 225
Gestalt-thérapie 119

Gestion
~ par le stress 33–35, 91–93
~ en autonomie 79
~ traditionnelle 79
~ de la fatigue 34
Geus (Arie de) 78
Ginger (Serge) 101, 222, 225
Globalisation 27, 29
Goodman 225
Guillaume le Conquérant 20–22

H

Hagakuré 249
Haine et indifférence 156–157
Harcèlement moral 91–96, 144–145
techniques de ~ 94–96
Harcèlement sexuel 96–98, 243
Heiddeger 121
Hirigoyen (Marie-France) 91
Histrionie 102
Holistique (approche ~) 41, 230, 234
~ de l'entreprise 274, 274–275
~ de l'homme 271
Humour 133, 265
Hyperactivité 102, 108, 121, 192
Hypertélie 312
Hypnose 336–338
Hystérie 102–103

I

Ici et maintenant 9, 82, 126, 184, 205, 222–224, 258

Index

Image de soi 35, 39, 179–180, 238
Imaginaire 77, 230, 263
Imperfection 121, 122
Incoachables 161–167
Inconscient 123–124, 337
Intégrité 291
Intellectualisation 107
Intimité 85, 137, 276–278
Introjection 227, 240, 254, 262
Introversion 102, 107
Invalidation 227

J

Jacquet (Aimé) 52
Jeu de Go 250
Jeu de rôle 199–200, 241
Jeu donnant/donnant 89
Jeu gagnant/gagnant 87
Jeu gagnant/perdant 88
Jeux irrationnels 89–90
Jocho Yamamoto 249
Joseph 19–20
Jung 121
Juppé (Alain) 77

K

Kant 223
Karolewicz (Francis) 53, 57
Keen (Sam) 85
Kierkegaard 13
Krishna 14

L

Laborit 264
Lacan (J.) 173
Lanfranc (abbé) 20–22
Leleu (P.) 84
Lelord (François) 141
Licenciement 32, 83, 153, 225
Logique de « fonctionnement » 146
Longévité des entreprises 78, 181
Longin (Pierre) 63
Look vestimentaire 238
Lovera (Gail) 61

M

Machiavel 22–24, 52
Maisonneuve (Jean-Louis) 59
Maîtrise des hommes 102
Maîtrise des objets 102
Malentendu 133
Management de confiance 39
Manager-leader
    les huit attitudes du ~ 120
Manipulation perverse 145
Masochisme 102, 111
Masque 133
Mécanismes de défense 240, 260–261, 263
Mécanismes défensifs/ résistances 227
Médiateur 149
Méditation 119, 151
    ~ à thème (le positif) 244

Messmer 336
Métaposition 51, 54
Mode de représentation
    du réel 74
Modelage de l'argile 119
Modèles d'intégration
    ~ et gestion de l'imprévisible 81
Mondialisation 26, 28, 74, 83
Monodrame 200, 228
Moreno 228
Mouvement (capacité de) 288

N

Nahach (le Serpent) 25
Napoléon 154
Nietzsche 127
Noah (Yannick) 52
Normalité 112

O

Obligations de moyens 211
Obsession 102, 105
Olsen (Ken) 77

P

Paranoïa 102, 106
Passivité 102, 109
Pelletier (Guy) 80
Pensées limitatives 238, 240–242
Pentagramme de S. Ginger 230, 272, 275

Performance
    exigence de ~ 84
Perls (Fritz) 221, 225
Personnalité
    « as if » 127
    gérer les ~ difficiles 149–152
    ~ antisociale 100
    ~ borderline 100
    ~ dépendante 101
    ~ dépressive 101
    ~ et gestion dans un
        environnement imprévisible 80
    ~ évitante 100
    ~ histrionique 100
    ~ narcissique 100
    ~ obsessionnelle-compulsive 101
    ~ paranoïaque 100
    ~ passive-agressive 101
    ~ schizoïde 100
    ~ schizotypique 100
Phaéton 12–13
Phénomène de mode 329
Phobie 102, 104
    sociales 34
Platon 13
Plein-contact 190, 199, 205, 225, 258, 278
Polarité 101, 124, 136, 228, 268, 270
Polémologie 152–155
Position humaniste (du coach) 234
Post-contact 191, 193–195, 203, 206, 225, 258
Posture 55, 57, 60
    ~ définition 53

Index

Pouvoir
    ~ et domination 91
    ~ et environnement
       imprévisible 79
    culte du ~ 84–86
Pragmatique du discours 342
Pré-contact 188–189, 197–198, 205, 225, 258, 277
Prise de risque 51, 284
Prix/tarif
    ~ du coaching 329
Proflexion 51, 227, 265
Programmation neurolinguistique (PNL) 43, 48, 338
Projection 227, 263
Promotion « coaching » 32
Psychanalyse 119, 156
Psychanalyste 49
Psychiatre 49
Psychologue 49
Psychopathologies
    professionnelles 156
       comment identifier les ~ 102–112
       manifestation des ~ 98–99
Psychothérapeute 49
Psychothérapie
    ~ brèves 179
    ~ comportementaliste 119
    ~ humaniste 119

Q

Quête de sens 121, 122

R

Rams (Alberto) 53–54
Regard humaniste 233, 235
Règle du jeu 293
Règle du stop 192
Relation dominant/dominé 91
Relation managériale
    optimale 275
Rendez-vous manqués 295
Repositionnement
    professionnel 124–128
Résilience 112
Résistances au changement 48, 128, 286
Résolution des situations
    de crise 36–37
Responsabilisation 227
Responsabilité 121, 122
Retrait 102, 107, 204, 206, 225, 240, 262
Rétroflexion 51, 227, 261, 264
Richelieu 24–25
Rogers (Carl) 57, 341
Rumeur 134

S

Sadisme 102, 110
Sartre (Jean-Paul) 121–122
Satisfaction des besoins 225, 246
Sciences de la communication 341
Séance
    schéma-type d'une ~ de
       coaching 205

© Éditions d'Organisation

Sécurité intérieure 33, 239
Self-management 120
Sémiotique 342
Sexisme 94
Sicard (Geneviève) 59
Simonton 264
Soi (le)
 ~ et l'entreprise de soi 123–124
Solitude 121, 122
Somatisations 83–85, 145, 264–265
Sophrologie 184, 239, 338
Soumission 102, 111
Stimulations 284
Sunzi 155
Supervision 44–45, 172, 211
Sympathie 229, 234
Système d'information
 ~ et environnement imprévisible 81–82
 ~ pertinent 81–82

T

Talents cachés 120, 122, 125
Tarifs 207
Team-building 310
Techniques hypnotiques 336
Tennis professionnel
 ~ et femme coach 61
Théâtre et psychodrame 119
Thérapies corporelles 119
Thomson Multimédia 77
Titanic 28

Toupie 238
Transfert 48, 174, 225
Troubles de la personnalité 99

V

Vaillancourt (Raymond) 78
Valeurs
 ~ d'expériences et d'habitudes 74
 ~ japonaises 249
 ~ narcissiques 127
 changement de ~ 76
 intégration des ~ 79–80
Valeurs sportives 16
Valéry (Paul) 26
Virilité
 modèle de ~ dans l'entreprise 84–85, 310–313
Vision 73, 80
 ~ en environnement imprévisible 82

W

Wyatt (E. Jane) 61

Y

Yoga 14, 120, 151, 338

Z

Zen 338

Composé par Andassa, Achevé d'imprimer : Jouve, Paris, N° d'éditeur : 2291,
N° d'imprimeur : 292426R, Dépôt légal : Mars 2001, *Imprimer en France*